犀の角のようにただ独り歩め

——「スッタニパータ」

子どもの人権をまもるために

晶文社

装丁　佐藤直樹＋菊地昌隆（アジール）

はじめに

「子どもには人権があります」と言われて、それを否定する人は、ほとんどいないでしょう。しかし、「子どもの人権が保障されている状態とは、どんな状態なのか」と具体的に考えると、「子どもの人権」の内容は急にあやふやになります。「子どものため」と言いながら、大人にとっての「管理の都合」ばかりが優先されているのではないか、と感じてしまう場面が多々あるのです。

こうした問題意識を強く持つに至った理由は、現在、私自身が二児の父であることも大きなきっかけの一つとなっています。ただ、それ以上に大きいのは、私自身が少々変わった子で、社会との折り合いが悪かったことかもしれません。

憲法学者として、「子どもの人権」をライフワークの一つにしたいと構想を温めているところに、編集者の安藤聡様より、「子どもの人権」をテーマに本を作ってみないかとのお話を頂きました。

どんな本を作りたいかと考えたときに、「子どもの人権」について抽象的な理念を掲げる本では、恐らく意味はないだろうと感じました。子どもと直に接しながら、子どもにとって本当に必要なことについて考えたことのある人のお話を集めた本にしたいと考えました。

つまり、この本のコンセプトは、「子どもだった頃、こんな大人に出会いたかった」です。

「子どものためになる大人になりたい」と本気で願っている大人に、この本を届けたいと思っています。私自身、そう願いながら、何をしていいかわからない大人の一人です。憲法学者という性質のせいか、私自身の個性のせいか、ほとんど、困難を抱えた子どもの現場にいたことはありません（もちろん、我が子の困りごとには、日々直面していますが）。そして、そうした現場で日々、子どもと接している方々、接していた方々に、尊敬の念を持つとともに、「自分は何ができるだろう」と考えつつ、途方に暮れることもあります。

まずは、「子どもたちがどんなところで困難を抱えていて、どんなことをすると子どもたちの支えになれるのか」それを知りたいと思いました。読者の皆様にも、それをお伝えできれば幸いです。

木村草太

子どもの人権をまもるために　目次

序章　子どもの権利――理論と体系　木村草太　13

第1部　家庭

第1章　虐待――乗り越えるべき四つの困難　宮田雄吾　33
第2章　貧困――子どもの権利から問う、子どもの貧困　山野良一　47
第3章　保育――待機児童問題は大きな人権侵害　駒崎弘樹　63
第4章　10代の居場所――「困っている子ども」が安心できる場を　仁藤夢乃　77
第5章　障害――障害を持つ子どもへの暴力を防ぐために　熊谷晋一郎　97
第6章　離婚・再婚――子どもの権利を保障するために親が考えるべきこと　大塚玲子　113

第2部　学校

第7章　体育・部活動――リスクとしての教育　内田良　131

第8章　指導死——学校における最大の人権侵害　大貫隆志　145
第9章　不登校——再登校よりも自立の支援を　大原榮子　161
第10章　道徳教育——「道徳の教科化」がはらむ問題と可能性　前川喜平　181
第11章　保健室——学校で唯一評価と無縁の避難所　白濵洋子　209
第12章　学校の全体主義——比較社会学の方法から　内藤朝雄　227

第3部　法律・制度

第13章　児童相談所・子どもの代理人——子どもの意見表明権を保障する　山下敏雅　249
第14章　里親制度——子どもの最善の利益を考えた運用を　村田和木　263
第15章　LGBT——多様な性を誰も教えてくれない　南和行　289
第16章　世界の子ども——身体の自由、教育への権利、性と生殖に関する健康　土井香苗　305
終章　子どもの権利を考える——現場の声と法制度をつなぐために　木村草太　323

子どもの人権をまもるために

序章

子どもの権利
——理論と体系

木村草太
首都大学東京・憲法学

はじめに

この章では、子どもの権利をめぐる法理論と体系を概観する。

「法」というと、「上から押し付けられた、冷たく堅苦しいモノ」というイメージを持つ人も多いだろう。確かに、法律の条文は淡々としていて、味もそっけもない。法律を論じた論文も、何やら小難しい抽象論・形式論で、人情のかけらも感じないかもしれない。

しかし、その法律論の背景には、数々の痛ましい事件、事故あるいは社会問題に苦しんだ人々がいる。そして、未来の人々が同じような苦しみをしなくていいようにと願い、そのために必要なシステムを考え抜いた人々がいる。つまり、法律の条文とは、過去の失敗のリストであり、それを繰り返さないために必要な権利と手続きを示した文書なのだ。

刑法の条文を見れば、人々が安心して過ごすために必要な権利と、その侵害の歴史が見えてくる。民法の条文を見れば、人と人とがかかわり合いながら生きていく中で、どんなトラブルがあったか見えてくる。憲法の条文を見れば、国家がやりがちな失敗が見えてくる。子どもの権利をめぐる法理論・体系を見れば、子どもがどんな危険にさらされているかが見えてくるだろう。

次章以降の執筆者は、それぞれに専門の「現場」を持ち、リアルな子どもと接してきた方々だ。彼らは、子どもの置かれた困難な現状、そして、それを解決するために必要なことを可能な限り具体的に示してくれている。本書を読み進める時には、現場のリアルな声と、それを抽象化し、体系化する法理論との関係を意識していただきたい。「現実は法の理念を実現できているか」あるいは「法の理念は、現実の問題を解決するために、あまりに不十分ではないか」と。

法には、先人たちの知恵が詰まっている。そして、いまを生きる人々の知恵も、法に加えていく必要がある。そうした不断の努力を積み上げた法は、現実的な困難と向き合う未来の人々を支える、貴重な羅針盤となるだろう。

人権保障の一般的な枠組み

なぜ人権が保障されねばならないか？

人権とは、「人間が人間であるという理由のみで保障されるべき権利」を言う。安全で健康に生きる権利、内心で多様な価値を育む権利、何の理由もなく身柄を拘束されない権利、差別されず個人として尊重される権利などだ。

人権は人間にとってとても重要な権利なのだから、それを保障すべきなのは、あまりにも当然に思える。なぜわざわざ法制度によって人権を保障する必要があるのだろうか。

もしも、社会的な多数派や、強い力を持つ者の人権が侵害されたならば、彼らは政治運動をし、選挙で勝って、自分たちの権利を守るような制度に変更するだろう。しかし、少数者の人権が侵害された場合には、選挙を通じた是正は難しい。例えば、一部の人に極端な重税を課したとしても、それ以外の多くの人は税が安くて済む。あるいは、ごく少数の人しか信仰していない宗教を弾圧しても、ほとんどの人には直接関係がない。こうした少数派の人権侵害を民主主義で止めるのは、困難だ。しかし、それを放置することは正義に反する。

全ての人にはそれぞれ個性があるがゆえに、あらゆる人は何等かの意味で少数派だ。人種、政治信条、宗教、学歴の要素、収入の水準、音楽や芸術の趣味などなど、その全てにおいて大多数と一致すると自信を持って言える人はいないだろう。つまり、一部の人権侵害を許せば、結局、ありとあらゆる人の人権が侵害されてゆく。

このため、人権を実現するには、政治プロセスだけに任せるのではなく、人権宣言や憲法・条約・法律などによる法的保障が必要となる。

人権保障の枠組み

人権は、人間が人間であるという理由のみで保障されるべき権利だから、一部の国や地域だけで保障すべきものではなく、世界にいるすべての人間に保障すべきものだ。そこで、国連は、人権についての国際的な枠組みを発展させてきた。

1948年に、国連総会で「世界人権宣言」が採択され、1966年には、「国際人権規約」が採択された（発効は1976年）。国連ではその後も、「難民の地位に関する条約」（1951年採択、1954年発効）、「人種差別撤廃条約」（1965年採択、1969年発効）、「女子差別撤廃条約」（1979年採択、1981年発効）など、個別分野での具体的な人権条約も作られてきている。また、ヨーロッパでは、1950年に「ヨーロッパ人権条約」が署名され、地域的な国際人権保障の仕組みも作られている（人権保障の国際化については、樋口陽一『国法学　人権原論［補訂］』有斐閣法律学体系、2007年、第五章参照）。

また、各国の憲法や法律も、自国の国民や、自国に在留する外国人のために人権を保障している。日本国憲法の場合は、第3章に「国民の権利及び義務」の章を設け、信教の自由や表現の自由を保障する。章題には「国民の」とあるが、最高裁判例・憲法学説ともに、これらの権利は、日本に在留する外国人にも可能な限り保障されるべきだとしている。

なぜ子どもの権利のための特別な枠組みが必要なのか？

当然のことながら、子どもも一人の人間だから、条約や憲法で保障される全ての権利を享有する。それにもかかわらず、国際的にも、国内的にも、子どもの権利保障のために特別な枠組みが作られているのは、なぜだろうか。

子どもの権利のための特別な枠組み

前提として、子どもの権利に関する特別な枠組みを概観しておこう。

１９２４年に、児童の保護と健全な成育を志し、国際連盟で「児童の権利に関する宣言」が採択された。国際連合もこの精神を受け継ぎ、１９５９年に国連版「児童の権利に関する宣言」が採択された。

ただ、これらの宣言は、条約としての法的拘束力を持つものではなく、子どもの権利を実現していくには頼りなかった。そこで、１９８９年、国連はこの宣言を踏まえた上で、国際法的な効力を持つ「児童の権利条約」を採択した（１９９０年発効）。日本も、１９９４年にこの条約に参加している。さらに、２０００年には、この条約について、「武力紛争における児童の関与に関する児童の権利に関する条約の選択議定書」と「児童の売買、児童買春及び児童ポルノに関する児童の権利に関する条約の選択議定書」の二つの選択議定書が国連総会で採択された（２００２年発効）。日本は、２００４年に前者を、２００５年に後者を批准している。

日本国憲法にも、子どものための特別の権利規定がいくつかある。まず、憲法26条1項は、「教育を受ける権利」を成人を含む国民一般に保障する。そして同条2項前段は「すべて国民は、法律の定めるところにより、その保護する子女に普通教育を受けさせる義務を負ふ」とし、子どもへの教育を拒否しないように保護者に求め、子どもの教育を受ける権利を強化する。同条2項後段は、「義務教育は、これを無償とする」と定め、主として子どもの段階で行われることが想定される義務教育の無償を定める。

また、労働者に労働基本権を保障する憲法27条は、3項で「児童は、これを酷使してはならない」と、労働の現場で子どもを強く保護すべきことを規定している。

保護と教育

子どもの権利について特別の条約や権利規定が作られた理由を考えるために、１９５９年の児童の権利に関する宣言を見てみよう。この宣言は、第1条で、全ての子どもが差別なく権利を享受できることを宣明した上で、第2条で次のように規定する。

【児童権利宣言第2条（Declaration of the Rights of the Child）】

児童は、特別の保護を受け、また、健全、かつ、正常な方法及び自由と尊厳の状態の下で身体的、知能的、道徳的、精神的及び社会的に成長することができるための機会及び便益を、法律その他の手段によつて与えられなければならない。この目的のために法律を制定するに当つては、児童の最善の利益について、最高の考慮が払われなければならない。

（翻訳は外交青書4号304 - 305頁）

ポイントは二つある。第一に、子どもは、自らの身を守り、生活を営む能力が低い、あるいは全くないから、子どもならではの「特別の保護」を受ける必要がある。第二に、子どもは、自律的な個人として生きる能力を身に着ける途上にある存在だから、「成長する」主体として尊重されねばならない。子どもの成長のために与えられる機会は、しばしば「教育」と呼ばれる。

当人の意思と最善の利益

子どもには「特別の保護が必要で、かつ、成長する」という特徴があるがゆえに、子どもの権利を考える時には、大人の権利とは異なる考慮が必要になることがある。

法の一般原則からすると、権利の行使は、当人の意思に基づいて実現される。例えば、憲法上の表現の自由は、その人が「表現したい」と考えたものを表現することによって実現される。あるいは、裁判を受ける権利は、その人が「裁判を受けたい」という意思を示し、裁判所がそれに対応することによって実現される。

子どもたちがこれらの権利を行使する場合も、基本的には同様である。しかし、子どもの保護と教育を受ける権利にかかわる場合には、すべてを当人の意思に任せるのが不適切な場合もある。例えば、幼児がどうしても車道の真ん中を歩きたいと言っても、保護者や保育園の先生は命を保護するために止めるだろう。このように、保護を受ける権利は、しばしば、当人の意思に反する形で、あるいは、意思とは無関係に実現される。

このことは、教育も同じだ。教育はその性質上、子どもがそれまで知らなかった世界を知る機会だから、受けるべき教育内容を、自ら決めることはできない。例えば、子どもたちは、算数教育を受ける前の段階では、「四則計算」も「分数」も知らないのだから、自分の意思でそれらを学びたいと決定して、算数教育を受けるわけではない。また、子どもが「分数の計算なんて勉強したくない」という意思を表示しても、そもそも、その子どもは「分数が分かっている状態」がどんな状態なのかが分かっていないのだから、勉強の拒否の意味を理解した上での意思表示だとは言えない。それゆえ、私たちは、子どもが嫌がっているという理由だけで、教育を免除したりはしない。また逆に、幼児に対しては、当人が興味を示しても、詳しい性教育を行うにはまだ早いと判断することもあるだろう。

では、「当人の意思」という原理に基づかないのだとしたら、保護や教育の権利は、どのような原理により保障されるのか。児童の権利宣言第2条第2文は、この点を、「児童の最善の利益」の実現という原理だと規定する。子どもの権利を保障する主体は、何が子どもの最善の利益かを慎重に考え、それを実現するために保護と教育を実施しなくてはならない。

もっとも、何が子どもの最善の利益なのかは、考えていくととても難しいことがある。良かれと思ってやったことが、結果的に子どもを害することもある。どうすれば子どもの最善の利益を実現したことになるのか、先人たちは知恵を絞ってきた。子どもの権利を謳う条約や憲法の規定は、「子どもの最善の利益とは何か」を考えるうえでの検討事項を定めたものと言えるだろう。

子どもの権利の体系

では、子どもの権利は、具体的にどのような内容なのか。憲法と児童の権利条約の内容を参照しながら整理してみよう。

個人としての尊重と差別の禁止

子どもは、たとえ年齢が若くとも、一人の立派な個人であり、自律的な個人として尊重されなくてはならない。

この点、日本国憲法13条は「すべて国民は、個人として尊重される」、同14条は「すべて国民は、法の下に平等であって」「差別されない」と規定する。当然ながら、子どもも「国民」であるから、個人として尊重され、平等に扱われる。

また、児童の権利条約は、人種や皮膚の色、性別などでの子どもの差別を禁止し（2条）、子どもは「生命に対する固有の権利」を持つ存在だと規定して（6条1項）、子どもを個人として尊重することを規定する。そして、子どもに対する措置は、国家の管理の便宜や社会の慣習の押し付けのためではなく「児童の最善の利益」を実現するものと位置付けられ（3条）、立法・行政・家族も子どもの権利を尊重すべきものとされる（4条、5条）。

個人の尊重と差別の禁止は、人権保障の根幹だ。憲法や人権条約に列挙されている個々の権利（表現の自由、営業の自由、適正手続きなど）は、「差別せずに、個人を尊重した」と言えるために必要な権利を具体化したもの、とも言えるだろう。

国境に関わる子どもの保護に関する権利

ところで、たとえ国民の人権保障を国家が充実させたとしても、そもそも国籍を持たない者や国籍が不安定な状況の者は、国家による保護にアクセスできない。このため、子どもの人権を保障するためには、その前提として、子どもの国籍に対する権利を適切に保障する必要がある。

もっとも、各国の憲法は、主として、国内の統治のためにつくられる法だ。このため、「そもそも国籍をどのように配分すべきか」とか「国籍配分の場面で個人をどう保護するか」といった、国際的な調整の必要な問題について、細かい規定を置かないことも多い。日本国憲法も、国籍の配分基準は「法律でこれを定める」と規定するのみだ(憲法10条)。

この点に関して重要な役割を果たしているのは、条約だ。児童の権利条約は、子どもの国籍への権利を強く保障している。具体的には、出生時から氏名を持つ権利、国籍を持つ権利を保障する(7条、8条)。また、強制送還などに伴い親子が分離されないよう配慮を求める権利(9条~11条)、難民状況になった子どもの権利(22条)も規定されている。

子どもの保護に関わる権利

児童の権利条約は、子どもの最善の利益を実現するために、子どもの保護に関して、様々な具体的規定を定めている。

まず、家族・公的機関による保護を求める権利がある。父母や養親は、子どもの養育・発達に責任を有し(18条、21条)、家族による保護に問題があれば公的機関が子どもを援助する責任を負う（19条、20条）。さらに、障害を持つ子どもに対しては、とりわけ、国家がその尊厳の確保に配慮しなくてはならないとする（23条）。また、全ての子どもは、健康を維持するための保護を求める権利を有し（24条、25条）、健康で文化的な生存を確保するために社会保障を求め、相当な生活水準を確保するための援助を求める権利も保障される（26条、27条）。子どもの健康を保護するため、麻薬などの薬物汚染にさらされない権利も規定される（33条）。

先述したように、日本国憲法27条3項は、子どもが搾取の対象とされてきた歴史を踏まえ、「酷使されない権利」を保障していた。児童の権利条約は、より踏み込んで、経済的な搾取をされない権利（32条）、性的な搾取をされない権利（34条）、誘拐・人身売買をされない権利（35条）、武力紛争に伴う搾取をされない権利（38条）、その他あらゆる搾取をされない権利（36条、39条）を保障している。

自律的な主体へと成長するための教育への権利

先述の通り、憲法26条1項は、教育を受ける権利を保障する。これは、子どもに限らず大人にも保障される権利ではあるが、自律的な生存能力を身に着ける途上にある子どもにとっては、特別に重要な意味を持つ。

子どもの教育を受ける権利を実現するためには、その前提として、十分な量の教育が提供されなければならない。このため、国や地方公共団体は、全ての子どもが教育を受けることができるように、学校を設置したり、学校への通学手段を確保したりする責任を負う。さらに、教育は、量が多ければそれでよいというものではない。子どもが必要とする教育は、国家や社会の都合で押し付けられる教育ではなく、自律的な判断能力を身に着けるための教育だ。したがって、教育の質や内容は、特定の思想や観念を一方的に押し付けたり、自律的な個人への成長を阻害したりするものであってはならない。

児童の権利条約では、教育についてかなり詳しく記述されている。まず、教育の機会均等を保障する（28条）。さらに、子どもへの教育はただやればよいというものではなく、次のような内容でなければならないと規定している（29条1項）。

(a)児童の人格、才能並びに精神的及び身体的な能力をその可能な最大限度まで発達させること。
(b)人権及び基本的自由並びに国際連合憲章にうたう原則の尊重を育成すること。
(c)児童の父母、児童の文化的同一性、言語及び価値観、児童の居住国及び出身国の国民的価値観並びに自己の文明と異なる文明に対する尊重を育成すること。
(d)すべての人民の間の、種族的、国民的及び宗教的集団の間の並びに原住民である者の理解、平和、寛容、両性の平等及び友好の精神に従い、自由な社会における責任ある生活のために児童に準備させること。

(e)自然環境の尊重を育成すること。

また、子どもは成長に向けて努力すべき存在ではあるが、それだけを強調すると、十分な休息がとれない。このため条約は、教育を受ける権利とともに、休息・余暇・レクリエーションを求める権利をも保障する（31条）。

子どもの自由権

児童の権利条約は、各国の標準的な憲法が保障するような自由権も保障している。例えば、自己の意見を表明する権利（12条1項）、表現の自由（13条）、思想・良心・宗教の自由（14条）、結社・集会の自由（15条）、プライバシーの権利（16条）、マスメディアへのアクセス権、知る権利（17条）などの精神的自由権を保障する。人身の自由については、拷問や残虐な刑罰などをされない権利、刑事司法において適正な手続きをうける権利が規定される（37条、40条）。日本国憲法が保障する自由権は、子どもにも当然、保障されるので、こうした自由権は、日本国憲法と共通する内容も多い。

さらに、条約は、少数民族や言語的少数者への配慮も視野にいれており、文化・宗教・言語の使用に関する自由が保障される（30条）。

子どもの自由権についての特別の制限

このように、子どもには自由権が保障される。もっとも、自由権は絶対無制約なものではない。例えば、道路交通確保のために、デモ行進を制限する場合もあろう。公共のための合理的な理由があれば権利が制約されることがあるのは、権利の主体が大人であろうと子どもであろうと同じだ。

さらに、子どもの自由権は、保護と教育の観点から成人の場合とは異なる特別な制限がなされることがある。

成人の場合、当人の保護や教育を理由に自由権を制限することは許されない。例えば、「この思想を持つことは適切でない」という理由で、特定の思想が表明された本を読んだり、それを表現したりすることを制限することは許されない。また、「政府に反抗しないように教育する必要がある」という理由で、特定の本を読んだり、ある種の宗教を信じたりしないよう強制することも憲法違反となる。

これに対し、子どもの自由権については、当人の保護や教育を理由とした制限が許されることもある。ただし、保護と教育という口実を設ければ、どんな制限でも許されるというわけではない。保護と教育を理由とした子どもの自由の制限が許されるには、①自由を制限する目的が、子どもの最善の利益を図るためのものであること、②自由の制限が①の目的達成のために役立つものであること、③より制限的でない他の選びうる制限方法がないこと、④子どもの発達段階に応じたものであること、の四つの要件を充たす必要がある。

例えば、「目上の人の言うことに黙って従う人間を作る」ために、学校で理不尽な挨拶や命令服従を強制していたとしよう。これは、管理する側の都合を押し付けるものであって、子どもが自律的な存在へと成長するために役立たない。このため、子どもの最善の利益を目指したものとは言えず、①の要件が欠ける。よって、そのような理由による自由権の制限は許されない。

④の要件については繊細な配慮が必要となる。例えば、赤ん坊に許される措置が、高校生に対するものとしては正当化できないということはいくらでもあるだろう。

おわりに

以上で、子どもの権利の理論と体系はイメージしていただけたのではないだろうか。こうした理論を頭で理解することは、それほど難しいことではないだろう。しかし、実際に子どもの権利が問題となる現場で、子どもの権利の理論に沿った対応を行うのは必ずしも簡単ではない。

例えば、運動会の組み体操について考えてみよう。近年、議論を呼んでいるが、学校の運動会で、高さが7段、8段、場合によっては10段もあるような人間ピラミッドが作られたり、高さが3、4メートルに達するような人間タワーが作られたりする。高さが高いうえに、足場が不安定だから、骨折などの重大なけがを負ったり、後遺症が残ったりする子どもも少なくない。過去には、死者も出ている。

ちなみに、労働者の安全を守るために制定された労働安全衛生法に基き制定された労働安全衛生規則（労働省令）は、2メートル以上の高さで作業する際には、手すりや命綱、安全ネットなどの転落防止措置をとるよう要求している。組み体操では、手すりや命綱の用意など不可能だから、子どもたちがいかに危険な状態に置かれているかはわかるだろう。

それにもかかわらず、学校では「みんなで協力することの大切さ」や「見る人の感動」を理由に、危険な組み体操をなかなかやめようとしない。つまり、子どもたちを「けがをしたってかまわない存在」として扱っている。これは、子どもたちを一人の自律した人格として扱うものではない。危険な組み体操への参加を子どもたちに強制することは、組み体操を実現する「道具」として子どもたちを扱うことだ。これは、教育とは言い難いだろう。

子どもの権利を考えるうえで重要なことは、「権利侵害があまりに一般化していると、それを権利侵害と認識することが難しい」ということだ。

例えば、アメリカ全土で奴隷制が禁止されたのは1865年のことだ。それ以前には、「白人には、黒人奴隷を使う権利がある」と考える人も多く、「奴隷制度の禁止は白人の財産権侵害」だと裁判所が判断したことすらあった。あるいは、割増賃金を払わない時間外労働は労働基準法違反であるにもかかわらず、「サービス残業」が当たり前になっている現実がある。

こうした状況を打開して、権利がきちんと実現される社会を創っていくには、どうしたらいいのか。まずは、日々の生活の中で辛いと思っていることを、まず口に出してみることが必要だ。その時、辛さを口にした本人も、それを聞いた相手も、「辛いけど、我慢するしかない」と思うことも多いだろう。しかし、そこでもう少しだけ考えてほしい。「本当にそれは我慢すべきことなのだろうか」と。

社会を変えるための行動をとるのは、とてもエネルギーがいる。自分一人のことを考えたら、場合によっては、黙って我慢する方が楽かもしれない。でも、あなたが感じている「辛いこと」は、ほとんどの場合、あなただけの辛さではない。日本中で、世界中で、同じ辛さを感じている人がいる。そこには、より良い社会を創るための鍵がある。

私たちが「子どもだから仕方ない」と思っていることの中には、「仕方ない」で済ませてはならない重大な権利侵害がたくさんあるはずだ。子ども時代に「仕方ない」と我慢せざるを得ない状況が続けば、大人になっても「社会を変えられる」という気にはならないだろう。それでは、いつまでたっても社会は変えられない。

子どもの声に耳を傾け、「そこに権利侵害はないか」「大人の責任を果たしているか」と問い続けなければならない。

第1部

家庭

第1章

虐待
——乗り越えるべき四つの困難

宮田雄吾
大村共立病院・大村椿の森学園

虐待とは何か？

証言1「理由は何だったか忘れました。ただ両足首をがっしりと摑まれて、洋服のまま逆さ吊りにされて、そのまま頭から浴槽につけられたことは覚えています。『止めて、止めて、ごめんなさい』最初はそう必死で叫んだんですけど、お母さんは知らんぷりでした。叫んでいると口の中には水が入ってきて苦しいから、水を飲まないように息を止めるしかありませんでした。気が遠くなって、死ぬ寸前になると引き上げられる、その繰り返しでした。とにかくお風呂は今でも怖いです……」

証言2「お母さんはいつも酒を飲むとおかしくなるんです。寝ている私を無理やり起こして、包丁を首元に押し当てて『死のうか』と言われた時は怖かったです。それが何度もあったんで、中学校に入ってからは枕の下に包丁を隠してからじゃないと眠れませんでした……」

証言3「5歳ごろになるとお母さんは週末しか帰ってこなくなりました。私はおばあちゃんと二人暮らしになったんです。いえ、おばあちゃんが面倒見てくれたわけじゃありません。だっておばあちゃんはもう寝たきりになってたから。おむつは私には替えられないから、おばあちゃんがいつもくさかったのを覚えています。ご飯は作れなかったからいつも一人で買いに行きました。おばあちゃんは海苔巻みたいな物、私はお菓子。小学校に入って少ししておばあちゃんはだんだん弱っていって、結局私の目の前で死にました。一人でどうしたらいいかわからなくて、ただただ怖かった……」

証言4「お母さんとその彼氏がエロいことをしているのは嫌だった。大抵私は寝たふりして聞こえないふりをしてた。でもある時、お母さんが私を起こしに来た。お前も一緒に今から気持ちいいことしようって。『えーっ』って言ったけど『いいからいいから』って無理やり連れて行かれた。そしたら彼氏さんが変な道具を持ち出してきてそれを私の股に押し当てた。お母さんと彼氏さんは一緒に笑って見てた……」

これらは私が精神科医として出会ってきた子どもから直接聴いた話だ（実際の語り口は長崎弁だったし、もっとたどたどしく、とぎれとぎれだった）。

初めて聴いた時に、私は衝撃を受けた。しかし児童福祉の領域で仕事をしていると、これらがさほど珍しい話ではないことが次第に分かってきた。

私は「児童心理治療施設（旧情緒障害児短期治療施設）大村椿の森学園」で勤務している。ここは情緒的な問題を持つ子どもが入所する児童福祉施設の一種だ。平成15年4月1日の開設日から平成29年5月31日までの全入所児童155名のうち、118名（76・1％）の子どもが何らかの虐待を受けていた。内訳は身体的虐待50人、ネグレクト（育児放棄）45人、性的虐待29人、心理的虐待52人（重複あり）である。全国に目を向けると平成26年度に児童相談所が相談・対応した虐待件数は8万8931件に及んでいる。その中では心理的虐待が最多である。虐待を受けている子どもは数多い。

ちなみに児童虐待を理解する時に、「虐待」という言葉の持つ残虐なイメージに引っ張られ過ぎてはならない。ネグレクトや心理的虐待の中には残虐さが上手に隠されて、目立たないものもある。しかし子どもに与える悪影響は絶大だ。やはり虐待はもう少し幅広い視点で捉えなければならないのである。

児童虐待は英語で“child abuse”という。ちなみに“abuse”という単語は、分解すると“ab（離れた）＋use（使い方）”。すなわち“child abuse”とは「子どもの本来とはかけ離れた使い方」を意味する言葉である。

私はこの概念の方が児童虐待を正しく捉えていると考えている。

子どもの本来の使い方とは、子ども自身の成長を目的として、温かく育み、正しく導くことである。子どもは決して大人の満足のための愛玩動物ではない。ましてや大人の怒りや哀しみのはけ口ではない。召使いやセクサロイドの役割を担わせるなどもってのほかなのである。

この虐待を受けた子どもに向かい合う際には様々な困難な点がある。ここからはそれらを示し、周囲の大人がせめてどうすればよいのかを述べたいと思う。

発見の困難

第一の困難ポイントは「発見」することだ。

親は巧妙に虐待を隠す。殴る部位は衣類で覆われた場所が選択されがちだ。通院は発見されぬように手控えられ、行政や学校の介入に対しては親権を振りかざし、抵抗を示す親が少なくない。

ある日、私が子どもの袖を捲ると、二の腕に三列の熱傷の跡があった。「落ち着きのない子どもで小さい時にポットで遊んでお湯をかけたんです」と親は言う。「3回もですか？」と尋ねた私に親は平然と「ええ」と答えた。「そんなはずあるか！」と思ったが、それを目撃していない私には何も証明できなかった。何せ横に座る子どもは表情も変えずに押し黙ったままなのだ。それも当然だ。親の前で口を開くはずはない。その後、親に退席してもらって話を聴いたが、やはりその子どもは何も語らなかった。

子どもの中には「何も言うなよ、言ったら許さんぞ」と、恐怖と共に口止めされている子どももいる。また口止めなどなくとも最も近しい大人から虐待を受けてきた子どもは「気をつけろ、大人を信じるな」とその体験から散々学んできた。彼らにとって虐待者も支援者も区別はない。にこにこと近寄ってくる支援者はいつ豹変して自分に襲いかかるかわからない存在だ。さらには「こんなこと言いましたよ」と親にチクるかもしれないではないか。だからこそ簡単に虐待の事実を語るはずはないのだ。

しかも虐待の事実を語った場合、その後どうなるかという見通しも彼らは持たない。中には「言うことを聞かなかったら施設にやるよ」と言われてきた子どももいる。虐待を受けたことを告白した後に児童相談所の処遇によりそれはしばしば現実となる。

加えて本人は虐待を受けたのは自分の行動が悪いから、いや自分の存在そのものに価値がないからこのような目にあったのだと洗脳されている。さらに特に性虐待の場合に顕著だが、彼らは自らを被害者ではなく、共犯者であると考えている。だから彼らは虐待の事実を隠す。

彼らが真実を私たちに語り出すのは、彼らとの関係が深まり、さらに話しても安全が損なわれないと確信してからである。

児童虐待防止法第6条の定めにより、虐待を受けたと思われる児童を発見した者は児童相談所、市町村、福祉事務所への通告義務があるとされている。特に学校、児童福祉施設、病院等の「団体」や教職員、児童福祉施設職員、医師、保健師、弁護士等の「個人」には早期発見義務が明記されている。

しかし前述したとおり、児童虐待の確証を得るのは困難である。そんな中で通告義務は軽視されがちである。

本来、虐待かどうかの判断はあくまでも通告者の主観的判断でよいとされている。もし悩むならば「このような子どもがいます。これは虐待に当てはまるでしょうか?」という相談を、子どもの名を伏せて児童相談所にすればよい。

ちなみに虐待通告をしない時に使われる言い訳はパターン化している。

「虐待としつけの線引きがわからない」

「家族との関係が悪くなる」

「子どもが望まない」

「このくらい昔は普通だった」

「児童相談所に言っても何もしてくれないorしてくれなかった」

このような理由を思いついたとき、〝もめ事は嫌だ〟という本音が本当に隠れていないか、丁寧に自分の心の中を探って欲しい。

虐待はいつでも起こりうる。そして誰であっても行いうる。そういった認識を持つことで少しは発見しやすくなる。子どもが虐待にさらされている疑いを抱いた際は〝知らんぷりせず〟、

〝抱え込まず〟で、児童相談所等の行政機関へまず連絡することから始めて欲しい。

症状の困難

こうして何とか隠されていた虐待から逃れて、安全な場所へと逃げ込んだ子どもには第二の困難が待ち構えている。それは虐待というトラウマ体験によってもたらされる心身の異常である。

幼い彼らによくみられるのは、頭痛、腹痛、発熱、下痢、吐き気、食欲不振などの身体症状である。内科的に調べても原因の分からない様々な症状が彼らを襲う。それはまさに身体の悲鳴であり、声なき抗議である。年齢を重ね、次第に心が複雑さを増してくると、彼らは例外なく、抑うつ的となる。抑うつ的といっても単純に元気がなくなる者ばかりではない。彼らはその陰鬱な気分を不安、さらにイライラや怒りとして表現するのである。

そして彼らの大半に心的外傷後ストレス障害（ＰＴＳＤ：Post Traumatic Stress Disorder）症状が出現する。

虐待されていた時の風景が生活の何気ない場面で突然、頭の中に侵入してくる。それは昼夜を問わない。彼らは眠りの中にまで侵入してきた記憶、すなわち悪夢にうなされる。時にはもはや現実との区別もつかなくなって、周囲の人がまさに虐待者そのものに見えて、パニック状態に陥る者もいる。それは大変な苦痛である。

彼らは虐待の記憶を避けるために虐待に関する記憶を消そうとする。実際に中学校に入る前の記憶が、思い出そうとしても思い出せなくなってしまった子どもにたびたび出会う。さらに彼らは、職員から注意を受ける際にしばしば言葉と表情を失う。虐待されていた真っただ中で、その苦しさに直面しないために感情を麻痺させて何も考えないようにしてきた習慣が色濃く残っている。

彼らの自律神経は闘争・逃走モードである交感神経優位の状態に長時間保たれる。彼らは見るからに過度の警戒心を示す。私が頭がかゆくて、手を挙げて掻こうとした際に、目の前で飛び跳ねそうなくらいビクつかれたのにはこちらがビクついた。

夜もなかなか寝付けない。いつ肉食獣に捕食されてしまうかわからない野生のキリンの睡眠時間はとても短いと聞く。さらにいつでも逃げられるような姿勢で眠るのだそうだ。彼らの眠りの浅さはまさに野生のキリン並みだ。夜中に叩き起こされて怖い目にあわされてきた彼らにとって、ぬくぬくと暖かい布団すらも安心の場所ではないのだろう。

ちなみに近年では、幼少からの度重なる虐待により、脳には萎縮などの構造変化が出現するとの研究報告もなされてきている。脳萎縮は身体的虐待や性的虐待だけではなく、言葉による心理的虐待によっても見られる。そう考えると虐待の影響は心理的な問題には留まらず、子どもの脳自体への物理的な傷害行為なのだとも言えよう。

支援の困難

昔、『小公女』という話を読んだことがある。辛い体験を数多く重ねた少女が逆境にもめげずに希望を失わずにその環境の中で生き延びて、最後は幸せをつかむ話だ。その健気な少女の姿は幼い私の心を打った。その後、精神科医になり、虐待を受けてきた子どもが再生を模索する施設を開設することとなった私は、心のどこかで『小公女』のような世界を多少は夢想していたように思う。しかしそこはそんな未熟な私を打ちのめすには十分な場所だった。

長期にわたり虐待を繰り返し受けてきた彼らはなかなか『小公女』のような前向きな姿を見せてくれない。彼らは虐待してきた親や周囲の大人以上に、自分自身のことを誰よりも信じていない。自分は罪深く、能力に欠けていて、生きる価値がないと頑なに信じている。当然、自分に期待しない者は、将来に対しても明るい展望を抱いていない。まだ中学生の女の子から「先生、どんな頑張ったって無駄よ、私、どうせ最後は風俗だから」と言われたのは悲しかった。未来に希望を持てない彼らは「今、この瞬間」を頑張ろうとしない。生きていく際に大切なのは常に「今、この瞬間」に何をするかなのだが、彼らはコツコツとした努力を重ねようとしないのだ。対人緊張の強さや学力の低さなども相まって、学校にもろくに行かない。学ぶこと自体にも価値をおいていない。そうなると一人で食べていける仕事に就ける確率は下がる。

「私、どうせ最後は風俗だから」というその言葉が次第に現実味を帯びていく。

さらに親に甘えさせてもらえなかった子どもは甘え方も下手だ。率直に言いすぎかもしれないが、少なくとも初期は「可愛いな」と感じさせてくれない。

出会ったばかりの彼らはひどくよそよそしい。そして一部は逆に不自然なまでに馴れ馴れしい。馴れ馴れしいタイプでもちょっと何か指導しようものならば急に押し黙り、よそよそしくなる。さらに先週は少し打ち解けて話が出来たのに、今週は何も話そうとしないなんてことも度々ある。要するに関係がなかなか安定せず、深まっていかないのだ。

ちなみに彼らがいざ甘え始めた時のパワーは凄まじい。彼らの甘え欲求は際限がない。職員がそこに現れるまで何時間でも泣き叫び続け、離れようとした職員にしがみ付く。他の子どもの方に気を取られようものならば、その子どもを攻撃し、振り向いてもらうまでどんなことだってやる。甘えの底なし沼に引きずり込まれるような気分に職員は追い込まれていく。

彼らは施設に入って一ヵ月もすると様々な問題行動を起こし始める。反抗や暴言で済めば可愛いものだ。しかし通常はそんなレベルには留まらない。暴力が日常的にそこにあった彼らは、これ以上はやってはいけないという垣根を簡単に飛び越える。彼らは感情や行動をうまく調整できない。

「今日は卓球台とイス全損で、あとドアと壁が2箇所割れました」

その際の被害額は一日で80万円を超えた。修理費用は全て施設の持ち出しである。

「子どもに指の骨を折られました」「今度は足を踏まれてひびが入りました」

今年度は何度か職員が骨折したとの報告を受けた。

ある女性職員は「そんな職場は辞めなさい」と言われるのが嫌で、実家の親には自らの骨折を報告していないらしい。

施設の開設以来、ありとあらゆる問題行動に付き合ってきたが、個人的には開設当初に半年で3回放火されたのが怖かった。犯人は最後の事件しか判明しなかったけれど、恐らく他の2件はそれぞれ別の子どもの仕業なのだと思う。

これらの例でも分かる通り、安全に生活する権利を剥奪され続けてきた彼らは、施設の中で、今度は職員が安全に働く権利を奪う立場へと姿を変える。

さらに彼らは職員だけでなく、自らも攻撃のターゲットとする。夜間に抜け出して、アプリを用いて男性を探し、また性被害に遭う子ども。自傷行為を繰り返す子ども。高所から飛び降りて多発骨折する子ども。食事を摂らず、身体的危機に陥る子どもなど例を挙げたらきりがない。

もはやそこに虐待する親の姿はない。そこで自らに虐待を行い続けているのは子ども自身なのである。

問題行動を繰り返す彼らに対して、周囲にいる大人ができることは極論すると三つである。

一つ目はどんな場合でも彼らを殴らず、脅さず、生活環境を安全な場所として保ち続けること。

二つ目は子どもの問題行動の背景にある気持ちは受け入れつつも、社会的な枠組みの中で許容できることはどこまでであるかを明示し、少しでも適応的な行動に置き換えていけるよう支援すること。

三つ目は何の根拠もないのだけれど、その子どもの未来に期待し続けること。

この三つ目が一番難しい。子どもをなかなか変化させることのできない無力な自分への失望に打ち勝つ力が大人に問われる。彼らへの対応はどうしたらいいのか分からないことだらけだ。何が正解の対応なのか分からないなかで、何かできる事があるはずだと根拠もなく信じて、次の手を模索し続けるのが被虐待児への臨床のあり方だ。必要ならばトラウマに特化した様々な治療技法を心理士と協同して実施したり、薬物療法の可能性だって探る。だがいずれにしろ成長は年単位で、奇跡は起こらない。子どもを変える魔法の言葉などない。支援する大人同士で子どものグチを陰でしっかりこぼしつつ、上手に休みを取って自らの心をメンテナンスしながら子どもとの日々を過ごすしかない。

ちなみに〝愛情〟だけを頼りとする人は、虐待された子どもの支援を仕事にしない方がいい。愛情は彼らの攻撃の前にあっという間に目減りしてしまい、そういう職員ほどすぐに退職して子どもを捨てる。

生活の困難

虐待を受けた子どもの問題行動が減り、いざ社会へと出て行こうとした際、そこには最強の敵が立ちふさがる。

それは「社会」である。彼らの社会参加のハードルは高い。

まずは本人の問題として、ここまで述べてきたような虐待の結果として生じた様々な症状や対人関係の不安定さ、ストレス耐性の低さが安定的な生活を阻害するのは言うまでもない。しかし他にもいろんな問題があるのだ。

虐待を受けた子どもが数多く入所している大村椿の森学園における平成15年4月1日から平成29年5月31日までの全入所児童155名を調べてみると、IQ80未満と軽度精神遅滞から境界知能に留まる者が70名（44・5％）を占めた。逆にIQ100以上の者はわずか25名（14・8％）しかいなかった。さらに虐待を受けていた118名の内、51名は自閉スペクトラム症や注意欠如・多動症（ADHD）を合併していた。つまり彼らの中には先天的にも能力的なハンディを持つ者が少なくないのである。

さらに言うと彼らは同級生らが勉強をしたり資格を取ったりして社会に出る準備をしている間、自分の身を守ることに必死だった。当然、学力は低く、資格もあまり持っていない者が多い。仮に学力があったとしても、大学にいくお金を確保するのは至難の業だ。学歴も資格もない彼らが就ける仕事は限られる。

　一人暮らしをするには保証人だって必要だ。しかし家族がその保証人すら引き受けてくれないこともある。家族を調べてみても大村椿の森学園のデータでは全入所児童155名中、生活保護や非課税世帯の出身者が98名（63・2％）を占めていた。さらに実父母が揃っていたものは31名（20％）に過ぎない。母子家庭は81名（52・3％）、両親ともに不在の家庭に育った者も12名（7・7％）いるのだ。本人を支援する余裕がないというのが家族の実態であろう。

　そんな中で彼らは後ろ盾も乏しいまま、社会に出ていく。頼れるのは施設にかける電話と、施設にいるときに小遣いやバイト代を貯めた僅かなお金だけだ。

　彼らが虐げられた歴史を清算し、未来を構築していく中で自分の権利を回復するには、心を寄せるだけでは不十分だ。金が要る。貧困対策はそのまま虐待を受けた子どもへの支援となる事を肝に銘じて欲しい。

　ここまで述べてきたように虐待を受けた子どもの前には大きな困難が立ち塞がっている。しかしあきらめてはならない。長い道のりを経て、やがて彼らの大半はこれらの困難と折り合いをつけ、社会の中で彼らなりの居場所を探しあてる。

「そこには無限の可能性が拡がっている」などというきれいごとを言うつもりはない。しかし彼らが、実はなかなかしぶとい生き物であることは確かだと思う。

第2章 貧困
――子どもの権利から問う、子どもの貧困

山野良一
沖縄大学・専門社会調査士

子どもの貧困の社会問題化

「苦しい。お医者さんに行きたい」と訴える娘に「ごめんな。もう少し様子を見よう」と何度も言い聞かせた。

宮城県に住む高橋直樹さん（48）は昨秋、持病のぜんそくの発作を起こした長女の絵里香さん（12）＝いずれも仮名＝を、すぐには病院には連れて行けなかった。

一家は父子家庭。高校を出て昨春、会社員になったばかりの長男、中学3年生の次男、小学6年生の絵里香さんとアパートで暮らしている。

高橋さんは労災事故に遭うなどして一昨年、会社を辞め、ハローワークの職業訓練に通いながら求職中だ。一家の生計は12万円ほどの長男の月給に頼っている。

「医療費を工面できなくて……」と高橋さん。次男の歯痛を料理酒に浸した綿をかませて、しのいだこともある。

年に何度か発作を起こす絵里香さん。その日は病院からもらっていた薬を吸引したが、発作は続いた。翌日、思い余って近くの小児科に電話すると「すぐ連れて来て、お金は後でいいから」と言われ、ようやく受診したのだった。
ひとり親家庭への医療費助成がある。ただしこれはいったん窓口に支払って、3カ月後に還付される仕組み。「窓口で払う現金がない。お金がなければ、受診できないんです」と高橋さん。絵里香さんの治療には約4000円が必要だ。（後略）
（河北新報、2011年1月16日）

新聞記事のような子どもの貧困に、ここ数年で日本においても社会的な関心が集まってきた。雑誌『世界』は、2017年2月号で子どもの貧困を特集している。社会政策の研究者、武川正吾は子どもの貧困がクローズアップされてきた重要な要因として、2008年に子どもの貧困に関する書籍が立て続けに出されたこと、さらに私も世話人として活動を続ける「なくそう！子どもの貧困」全国ネットワークなどによって啓発活動やロビー活動が行われたことを挙げている（武川2017）。これらの動きによってそれまで日常語としてなじみのなかった「子どもの貧困」という言葉が「貧困家庭」に置き換えられ、一般の人々の意識に浸透し始めたことの意義を強調している。
言葉のもつインパクトは大きい。「子どもの貧困」と「貧困家庭」という似かよったふたつの言葉だが、両者の違いによってもたらされる印象は異なってくる。（意図的であったかは別にして）「貧困家庭」から「家庭」を抜くという作業によって、家族や親とは別の存在として子どものみに焦点をあて、社会的な課題として問題を浮かび上がらせることに成功したのかもしれない。

しかし、そうした新鮮さや驚きがもたらされた背景には、この問題が家庭や親の状況と根深く不可分にあるものとして捉えられてきた経緯があったことを省みる必要があるだろう。日本では長い間、貧困だけでなく子どものあらゆる問題は家庭や親のみが責任を負い解決するものとされてきた。

それは政治的な動向だけでなく社会的な認識においてもそうではなかったろうか。イエ制度の歴史を背景として、子どもを含め家族の扶養や養育は家庭内でのみ解決するべきものであった。その裏返しとして、親権は強力であり親たちの暴力や理不尽な仕打ちは許されてきた。また、家庭が困窮しているのであれば子どもはがまんするのが当たり前という意見は、少なくともつい最近まで社会的にごく当たり前のものであっただろう。

本書のテーマである子どもの権利についても、権利条約の批准が遅れたのはそうした社会背景があったからであろう。子ども個々の安心・安全、成長・発達などの主体的な権利が尊重されるようになるには、そうした社会状況を変えるべく条約批准を求めさらに批准後もその意義を広めてきた先人たちの長期にわたる活動が必須であったのである。「子どもの貧困」という言葉が「家庭」から切り離されて社会的に提示できたのも、子どもの権利への認識が深まってきたという土台があったからだと筆者は考えている。

さて、そうした土台のもと、2000年代半ばから子どもの貧困は社会的に注目を浴びるのだが、そこには武川も触れているように、子どもの相対的貧困率という数値のインパクトも大きかった。OECDが、日本政府に先行して公表したのだが、他の先進国に比べかなり高い数値であった（政府による相対的貧困率の発表は、2009年の政権交代によってようやく果たせた）。また、貧困率の発表と合わせOECDによって指摘されたのが、日本の子どもや子育て家庭をめぐる予算の少なさであった。欧州などと比較すると、貧困率を下げるために有効な手段である児童手当など現金給付に加え、教育や保育に関する現物給付もかなり少ない。山野（2015）が指摘するように、他の先進国を見ると前者と後者は補完的な関係にある場合も見られるのだが、日本はどちらも最低レベルなのである。

家族依存社会と子どもの権利

日本のように、子どもや家族に対する公的支出の少ない状況を家族依存社会と呼ぶことがある。家族依存という言葉は、お気づきのとおり、本論の中で繰り返し触れる、子どもと家族、さらには両者と社会との関係性を問う言葉である。

もちろん、やや一面的な表現ながら、子どもは生まれくる環境を自らは選べず、親や家族を中心とした養育者に依存せざるを得ない面を持つ。それは、生存にもかかわる経済的な生活面だけではなく愛着を中心とした情緒的な面でもそうであり、家族など養育者と安定的にかかわれることが子ども期だけでなく長期の成長の礎になる。つまり、子どもとは主体的な人格でありながら、一方でその成長・発達の権利保障のために養育者との良好な関係を必要とする、家族依存的な存在でもある。子どもの権利条約でも、「子どもが、人格の全面的かつ調和のとれた発達のために、家庭環境の下で、幸福、愛情および理解のある雰囲気の中で成長すべきであることを認め」（前文）とあるように親（あるいは代替的な存在）および家庭環境を重要視し、7条では親により養育される権利も規定している。

しかし、その家族依存の程度は社会によって異なり振幅がある（松本２０１６）。子育てに関する（現金・現物の両面を含んだ）社会サービスの量や質が、日本のように貧弱な場合、子どもの権利保障は家族など養育者の状況次第となり、貧困や虐待などの影響が子どもに直結しやすくなる。

また、家族依存の度合いが高い社会では、費用負担の面だけではなく、育児すべての面で家族に負担が集中しがちで、それゆえ社会規範においても子育ての責任は親など養育者に負わされ、子どもの発達や貧困などの問題も個々の家庭の育児や家計管理のあり方だけが焦点化されがちである。こうして、社会サービスの課題が見えにくくなり、循環的に子育てや子ども支援サービスを増やさずにすむ社会が形成されてきた。

日本社会は長い間そうした状況に置かれてきたのだろう。政府は積極的には家族や子どもを支援する役割を果たしてこなかった。家族に依存してきたと言えるだろう。保守的な姿勢を持つ現政府だけでなく、一般社会においても、虐待問題などを代表的な例として養育者に重い責務を追及する声は強かったのである。ただ、その結果として子どもの育ちや成長は家族のありようにふりまわされ、子どもの権利は侵害されやすくなっていたのではないか。

翻って、子どもの権利とは荒牧（2009）が指摘するように、「生まれくる環境を選べない子どもたちがどこで生まれ生活しても、一人の人間として成長・自立していくうえで必要な権利」（3頁）だと言える。不平等な状況で生まれくる子どもたちがその環境に左右されることなく、一個の主体として尊厳が認められることを規定している。日本のような家族依存の状況に異議を唱える理念であり、そうした意味で子どもの権利概念は子どもの貧困に対する最大の対抗手段なのである。

ただ、そこでは養育者の稼働所得の多寡だけでなく、子どもの権利保障のための教育、保育、所得保障、医療など養育者や子どもを支援する社会サービスのあり方こそが重要になる※1。つまり、家族に依存しなくても子どもが育っていくことを保障する、社会制度の「脱家族化」（エスピン＝アンデルセン）の度合いが問われているのである。ヨーロッパなどにおいて子育てへの公的な投資が多いのは、けっして養育者の負担を軽減することだけを目的としているのではなく、子どもの権利に依拠した社会作りを目指してきた故であろう。

子どもの権利を基にした子どもの貧困解決とは、経済や労働の問題だけではなく、この家族依存的な社会状況を問うことから始めるべきであろう。冒頭の話も、親の所得や失業の問題だけではなく、まずは医療制度を含めた社会保障の課題が議論されるべきなのである。

子どもの貧困と養育者の貧困

ただ、子どもの貧困という問題の視座はさらなる一歩を進める可能性を秘めている。というのも、先述の武川（２０１７）の議論を進めていけば、「子どもの貧困」という言葉は「家庭」から子どもを切り離すことによって、もちろん子どもの「自己責任」論を打ち消し、さらには養育者の「自己責任」論にすら攪乱を投げかける可能性があるからだ。もちろん、給食費の未納問題などに見られるように養育者の「自己責任」を問う声は根深い。ところが、子どもの貧困とは養育者の「自己責任」を問うだけでは子どもの苦しみは一向に解決されず、その間にも子どもの発達や安全が危険にさらされ続けるという現実に社会が直面することを促す（岩川２００９）。

※1　こうした視点からの筆者による現政権における子どもの貧困対策批判として山野（２０１７）をあげたい。

冒頭の事例を通してもそのことは見えるだろう。この事例に父親の責任論を問うことで、子どもの喘息発作は治まらない（父親もまた「自己責任」を果たしにくい貧困という厳しい状況にある）。少なくとも何らかの社会的な救済手段が必要とされるし、先述のように記事の後半にある医療費制度こそが問われる事例なのである。「子供の養育について、家族・家庭の役割を過度に重く見る考え方」（大綱）が強かった日本社会にとっては、非常にラディカルな視点を持つものであり、子ども、養育者、さらには両者と社会との関係を修正する可能性を持つものだろう。

ただ、養育者との関係についてもう少し論を進めて、では「子どもの貧困」は子どもだけが貧困から抜け出せればそれで事足りるのであろうか。もちろん、子どもの権利条約は以下のようなロジックを展開させることで、養育者への支援を謳っている。まず、先述の通り子どもの権利条約は前文および諸条項の中で、子どもにとって家族が重要であることを規定している。その上で、第18条2項は次のように言う。

この条約に掲げる権利の保障および促進のために、締約国は、親および法定保護者が子どもの養育責任を果たすにあたって適当な援助を与え、かつ、子どものケアのための機関、施設およびサービスの発展を確保する。

つまり、子どもの発達や成長のために、国や政府は親など養育者が養育責任を果たせるように、サービスを整えていかなければならないとする（同じようなロジックは他の条項でも見られる）。非常に重要な内容なのだが、筆者は二つの点で補足をしておきたいと思う。

ひとつは、養育者は完璧ではないという点だ。子どもが育つには、先に述べたように生存面でも情緒的にも養育者からの安定したかかわりを必要とする。しかし、そのためには養育者が不安を抱え込まず将来に希望を持てるようなゆとりある環境が必要だろう。そうでなければ、子どもが必要とする応答的なかかわりをすることは困難となる。ところが、日本のようにワーキングプアの親たちが多く、家族が経済的な貧困に加え時間の貧困にさえ陥りがちな場合には、そうした余裕のある安定的な環境は簡単に阻害されてしまう（山野２０１４）。

さらには、安定した子育て環境の中で成長するのは、子どものみではない。養育者自身でもある。最初から理想的な子育てができるものはいない。また、貧困や虐待環境の中で子ども期を過ごしてきた場合には、子育てについてもハンディを背負ってしまうこともある。だが、子育てサービスが十分であれば、多くの養育者はゆっくりと時間をかけながら子育ての責任を果たせるようになる。子どもだけでなく、養育者もそうした可塑性のある存在として、裏返した表現をするなら完璧でない存在として考えるべきである。だからこそ、子育てサービスの質や量が問われ、脱家族的な社会制度が必要なのであり、逆に家族依存的な社会はサービスの貧弱さゆえに養育者にさまざまな課題や失敗をもたらしがちともなる。

もうひとつ補足したい。前述の点にもつながることだが、養育者の存在を子どもの養育責任を果たすという一方向の役割として位置づけるだけでよいのだろうか。それは、子どもの視点から言えることだと思う。

筆者は、児童相談所での臨床経験を持つが、子どもは受動的に貧困や養育者の病気や障害に対応しているだけではない。能動的に養育者の状態を見て行動をしていることに気づかされてきた。親たちが職場で苦労していること、病気や障害を持ち、またＤＶの被害を受け苦しんでいることを誰よりも長く養育者といっしょにいることでよく知っている（山野２０１４）。養育者たちの働きぶり、ストレス状況、健康面をさまざまな程度にだが気にかけながら日々暮らしており、少しでも良い状況になることを多くの場合願っている。そのことが循環的に自分たちにベネフィットをもたらすことをよく知っているからでもあり、子どもとは元来そうした関係性の存在でもあるからであろう。

子どもの貧困だけを問えばいいのか

親たちも能動的に対応している。実はそれは無理をしている場合さえも含まれている。冒頭で医療を十分に受けられない事例を提示したが、少女だけでなく労災事故を受けた父親は医療を十分に受けているだろうかと気になったのは筆者だけであろうか。

２０１６年度に札幌市が行った「子どもの貧困調査」（正式名は「「札幌市子どもの貧困対策計画」

策定に係る実態調査」）では、「病院を受診した方が良いと思ったが受診させなかった（しなかった）経験の有無（過去一年間）」およびその理由（「お金がなかった」「仕事で時間が無かった」など複数回答）を「子ども」及び「養育者」自身について養育者に尋ねている。すると、小5の「子ども」の場合、受診させなかった割合は22・2％であり、そのうち「お金がなかった」という理由を選んだのは24・1％であった。つまり、全体の子どものうち約5・4％が冒頭の子どものように経済的な理由で受診ができなかった経験を一年の間にしていたことになる。一方、「養育者」自身の場合は、受診しなかったのは35・0％、「お金がなかった」という理由を選んだのは33・8％。つまり、11・8％の小5の養育者が経済的な理由で受診ができなかったとしている。さらに、養育者の中には「仕事の忙しさで受診しなかった」（59・2％）、「子どもの世話で時間がなかった」（28・6％）（複数回答）という割合も高く、養育者が自分の病気のことを後回しにしている状況が伺える。

もちろん、こうした無理をする養育者の健康は悪化し、子どもに対する養育力を落としてしまうだろう。だが、さらに大切なのは、先に見たように養育者の状況に子どもたちが敏感であるとしたら、無理をする養育者の状況は彼らにはどのように映るのかという視点である。養育者との関係性の中で生きている彼らにとって、それは切実で辛い経験のひとつなのではないだろうか。子どもの貧困を問題とするとき、親たちの苦労もすぐにそばにあることを我々は忘れてはならないのである。

もっと言えば、松本（２０１６）が言うように、「子どもの貧困」という特別な貧困があるわけではない。社会全体の「貧困」や制度の不備が子どもたちの世界に立ち現れているのに過ぎないのである。子どもの貧困が問題となっている社会とは、すべての人が困窮状態に陥りやすい状況にあるということなのである。だとしたら、問題の対象を子どものみに限定するような矮小化は避けなければならないのではないか。

しかも、子どもはいずれ大人となり養育者となる。子ども期に仮に充分な支援を得ても、大人になった途端にさまざまな困難に陥ったときには「自己責任」として片付けられるとしたら、子どもたちは暗然とした思いで大人になることを迎えるのではないだろうか。実際、現代日本に住む子どもたちの中には、養育者のストレス状況などに日常的に接して、大人になることにネガティブな思いを抱いている場合も多いと感じられる。

子どもの貧困のみの解決、さらに言えば子どもだけの権利を保障することは不可能なのであり、子どもも含めた私たちそれぞれが、社会の中で主体的に生きていける権利を取り戻すことが必要なのではないか。子育てや生活に困った苦しい境遇にある人たちすべてに応答的である社会、大人を含めた障がいや貧困、虐待などの社会的弱者が陥りがちな問題に敏感な社会を作ることが、子どもの貧困を解決しさらに私たちすべての回復につながるのである。

最後に——沖縄子ども調査における高校生の言葉から

最後に、子どもの貧困は大人のみが問題にしているのではないことを伝えたい。「なくそう！子どもの貧困」全国ネットワークは、当初から当事者を含めた子ども・若者の声を重視してきた（山野２０１４）。筆者がそのことの重要性を再度痛感したのは、かかわった沖縄子どもの貧困調査において2年目に行われた高校生調査の自由記述欄を読んだときであった。ご存知の通り、沖縄の調査では、初年度税務調査を基に貧困率を29・9％と提示し、さらに食料困窮経験などの高さも報告した（詳細は、沖縄子ども総合研究所編（２０１７））。沖縄では、新聞社、テレビ、ネット等のマスコミはこぞってこのことを伝え、子どもたちにもそのことは伝わっただろう。実際、翌年の高校生調査における自由記述欄（公表を前提に記述願った）からは、高校生自身のこの問題に対する関心の高さが伺えた。いくつかを引用してみたい。

「私の周りに進学してやりたいことがあるけれど、経済的に苦しく進学をあきらめる・自分のやりたいこととは違うものをする子が多い。ひとり親で多い。私も、家計が苦しいため、最悪夢は諦めて就職しないといけないかもしれない。これから沖縄を変えられる人材もいるかもしれないのに、経済的な理由で潰されるのはもったいないと思います」

「なぜか不安になることがたまにあります。家計が苦しくて大学に行くべきか悩みます。

親に無理させてまで夢を叶えたいのかどうかも分からないです」

「私は両親にとても愛されていると自覚しているし、経済的にもあまり不安はありません。自分の環境がとても恵まれている事は十分理解しています。周囲の知り合いには、そうではない人がたくさんいます。助けてあげてください」

「進路に不安はつきないけど、私は今のゆめを実現させたいです。ゆめがやっと決まったからです。ただお金がかかるとなると、このゆめもあきらめなくてはなりません。だから、そこに悩んでいます。支援があれば、私だけでなく、多くの人がゆめを叶えて、国のために良い働きをしてくれると思います」

「私は県外の国立大学に行きたいと考えています。母は仕事を2つ掛け持ちして土日も働き、私の大学費用と兄の予備校費用を稼いでくれています。私もバイトをして自分の大学費用のためにこつこつ貯金しています。給付型の奨学金制度がもっと充実していれば…と、いつも思います。何とかならないでしょうか」

「沖縄の貧困がいつかなくなってほしい」

こうした文章を読むと、高校生たちがこの社会に異議申し立てをしているように見える。しかも、彼らは自分の貧困だけを問題としているのではなく、そこから仲間たち、親の暮らし、さらには社会や国全体のことを射程にしているのである。私たちは彼らの声にきちんと答えられるような主体となること、またそうした社会を作ることこそ求められているのであろう。それこそが、この問題に対するまっすぐな解決方法なのである。

〈参考文献〉

荒牧重人「子どもの権利条約の成立・内容・実施」喜多明人他編『逐条解説・子どもの権利条約』日本評論社、２００９年
岩川直樹「新自由主義の言説と子どもの社会権」子どもの貧困白書編集委員会編『子どもの貧困白書』明石書店、２００９年
沖縄県子ども総合研究所編『沖縄子どもの貧困白書』かもがわ出版、２０１７年
武川正吾「いまなぜ、子どもの貧困か」『世界』８９１、２０１７年
松本伊智朗「社会・家族と貧困」「なくそう！子どもの貧困」全国ネットワーク編『子どもの貧困ハンドブック』かもがわ出版、２０１６年
山野良一『子どもに貧困を押しつける国・日本』光文社新書、２０１４年
山野良一「相対的貧困率と子どもの貧困対策法を考える」青砥恭・さいたまユースサポートネット編『若者の貧困・居場所・セカンドチャンス』太郎次郎社エディタス、２０１５年
山野良一「子どもの貧困対策を斬る」『現代思想』45（7）、２０１７年

第3章

保育
——待機児童問題は大きな人権侵害

認定NPO法人 フローレンス代表
駒崎弘樹

親と子の人権侵害が放置されている

今、保育の現場で起きている最も大きな人権侵害は待機児童問題です。

児童福祉法第24条では、自治体は子どもに保育を提供する義務を負うことが明記されています。ですから、保育を必要としている子どもがいるにもかかわらず保育園に入れない子どもが放置されている待機児童問題は、厳密には自治体が法律違反を犯しているという状況であり、行政による人権侵害なのです。

待機児童という言い方をすると、なんだか子どもがのんびり待ってくれているようなマイルドな表現に聞こえますが、提供されるべき保育が提供されないことによって親は失業してしまう、あるいは就労機会が得られないという事態に陥ります。つまり実際には「官製失業」といっても過言ではない事態が、長らく放置されているのです。

一体どうしてそんなことが起きてしまうのでしょう。ここではその構造について、また、待機児童問題が解決された先にある、保育が持つさらなる可能性について解説していきます。

保育の歴史と変化する役割

そもそも私たちが日常的に使う「保育」という言葉は、〝養護〟と〝教育〟という二つの概念から成り立っています。〝養護〟は〝保護〟と言い換えることもできます。立場の弱い子どもの命を守る、危険から守る、あるいは人権を守るといったことです。そして〝教育〟は、文字通り学問的な知識や生きていく上で必要なスキルを教え、子どもたちを育てていくことです。一般的にはこの二つをもって「保育」とされています。

日本において、現在の保育がどのように形作られてきたかというと、戦後、戦争で父親を亡くし、母親が働かざるを得なくなった家庭の子どもたちに、外部から保護機能を補完する必要がでてきたことが始まりでした。戦争孤児や引揚孤児など、敗戦は誰よりも子どもたちに大きな被害をもたらし、政府はこのような子どもたちを適切に保護するための法律を作る必要に迫られました。このような背景から、１９４７年に誕生したのが児童福祉法です。ここでは、保育所は次のように定義されていました。

保育所は、「日日保護者の委託を受けて、保育に欠けるその乳児又は幼児を保育することを目的とする施設」であり、「特に必要があるときは、日日保護者の委託を受けて、保育に欠けるその他の児童を保育することができる」

保育の必要がある子どもというのは、本来あるべき親の養護が受けられず、「保育に欠ける」状態である、とされたのです。

ところが、ある時期からこのような考え方が徐々に変わっていくことになります。

1960年代。アメリカのジェームズ・ヘックマンという経済学者が「ペリー就学前プロジェクト」と呼ばれる実験的なプロジェクトを行いました。これは、低所得帯の家庭に育つ幼児に対して、質の高い幼児教育を数年間継続的に提供する。さらにその後の経過を、このプログラムが提供されなかった対照グループと相対しながら、40歳まで追跡調査するというものです。すると驚くべき結果が出ました。質の高い幼児教育を受けた子どもたちは、そうでない子どもたちに比べて、大人になってからの収入や持ち家率が高く、逆に犯罪率や生活保護受給率、離婚率は低かったのです。

また、対照グループとの差を決定付けたものが、読み書きや計算といった、いわゆる認知能力の差ではなく、非認知能力の差にあることも分かりました。

非認知能力とは、一つのことに集中して取り組める力、自制できる力、あるいは他者の気持ちを理解する力というように、生きる上での土台となるような力です。最近では「非認知スキル」「ライフスキル」と呼ばれることもあります。〝能力〟ではなく〝スキル〟という単語を用いるのには、必ずしも生まれ持ったもので決まるわけではなく、後から習得可能な力であるという意味合いが込められています。

こうした非認知能力は、たとえばごっこ遊びを通して他者の気持ちを理解できるようになったり、戦いごっこで手加減を学んだりと、真剣な遊びの中でこそ最も豊かに育まれると言われています。

乳幼児期の子どもに、非認知能力を高めるような良質な就学前教育を施し、なおかつ、生まれた環境のビハインドを埋める福祉サービスを提供すると、そこには高い投資効果を望むことができる。1990年代に明らかにされたこの結果は、それまでほとんど重視されてこなかった就学前教育の重要性を、世界に強烈に印象付け、以降保育が「養護」としての側面のみならず「教育」の役割をも担うものとして認識されるようになったのです。

日本でこの結果が広く知られるようになったのは2010年代に入ってから、特に慶応大の中室牧子先生の書かれた『「学力」の経済学』（ディスカヴァー・トゥエンティワン、2015年）が話題となったことが契機となりました。

保育の現場が、子どものその後の人生を大きく左右する重要な教育を担う場所であるという認識が広まる中で、最初に変化の兆しを見せたのは保育士たちの処遇でした。教師と同じように幼児教育のプロフェッショナルであるとし、そこに初めて、専門職としての光が当たり始めたのです。

残念ながらそれまで、保育士の仕事は誰にでもできることのように、比較的軽視されていました。そして図らずもそれが、現在に続く待機児童問題の原因の一端を担っていました。というのも、保育士は専門性が必要ない職業だと思われていたため、処遇も給料も低くなる。するとそれでは生活がままならないので、保育士の担い手はどんどん減っていき、保育園を増やそうにも保育士が足りないという現在の状況が生まれてしまったのです。

しかし近年、日本の労働者不足がこれまでになく深刻化し、政府は、結婚出産を経て家庭に入ってしまう女性たちにも何とか家の外に出て働いてもらう必要に迫られました。そこで、女性たちが子どもを預けて働けるように保育園を増やしていこう、そのためにも保育士の処遇を向上させ、保育士を増やそうという対策にようやく本腰を入れ始めたのです。

具体的には2017年の「技能・経験に応じた保育士等の処遇改善」で、保育士の世界にもようやく「キャリア」という概念が取り入れられました。これまで、勤続年数によって給料が増えることはありましたが、何が出来るようになるといくらもらえる、というように、能力に応じてお給料が支払われるシステムはありませんでした。改定に伴い、行政は各保育園に、キャリア別の給与体系を新たに作り、プランを提出するよう要請します。保育園はこれによって、処遇改善の助成金を受けることができます。

保育士はようやく自分でキャリアプランを立て、長期的なヴィジョンを見据えながら仕事に取り組めるようになってきたのです。

「子どもは母親が育てるもの」なのか？

2015年に児童福祉法が改定され、第24条にあった「保育に欠ける」という言葉に替わり、新たに「保育を必要とする」という言葉が用いられるようになりました。

これまで保育というと、どちらかと言えば両親の働く権利を守るため、大人の権利を守るためのものという意味合いが強くありました。しかし就学前教育の重要性が広く知られる中で、徐々に、保育は子どもの可能性を最大化するもの、保育を受ける権利は全ての子供が平等に有しているもの、という考え方が浸透しつつあります。

ところが、日本の社会では「子どもの養護は基本的には家庭で、親（特に母親）によって行われるべき」という認識が根強く残っているのも事実です。この考え方は、子どもが3歳になるまでは母親と過ごすべきという、通称「3歳児神話」とセットで語られることも多い。母親は外で働かず家にいて、当たり前のように子どもの面倒をみるもの、そんな家族観は、一見すると日本の伝統的な価値観であるかのように錯覚しますが、決してそうではないのです。

戦後から高度済成長期にかけて、日本は先進国に〝追いつき追い越せ〟とばかりに、キャッチアップ型の経済成長へと踏み出します。具体的には既に成功しているアメリカにならって、製造業を強化するという方針をとりました。作業効率を最大化するため、男性には朝から晩まで働いてもらって、女性は家で子どもを育てたり、男性の体力を再生産させる役割を担う男女分業制が推奨されました。専業主婦が増えたことで税制も変更され、配偶者控除などの制度が整備されたのもこの時期でした。けれども実際には、専業主婦は1970年代をピークに減り続けています。したがって、子どもを家庭で母親がみる時代というのは、現代の60〜70代の、たかだか一世代分の時代で重宝された考え方に過ぎないのです。

今社会を中心になって支える30〜40代は、まさにそんな専業主婦が最も多かった時代に生まれた世代です。自分の生まれ育った家庭環境に古き良き時代の思い出を残しながら、時代に即した新しい考え方を受け入れていく。いわば今は過渡期の最中にあるのです。次のパラダイムに以降するまでにはある程度の時間を要すること、ある程度の混乱が生じるのはやむを得ませんが、一方でその期間を極力短くすること、できるだけスムーズにパラダイムシフトを実現することこそ、私たちの仕事であると思っています。

保育園ユニバーサル化

さて、「保育は本来家庭でなされるべきもの」という考え方は、単に前時代的であるというだけでなく、一つ、決定的な落とし穴を有しています。それは、それぞれの家庭における〝格差〟の問題です。

子どもが非認知能力を十分に育むためには、安心して生活できる、安全な空間が確保されていることが不可欠です。またハード面のみならずソフト面でも、この人には殴られない、人間の尊厳を奪われないという信頼が大人との間に構築されている必要があります。しかし家庭に目を向けてみると、その実態は様々です。室内が物凄く散らかっていたり、危険なものが放置されていたり。あるいは両親がずっと怒鳴っていたり、マルトリートメント（不適切な養育）な家庭は残念なことに珍しくありません。家庭に子どもの保育を全てお願いするというのは、すなわちこれらの格差を是認するということなのです。

このような状況を改善するために私は、全ての子どもが保育施設へアクセス可能な状況を作ること、言うならば〝保育園のユニバーサル化〟が急務であると考えています。〝保育園義務教育化〟と言ってもいいでしょう。どんな家庭に生まれたとしても、最低限保育園に行けば殴られない、嫌な言葉を投げかけられない、安全な空間が確保されている。そういった状況を作る事ができれば、保育園は子どもにとって、非常に強力なセーフティネットになり得るのです。

また義務教育化といっても、何も全ての子どもが現在の保育のように週5日、フルタイムで通う必要はありません。そもそも保育はあらゆる親の育児とともにあるべきで、親の事情や育児へのスタンスにあわせて、預かり方もより多様であって良いはずです。例えば週に1日だけ子どもを預けたい、というようなことが可能な環境になれば、そもそも無認可の保育園は存在すらしなくなります。

加えて、ここで言う「保育園ユニバーサル化」は、自民党が打ち出している「保育園無償化」とは似て非なるものであることも言い添えておきたいと思います。無償化より断固ユニバーサル化、全入化を先に行うべきです。

というのも現状、保育料は低所得者に対して既に減免されており、生活保護受給家庭では無料です。所得に応じているという意味で、経済的には良い制度となっているのです。むしろそれが故にニーズが大きく、保育園が足りずに待機児童が生まれている。アクセシビリティが悪いことが問題なのです。

またこれは、何も待機児童問題に限った話ではありません。たとえば病気の子どもを預かってくれる病児保育は、全ニーズに対してたった2％のキャパシティしかありません。また障害児を持つお母さんは、障害児保育施設の数が不足していることにより、わずか8・6％の人しかフルタイムで働けていません。このように保育サービスのインフラは様々な場所で、圧倒的に足りていないのが現状です。

内閣府の試算によると、幼児教育を所得に関係なく無償化すると1・2兆円かかります。一方で無償化を世帯年収360万円以下に絞れば、0〜2歳児で500億円ということなので、入所率を勘案し全年齢に広げてみても、2000億円程度と推測でき、残り約1兆円を「全入化」のためのインフラ整備に充てることができます。

保育サービスインフラが決定的に欠けているのだから、まずは無償化よりも「全入化」が欠かせません。そうでなければ、無償化によりニーズがさらに激増し、結果的にインフラ不足がより深刻化してしまうのです。

ユニバーサル化の先の「保育ソーシャルワーク」

仮にもし保育のユニバーサル化が実現し、全ての子どもが保育園にアクセス可能になったとして、次に進むべきステップは、保育園をより課題解決に寄与するものに変えていくことです。

現在の保育園は、幼児教育の場です。幼児教育は、イメージとしては0を10にしたりあるいは100にしたりというように、上乗せしていくものですが、親からの虐待やマルトリートメントにより、基本的な権利を剥奪された子どもたちは、もともとの養育環境においてマイナスという状況にあり、このマイナスを適切に埋めなければどんな良い教育も積み重なっていきません。また、虐待を行う側である親は、例えば離婚してシングルマザーで、養育費を払ってもらえず余裕がない、というように、ある面では被害者である場合も少なくありません。そのような状況が虐待を生んでいるのだとしたら、まずはお母さんに対して、生活保護を提供したり、よりよい職を見つけてあげたりというように、外からのアプローチが必要です。

現状の保育園や保育者には、保育をする、養育する、という意識がありますが、親や家族の課題を解決するという意識はあまりありません。そこをもう少し変えていって、たとえば保育園の延長保育で足りないときにはファミリーサポートさんに繋いであげよう、というように保育園の外の、地域の各所と親子を繋ぐ、ソーシャルワーク機能を併せ持つようにする。私はこのモデルを「保育ソーシャルワーク」と呼んでいます。

現在、小学校や中学校にはスクールソーシャルワーカーと呼ばれる人たちがいて、定期的に学校を訪問し、子どもや親の話を聞いてくれます。また生活保護家庭にはケースワーカーという人がついています。ところが子どもが産まれてから小学校に入るまで、未就学児にはソーシャルワークを担ってくれる人がいないのです。それでいて、虐待により死んでしまう子どもは0歳児が最も多く、就学前は極めてリスクの高い時期と言えます。生後3ヵ月検診など、自治体が行う定期検診もありますが、もし問題があったとしても、その検診の日に大丈夫であれば問題は見過ごされてしまいます。検診は〝点〟でしか親子の状態を見ることができない一方で、保育園の先生は毎日親子と顔を合わせ、「最近なんだか表情が暗いな？」「ご飯を食べられていないな？」というように、毎日の様子を〝線〟で見ることができます。保育園がソーシャルワーク機能を有することの最大のメリットはここにあります。

以前、ひとり親の方にヒアリングを実施したところ、「ママ友に『遊びに行こうよ』と誘われてもお金がないから行けない。断るのが気が重く、ママ友コミュニティに関わるのが怖い」とおっしゃる方がいました。今、未就学児を持つ親御さんが保育や福祉に関する情報をいかに集めるかというと、ママ友同士の横の繋がり、ネットワークに依存している部分が大きいのですが、これをやるには、コミュニケーションをとる時間もあって、お金もあって、リサーチもできて、得た情報を取捨選択できて、というように、親御さん側にさまざまな力が必要になります。またこれらが欠けると途端にビハインドとなってしまい、ネットワークから遮断され、必要な情報が得られないという孤立状態を生んでしまうのです。

待機児童問題はヒューマンエラー

２０１６年．待機児童問題に憤った、一人の名もないお母さんにより投稿されたブログ記事が大きな論争を巻き起こしました。

「保育園落ちた日本死ね！！！」

こう題されたブログは、次のような書き出しで始まります。

「なんだよ日本。一億総活躍じゃねーのかよ。昨日見事に保育園落ちたわ」

このブログは公開直後から、同じような経験を持つお母さんたちを中心に大きな話題を呼び、最終的には国会で取り上げられる政治イシューにまで発展しました。実はあのとき私は、主要なほぼ全ての政党から要請を受け、保育の現状に関するレクチャーを行いました。すると、ある党の政治家の方がこんなことを言ったんです。

「僕たちは随分頑張ってると思ってた」

親たちの切実な声は、政治の現場にこれほどまでに届いていなかったのかと愕然としました。

その後の動きについてはご存知の人も多いでしょう。ほどなくして、世論に強く後押しされる形で、次年度以降の保育士給与引き上げが決定。保育業界が何年間も働きかけを続けてきても実現できなかったことが、当事者の強い声によって一瞬で成し遂げられてしまったのです。これによって、それまで散々「財源がない」と言い続けてきた政治家・官僚たちの言葉が、全くの嘘だったことも明らかになりました。事実は「財源がない」のでなく、単に子どもの優先順位が低かっただけだったのです。

実際日本では、保育領域に投入される予算額が、他の先進国に比べて極めて低いという状況があります。減らないどころか、年々増加傾向にある待機児童問題は、様々な意味で子どもや親の人権を蹂躙しています。ですから保育における最重要課題は、まずはこの状況を是正する、待機児童をゼロという状況にして、最低限誰でも保育施設にアクセスできる環境を整備することに他なりません。それと同時に、困っている人はそれが出来ない現状について、きちんと怒りの声をあげていくべきです。仕方がないね、と諦めてはいけません。なぜなら現状起きていることは完全なるヒューマンエラーだからです。

不当な処遇を受けている人たちがきちんと怒りの声をあげて、社会における子どもの優先順位を上げていく。社会全体を、〝赤ちゃんファースト〟に変えていく。少子高齢社会を迎え、ともすれば軽視されてしまいかねない子どもの権利を守るために、今このような意識改革が、早急に必要なのです。

（構成：紫原明子）

第4章

10代の居場所

——「困っている子ども」が安心できる場を

一般社団法人Colabo代表
仁藤夢乃

私はColaboという団体を立ち上げ、中高生世代の女子を中心に、孤立・困窮状態にある青少年を支える活動を行っている。夜の街を巡回し、家に帰れずにいる青少年への声掛けや相談、シェルターでの保護や宿泊支援、食事・風呂・文具・衣類の提供や、児童相談所や病院、警察などへの同行支援。虐待や性暴力被害を受けるなどし、家族の援助が得られなかったり、公的機関の支援を受けられなかったり、18歳以上で児童福祉の対象にならないものの、未成年であったり初期費用が用意できないことなどから自分でアパートを契約することができない人向けのシェアハウスや、同じような境遇を生き抜いた女子たちによる自助グループの運営を行っている。

「難民高校生」だった高校時代

十数年前、私は中高生だった頃、家庭が荒れ、街を徘徊する生活を送っていた。家族と顔を合わせれば暴言や暴力が飛び交うため、キッチンやトイレ、風呂、洗面所などの共有スペースを使うのに気をつかった。家族が包丁を持ち出して、殺すか殺されるかしかないと思った日もあった。家が安心して過ごしたり眠ったりできる場所ではなかったので、いつも体がだるく、月経が半年止まったこともある。学校では授業中の居眠りや遅刻が増えて、教員から注意されるようになった。授業についていけず、成績もどんどん悪くなった。

親を悪く言いたくない、親を悪く思われたくない、自分が話したことがばれたら大変なことになるという思いから、家で起きていることは誰にも話さなかった。学校では家族は支えあい、親には感謝をするものと教えられ、「家族を大切にできない自分が悪いのだ」と思い込んでいた。親にも病気や障害があったり、経済的な事情があったり、親も孤立していることをわかっていたので、余計に声をあげられなかった。

街では、同じような状況にある中高生と出会った。自動販売機の下に小銭が落ちていないか探したり、ファーストフードやマンガ喫茶、居酒屋、カラオケの他、ビルの屋上に段ボールを敷いて一夜を明かしたりしたこともある。空腹を満たすため万引きしたり、誰かが買ってきた安焼酎を回し飲みして体を温めたり、自傷行為のようにしてタバコを吸ったりもした。それが生き延びるための方法だった。

繁華街で少年補導が厳しくなる中、23時を過ぎる前に繁華街から移動し、住宅街の公園やベンチで隠れるようにして朝を待った。「死にたい」と願い、マンションから飛び降りようとしたり、自殺の方法をネットで検索したこともある。朝帰りする電車の中では、同年代の高校生が部活の朝練に向かうのを眺めながら、自分を情けなく感じた。高2の夏、高校を中退した。

家に帰らずに生活するには、お金が必要で、家や学校にばれずにできる仕事は、どれも危険なものだった。そうした子どもが「不良少年」「非行少女」という文脈で語られる度、「私たちにも事情がある」「本当は家にいたいのに」と思っていた。

支援につながる前に、危険に取り込まれる子どもたち

今でも、そうした少年少女に路上やネット上で声をかけるのは、子どもの性や未熟さを狙う大人ばかりだ。少女の場合は、買春者やＪＫビジネス、違法の風俗店等の斡旋者。少年の場合も性産業や水商売、振り込め詐欺の受け子や、違法の建築作業や除染作業に斡旋する業者などが声掛けをしている。児童買春を斡旋するスカウトやブローカーとして少年少女が使われることもある。

ある女子中学生は、父親に殴られ裸足で家を飛び出した真冬の深夜2時ごろ、小さな街の階段に座っていると、男に声をかけられた。事情を話すとコンビニでおにぎりを買ってくれ、手を握られて「怖くて抵抗できなかった」と言う。男の家に着き、おにぎりを食べると「歯磨きかお風呂、どっちかやる?」と聞かれ、断ったが強姦された。彼女は「声をかけて来るのは、

そういう人だけだった。寝たくてもどこで寝たらいいかわからないし、自分に関心を寄せてくれるのも頼れるのもその人たちだけだった」と話した。

父親からの性的虐待や、兄の友人から性的暴力を受けて妊娠した少女が、妊婦専門の風俗店で売春して働き、出産後も「母乳」を売りにして性売買に縛られるしかないと思っていたことや、障害のある少女が狙われて性的搾取されているケースもあった。困っている子どもが支援につながる前に、危険に取り込まれている。

スカウト組織や買春者は、少年少女に必要な「衣食住＋関係性」を、支援より先に与えることを手段として近づく。話を聞き、理解を示し、帰るところがないのなら「寮」を、補導から逃れるための「宿泊場所」を提供し、時に食事を与え、学習支援をしている店もある。彼らは少女たちを「担い手」として捉え、仕事を与えて取り込む。

女子高生の性を売り物にするJKビジネスの経営者たちは、組織的に巧みに少女を勧誘し、ブログや、ツイッター、ラインなどのSNSに求人を掲載。店はツイッターアカウントを開設し、女子高生のアカウントをフォローして関心を引いたり、店の少女のSNSで求人情報を拡散させたりし、少女を使ってスタッフ集めもしている。私はこれまで、JKビジネス店で働いた少女140名以上とかかわっているが、その全員が客引き中、買春や性交渉を持ちかけられたという。

子どもを利用しようとする大人たちは、どこに困っている子どもがいるのか、どうしたら子どもたちから信頼を得られるかを知っている。子どもたちの文化を学び、生活を否定しない形で、むしろ彼らの生活に入り込むようにして、理解者であるかのように近づいている。

児童買春が「援助交際」と語られる日本社会

売春する中高生について、どんなイメージを持っていますか？
2015年夏、ある大学の授業でそう投げかけると、学生たちからこんな言葉が返ってきた。

――遊ぶお金がほしいから
――孤独でさみしい人がやること
――愛情を求めて
――快楽のため
――優越感に浸るため
――友達に誘われて
――派手でギャルっぽい子がやっている
――その場限りの考えで
――そんな友達はいなかったから、わからない

――自分は誘われたけど断ったから、やりたい人がやりたくてやっていると思う
――どうしてそこまでやれるのか、理解できない

その場にいた当事者のAは、言った。

「そんなもんだよ。世の中の理解なんて。もう、そんなことでは傷つけなくなった」

日本では、児童買春について「援助交際」という言葉で、「遊ぶ金欲しさに」「気軽に足を踏み入れる少女たち」という文脈で、大人から少女への援助であるかのように語られ続けてきた。そこにあるのは「援助」や「交際」ではなく、暴力と支配の関係であり、買う側の存在や性暴力、子どもの傷つきや、トラウマについて目を向ける人は少ない。

児童買春を通して、どんな暴力が子どもに振るわれているかもあまり知られていない。性器に異物を入れられたり、体に「メス豚」「汚女」などとカッターで切り刻まれたり、髪を引っ張られたり、殴られたり、蹴られたり、吐かされたり、AVを見せられて真似をさせられたりしたという中高生と出会っている。幼少期や小学生の時の被害もある。もちろん、避妊する加害者などほぼいない。被害に遭った子どもたちはその後、さまざまなトラウマを抱えることになる。

そんな中、日本では、「売春」は売る側の個人的な問題として語られ、その背景や、「買春」する側の問題には目を向けられてこなかった。売春防止法でも、売春する女性を社会の風俗を

乱すものとして取り締まり、男性は売春を持ちかけられる「相手方」として、受動的な存在に位置づけられている。5条の勧誘罪は、女性にしか適用されない法律になっており、男性が買春を持ち掛けた罪を問われることはない。

2015年夏には16歳の少女がSNSを通して売春を持ちかけたとして逮捕された。少女は高校を中退し、家に帰らず半年間居所不明で、任意の事情聴取ができないことから逮捕に踏み切ったと警察は発表した。この事件について、ある記者から「なぜ少女が軽い気持ちで売春するのか。どうしたら止められるのか」と聞かれたが、私は彼女には、家に帰れない、帰りたくない事情があったのではないかと思った。多くのメディアは、「少女は遊ぶ金欲しさに売春し、得た金を洋服や映画代にしていた」と報じた。私は半年間生活するには衣類や娯楽も必要だと思った。食料や宿を確保したり、マンガ喫茶でシャワーを浴びたりしたかもしれない。私は「売春で得た金を食費や生活費、学費、給食費や修学旅行費にしていた」という中高生と日々出会っているが、そのような報道はほとんど目にしない。

お金を介することで、暴力を正当化する大人

2016年、Colaboとつながる14～26歳の24名の児童買春に関わった経験を持つ女子たちと、それぞれが「買われる」に至るまでの背景や体験を伝える企画を考えた。「売ったと

いうより、買われたという感覚だった」という少女の言葉から「私たちは『買われた』展」と名付けた。「売春＝気軽に、遊ぶ金欲しさ」という世間のイメージに一石を投じるとともに、そこにある暴力や、その影響を受けて生きる当事者の姿を伝えることで、そこに至るまでの背景に目を向け、買う側の行為や大人の責任に気づく人を増やすことを目的にした。

虐待から逃れるため、家を出て座り込んだ公園のベンチや、うつむいて歩いた繁華街の道、リストカットのあとが残る腕、成人するまで生き延びることができたことを伝える写真、コンビニの廃棄を一人で食べ続ける日常を記録したノートや、障碍を理由に差別された経験、性暴力やいじめなどの被害を学校や児童相談所や役所、警察、福祉施設などに相談した際に受けた不適切な対応や、体験について伝えるパネルを作成し、以来、各地でこの企画展を開催している。

開催がメディアで報じられてから、ネットを中心に「売っていたから買ったんだ」「被害者ぶるな」「買ってもらえるだけありがたいと思え」などの誹謗中傷にさらされた。一方で、会場には初めの10日間で約3000人の来場があり、企画展の来場者アンケートでは、売春せざるを得ない状況を生き抜いてきたという女性たちから「私も同じ」という声が300件ほど届いた。児童買春について、1990年代から「少女たちがブランドもの欲しさや、自分のアイデンティティのために性を売り出した」などと一部の社会学者やフェミニストも語ってきたが、それにより、一番苦しい所にいた子どもや女性たちの存在がかき消されてきたのだと実感した。

企画展を通して虐待や性被害に遭っていることを打ち明けてくれたことから、保護された中高生もいる。

「子どもの抵抗感の薄さ」が問題か

2017年、警視庁が公表した「JKビジネス」で勤務経験がある少女たちへのアンケート結果では、家庭や学校に不満がない「普通の女の子」たちの多くが、金銭目的でJKビジネスに関わっていた実態が明らかになった。2月17日、朝日新聞がこれについて『JKビジネス安易な動機　金銭目的・性行為　抵抗感薄く』というタイトルで記事にした。警視庁によると、昨年（2016年）児童福祉法違反などで摘発された都内のJKビジネス2店舗に勤務した15～17歳の少女42人のうち、約半数が勤務を通じて、客との性行為の経験が「ある」と回答。見知らぬ客と性行為をすることについて「場合によってはやむを得ない」と回答した人は28％にのぼった。朝日新聞はこの結果を「抵抗感の希薄さが浮き彫りになった」とまとめたが、印象操作だと思った。また、記事では「家庭での生活に満足していると答えた人は全体の66％を占め、学校生活に満足している、とした人も全体の33％いた」とあったが、そうした子どもたちまでもが「安易な動機」で足を踏み入れてしまうほど、敷居を下げる店側の手口や、学校での教育がないことが問題であるはずだ。

この記事について、Ｃｏｌａｂｏのシェルターにいた女子高生たちがこう話した。

「警察発表鵜呑みにしてどうすんの。『性行為やむを得ぬ』なんて高校生が言うわけないじゃん。そんな言葉で勝手に語らないでほしい。怖くて体固まったり、断れなかったり抵抗できなかった理由とか背景があるかもしれないし、うちはそうだった」

「もし補導されて、やった理由を聞かれたら、『お金が欲しかったから』って私だって言う。何に使ったのか聞かれたら、『遊び』って言う。家が生活保護で大変でーとか、親の彼氏に暴力振るわれててお金とられますとか、そんな話できないし、生活に満足してるかと聞かれたら『幸せです』って言うし、本当のことなんて言ったらどうなるかわからないから言わない」

「場合によってはやむを得ぬ」の「場合」には、断れなかったり抵抗できなかったりした場合、強制された場合、お金に困っていた場合、他の仕事への就労が難しい場合、福祉や教育からこぼれ落ちて行き場がなかった場合、他に頼れる人がいなかった場合など、いろいろな「場合」が含まれている。記事のように、子どもの「抵抗感のなさ」を問題や原因にすることは本質を見えなくさせる。

目を向けるべきは、「やむを得ぬ」と言わせてしまう状況があることであり、少女たちがそこで働くまでの背景や、働き続ける理由、困難を抱えていないように見える子たちまでも気軽な気持ちで取り込む「手口」や「組織」があることだ。そもそも、ＪＫビジネスは「売りたい大人」と「買いたい人」の需要と供給で成り立ち、そこに「子どもが商品化」されている。買う側の存在やその暴力性。加害者には大学生などの若者も多いこと。被害にあった子どものトラウマとケア。危険からの身の守り方や、困っている友達がいたらどうしたらいいかを教えたり、加害者にならないための教育やケアがないことなどが問題である。

また、ＪＫビジネスが成り立ち、「普通」の少女も働く大前提として、女子高生に性的な価値を含め高い価値を見出すような社会があること。女子小中学生の性ですら「萌え文化」などといって消費されていること。子どもの性を商品化し、それを買うことが当たり前のようになっている社会、お金を介することで子どもへの暴力を正当化しようとする大人がたくさんいることなどを、「大人の問題」として本気で考えないといけない。少女の気軽さ以上に、少女を買う大人の気軽さや抵抗感の薄さにこそ注目すべきであり、「女子高生」ということに性的な価値を見出すようなものが「ビジネス」として認められてしまう社会そのものを見直す必要がある。

「やっちゃダメ」より「買っちゃダメ」

2017年7月には、JKビジネスを禁止する都条例「特定異性接客営業等の規制に関する条例」が施行された。しかし、そこでも買う側への規制や少女へのケア、被害にあったときにどうすればよいかや、加害者にならないための教育についての視点は欠けており、営業を届け出制にし、少女の補導に力を入れ、従業員名簿を警察がチェックできるようにするという女性に対する取り締まりのようなことばかり行われ、18歳未満の雇用を禁止することによる事実上の合法化のようになっている。

さらに、警視庁は「STOP!! リアルJK」というポスターを制作した。JKビジネスの問題の本質は、「本物の女子高生」が被害にあっているかどうかではない。国連や米国国務省による人身取引に関する報告書からも、日本における人身取引が問題と指摘されるように、貧困や虐待などで孤立したり騙されたりした少女たちが、手を差し伸べてくれるふりをした大人によって取り込まれ、被害に遭う搾取や暴力の構造があることや、女子高生を「JK」という記号で性的に価値の高いものとしてブランド化し、商品化し消費する社会そのものに真の問題があることに目を向けなければ現状は変わらない。

また、東京都が公開した「JKビジネス危険啓発サイト」には、女子高生に人気の女性モデルを起用し、「JKビジネスはハマると危険なコワい沼」「ほんっとにヤバイよ。そのバイト」

「絶対やっちゃダメ」などと書いてある。女子高生を売り買いする大人に目を向け「売っちゃダメ」「買っちゃダメ」と言うべきだ。

さらに、このサイトでは「お金と引き換えに失うものは大きいよ」「モノ扱いされて嫌じゃないの？」「断らないと、友達減るより怖いことに巻き込まれるよ」「本当にヤバかった子は言えないんだよ」などと脅し、子どもに責任を押し付ける。一方で、少女の性をモノ扱いし、商品化を容認してきた大人の責任については一切書かれていない。

お金が必要だったり、友達に誘われて断れない状況で始める子どもがいることを知っているなら、そういうときにどうしたらよいかを教えるべきだし、性被害に遭った子どもたちが、そのことを誰にも話せずにいることを知っているなら、どうしてこんな言い方をするのだろう。これでは、「足を踏み入れたあなたが悪い」と言うようであり、被害にあっている人はますます声をあげられなくなる。性被害の被害者の多くは「抵抗できなかった」という。「もし被害にあっても、あなたは悪くないよ。ちゃんと大人が守るから」と伝え、支えていくのが大人の責任ではないか。

保護を恐れる子どもたち

危険につながる青少年が後を絶たない一方で、困難を抱えた青少年が公的支援を受けるには高いハードルがあることを感じている。街で声をかけた少女に「保護じゃないよね？」と、怯えた様子で言われたことが何度かある。子どもを守るはずの機関で不適切な対応をされたり、大人に傷つけられたりした経験から、子どもたちにとって「保護」が恐れるものとなっていることがあるのだ。

子どもを保護する体制が、困難を抱える青少年の実態と合っていないことも、日々感じている。例えば、児童相談所の開所時間は多くが平日の日中のみで、平日8時半頃〜17時頃までしか、管轄児相での対応はされない。午後遅い時間に子どもが保護を求めても即日保護はしてもらえないことがほとんどで、放課後相談しようとすると対応してもらえる時間に合わない。金曜日の15時頃、ある高校生が「親に殴られるため、今日家に帰りたくない」と相談したところ、「もうすぐ閉館だし土日は休みなので、月曜日にまた電話をしてください」と言われたこともある。

暴力の中で育ったり、大人への不信感を持ったりしている子どもたちが、自ら助けを求めることは簡単ではない。そんな中、勇気を出して助けを求めたとき、このような対応をたった一度でもされると、子どもたちは声をあげなくなっていく。児童相談所が夜間・休日を問わず、いつ駆け込んでも助けてくれる機関になるべきだ。

保護のニーズが高まる夜間や土日祝日、年末年始に駆け込める公的機関は警察だけだが、警察も子どもを保護するための機関ではなく、不適切な対応をされることは少なくない。公的機関で唯一、積極的に困っている子どもを発見し、繋がる活動をしているのも警察だが、それは「補導」という形になり、補導された子どもは生活態度を注意されたり、親や学校に連絡されたりして、家に連れ戻される。補導回数が重なると、犯罪を起こす可能性が高い「虞犯少年」として鑑別所や少年院に送られることもある。だから私は中高時代、「警察は見たら逃げるものだ」と思っていた。

非行や家出にかかわる子どもたちを「困った子」として、指導や矯正の対象として見るのではなく、「困っている子」として捉え、家庭など背景への介入や、福祉、医療、教育的なケアに子どもをつなげる「ケア付き補導」が必要だ。

ケアの視点と専門性が足りない

虐待を受けた子どもは様々なトラウマを抱えており、その影響から身を守るための嘘をついたり、甘えたり、試したり、暴力的、反抗的、無関心な態度をとったりすることがある。対応には、知識と経験が必要だが、児童相談所には、事務職として採用された公務員が児童福祉司として働いていることがあり、トラウマへの理解や、ケアの視点をもってかかわるための専門性が身についていないことがある。また、人員不足で職員に余裕がなく、子どもや他機関支援者との関係性づくりに時間をかけることが難しい。専門性のある人を児童福祉司として採用し、専門性や知識を重ねながら長く勤務し続けられる仕組みや、一つひとつのケースに丁寧に対応し、学校や医療、民間支援団体などとの連携ができる時間的、精神的な余裕を確保することが必要だ。乳幼児と中高生では対応の仕方や必要なスキルも違うため、10代の子どもたちに対応する専門チームをつくるなどの体制を整えるべきだ。

また、児童福祉司は子どもだけでなく、家庭を支援するために親にもかかわる。しかし、子どもと親の両方に同じ担当者が話を聞き、かかわるため、児童福祉司と親の対立がうまれやすく、子どもからの信頼も得にくい体制となっている。客観的な判断のためにも、親子にかかわる担当者を分けるべきであり、「子どもの話」を子どもの気持ちに寄り添って聞けたり、親を支えられたりする民間支援者などとの役割分担、連携も必要だ。

「来てよかった」と思える保護のあり方を

児童相談所に保護されると、多くの場合、まずは一時保護所に入所し、その間に家庭の状況の調査や子どもの生活場所を探すことになる。一時保護の期間は2週間から2ヵ月程度が基本となっているが、次の受け入れ先が見つからないことなどから、私は最長10ヵ月以上入所していた少女を知っている。彼女は、何ヵ月も学校に通わせてもらえなかった。

一時保護期間中は、授業だけでなく、部活の試合やテスト、文化祭や体育祭、卒業式などの学校行事などにも参加できないことがほとんどだ。そのため、子どもが保護を拒み、虐待の事実はなかったと嘘の「撤回」をすることもある。

また、一時保護期間中、外部との連絡を絶たなければならず、友人や部活の先輩、アルバイト先などに「今から保護されるからしばらく連絡ができません」と連絡することも許されないままに保護され、友人関係が壊れてしまうこともある。外部との接触が絶たれ、精神的に追い詰められる子どもたちもいる。多くの場合、教員や民間支援者、弁護士などとの連絡や面会も許されず、一時保護所内で不安を感じたり、不当な扱いを受けたときにも子どもが誰かに相談したり、声をあげることができない状況になっている。

学校への登校については、せめて、身を隠す必要のない子どもは、登校や外部との連絡ができるようになるべきだ。一時保護所の中にも、状況に応じて登校や、教員、支援者などとの面会を許可している施設もある。そうした施設を参考に、体制の見直しが必要だ。

一時保護所の中では、不可解な禁止事項やルールが存在していることもある。例えば、私語禁止、鉛筆回し禁止、髪の毛の黒染め強要、お絵かきなどで1日に使える紙の枚数が1人1枚などと決まっており紙に番号がかかれている、貸し出される下着や衣類に番号がかかれている、自傷行為の痕を包帯でぐるぐる巻きにして隠させる、トイレに行くのも許可制で職員がトイレの前までついてくる、歯磨き粉を自分でつけてはならず職員がつける、その他兄弟姉妹であっても会話ができない、保護所内でも一切会わせてもらえないなど。

入所時の荷物検査も厳しく、学校から配布されたプリントやテスト、友人からもらった手紙などプライバシーにかかわるものまで1枚ずつ枚数を確認されたり、脱いだ下着を含む荷物を預かり品の記録として写真撮影されたりしたことが苦痛だったと話す高校生もいる。入所中の衣類について「親が持ってきてくれない中高生は、みんな上下黒のスウェットを着させられ、刑務所のようだった」「ピアスの穴がふさがらないように透明のプラスチック製のピアスをつけたかったが許されず、穴がふさがってしまった」という人もいる。居室スペースに行くまでに何重もの鍵つきの扉を進まなければならず、脱走できないようにと窓も開かず、外の空気が吸えない環境の一時保護所もあるとある少女から聞いた。

ルールに違反した罰として、子どもに体育館を100周させたり、「態度や目つきが悪い」などと職員が怒鳴ったり、虐待の影響で男性職員におびえて面談時に黙り込んでいた少女に「大人との上手な付き合い方」をテーマにした課題図書を読ませて反省文を書かせたり、学習机の両側にパーテーションや卓球台をつい立てにして5時間漢字の書き取りをさせたり、学習段階に合わない計算ドリルをひたすら解かせるなどを「内省」の名目で行っている一時保護所もある。

「自分が悪いことをしたからここに来たわけじゃない。親が暴力をふるったから来たのに囚人になったみたい」「刑務所みたいな場所だった」「虐待があっても家にいたほうがましだと思って、家に帰りたいと言った」「もう二度といきたくない」と話す子どもたちと出会っている。

そうした子どもの気持ちを知った親や児童養護施設の職員が「いうことを聞かないと、また保護所に入れる」と脅し文句として使うこともある。

このように、今の子どもの保護の在り方は、子どもの学ぶ権利や、自由を奪うようなものになっている。現在、少年院などでも施設見学ができるが、一時保護所の特に居住スペースは弁護士や支援者などでも多くの場合見学させてもらえず、中で起きていることは、子どもたちから聞く声でしかわからない。先にあげたような現状や、各保護所ごとのルール（制度化されているものだけでなく、明文化されていないが暗黙の了解的に「私語禁止」などのルールになってしまっているものを含めて）を調査し、見直すことが必要だ。

年齢や性別（性的マイノリティの子どもへの配慮も含む）に応じた対応や、必要に応じた個室対応も十分ではなく、一時保護所のスペース不足の問題もある。より家庭的な環境で保護されるため、一時保護所ではなく、児童養護施設を含む開放施設や里親を含む民間人への一時保護委託を積極的に行ってほしい。しかし、児童養護施設のキャパシティも不足しているため、既存の施設ではない民間支援者などを一時保護委託先として認めるなどの運用が必要だ。一時保護が、子どもが「脱走したい」と思わないで済むような、「ここに来てよかった」と思えるような、場所で行えるようになってほしい。

たった一人の寄り添いに、救われる

荒れていた高校時代、朝帰りする私に「おはよう。寒いわね。風邪をひかないようにね」と声をかけてくれたおばあさんがいた。「こんな私に気付いて声をかけてくれる人がいたんだ」と、涙があふれた。おばあさんにとっては何気ない一言だったかもしれないが、私にはその一言があたたかく、心に残っている。自暴自棄になっている子どもたちの多くは、「大人に諦められた」と感じる経験から自信を失くしている。

問題を起こす子どもを「困った子ども」や、指導や矯正が必要な「非行少年」として捉えるのではなく、安心して過ごせる環境や信頼できる大人との関係性を必要とする「困っている子ども」という視点をもち、かかわり続ける大人が必要だ。

私たちの活動の目的は、何かを解決することではなく、助けを求められない状況にある少女とつながり、伴走することそのものだ。虐待があり、親に強く支配されてきて、Ｃｏｌａｂｏにきても「靴脱いでこっちにおいで」と言われるまで玄関に立ったまま動かなかった子が、かかわり続ける中で「お腹すいたー」とソファに寝転ぶようになり、甘えたことを言い始めたりする、そうした一つひとつの変化を嬉しく感じている。子どもの居場所とは、「ホーム」と感じられる関係性、いつでも帰ってこれて、安心し、ほっと一息つける場所のことである。必要なのは特別な支援ではなく、当たり前の日常だ。

第5章

障害

——障害を持つ子どもへの暴力を防ぐために

熊谷晋一郎
東京大学・当事者研究

本章では、障害を持つ子どもたちの人権について考えようと思う。人権の問題にアプローチするやり方には、いくつかあると思うが、本章では、極端な人権侵害であるところの「暴力」の問題を通して考えていくことにしよう。障害を持つ子どもたちに対する暴力をなくすための条件をひとつひとつ確認していくことで、人権が保障されるための具体的な諸条件についての展望を得ることが、本章の目的である。

愛と正義を否定する

2016年7月26日、障害を持つ人々への暴力の問題を考えるうえで、決して忘れてはならない出来事が起きた。津久井やまゆり園殺傷事件である。事件報道に触れた直後から、筆者は体調不良を自覚した。体が重く、風邪のようなだるさがある。脱力感と一緒に、怒りのような感覚もあるのだが、どこかで諦めているようでもある。当初はこの体調不良を報道と関連付けてはいなかったが、徐々に、自分自身の昔の記憶が侵入的に想起されるようになっていった。

筆者は生まれつき、脳性まひという身体障害をもっている。障害についての考え方には、障害を個体の心身の中に宿るものと捉える「医学モデル」と、少数派の心身の特徴を無視して設計されている社会環境の側に宿るとする「社会モデル」の二つがある。近年では世界的に社会モデルが常識となりつつあるが、筆者が生まれた1977年当時は医学モデルが主流であり、脳性まひの疑いがある子どもを早期に発見してリハビリテーションを開始することで、健常者に近づけようという「早期発見早期療育」ムーブメントが活発だった。私たち親子もその例にもれず、多大なコストを払い療育に全精力を注いだ。毎日、1回1時間半のリハビリを4〜5回程度行い、月に1回は隣町で専門家のスーパービジョンを受けていた。夏休みには1週間ほど、九州にある施設でのリハビリキャンプにも参加した。

相模原の事件報道直後、気持ちが落ち着かなかった理由の一つは、リハビリキャンプにおける暴力被害の記憶が侵入的に思い出されたからだった。自らも障害を持つ治療者が、こっそりと寝たきりの私たちを足で踏みつけるときに感じた無力感と恐怖感――事件後しばらくは、住み慣れた街の景色が変わって見えた。ふいに襲われないかと、社会や他者に対する信頼の底が抜けるような感覚だった。怒りを通り越した無力感で、内臓ごと落ちていくような脱力感を覚えた。

この事件が与えた衝撃は、元施設職員の被告が、障害をもつ19名の入所者たちの命を奪ったというその陰惨さだけでなく、被告の男性が、悪意というよりもむしろ、ある種の「愛と正義」をもって犯行にのぞんだという点にあった。「車いすに一生縛られている気の毒な利用者も多く存在する」――そうした被告の言葉にふれて、なぜ、脳性まひの当事者団体「青い芝の会」神奈川県連合会の行動綱領に、「われらは愛と正義を否定する」と掲げられたのかを思い出さずにはおれなかった。

綱領の文案をつくった横田弘氏の頭にあったのは、当時相次いでいた障害児殺しのこと、特に、1970年に起きた、横浜市の母親が脳性まひの2歳の娘を殺害するという事件だった。母親の置かれた環境への同情が集まって、減刑嘆願運動が起きたのに対して、神奈川「青い芝の会」は、殺された子どもの立場から激しく抗議をしたのである。母親は、「この子はなおらない。こんな姿で生きているよりも死んだほうが幸せなのだ」と考えた。しかしそれに対し、「そんな一方的な愛ならいらない」と横田は言ったのである。もし殺された子に障害がなかったら世間は同じことを言うだろうかと、減刑嘆願運動に潜む優生思想を早い段階で暴いたのが、横田をはじめとする「青い芝の会」の運動だった。

横田とともに青い芝の会神奈川県連合会を率いた横塚晃一氏も、『母よ、殺すな！』という挑戦的なタイトルの著作の中で、「泣きながらでも親不孝を詫びながらでも、親の偏愛をけっ飛ばさねばならないのが我々の宿命である」(横塚、2007：27)と述べている。障害児者にとって、家庭は決して安全な場所ではなく、優生思想に汚染された濃厚な愛と正義が蔓延しやすく、殺されかねない場所に他ならないという危機意識が、この一文から伝わってくる。

しかし、横田や横塚は、決して母親を批判していたのではないという事実に目を向ける必要がある。彼らは、「私たちは加害者である母親を責めることよりも、むしろ加害者をそこまで追い込んで行った人々の意識と、それによって生み出された状況をこそ問題にしているのだ」「母親によって殺されたのではない。地域の人々によって、養護学校によって、路線バスの労働者によって、あらゆる分野のマスコミによって、権力によって殺されていったのである」と述べ、障害児者への暴力や殺害の真犯人が、地域社会そのものであるという点を指摘している。

あれから約半世紀が過ぎた。筆者らが津久井やまゆり園事件の10日目に呼びかけた追悼集会には、身体障害者、知的障害者のみならず、精神障害者、発達障害者、障害児者の家族、介助者、施設職員、薬物依存症当事者など、立場を超えておよそ300名の方々が集まった。印象的だったのは、とくに障害者とかかわりのない、近隣の住民も少なからず来てくれたことである。また、わずか10日間のあいだに、国内から300通、海外からは100通の追悼メッセージが集まった。許可が得られたメッセージについては、筆者の研究室のホームページで公開している。特に印象的だったのは、カナダのソーシャルワーカーで、自身も線維筋痛症という疾患を持つC・F・ライナス氏の、以下のようなメッセージだった。

「初めに相模原市と日本の方々に哀悼の意を表したいと思います。悲しみに襲われている間、私たちはこのような悲劇を防ぐことができなかったことに、悲しみだけでなく、罪悪感を伴う怒りを感じています。世界中の人々がこれらの感情を共有し、相模原の介護施設で尊い命が失われたことに哀悼の意を持っています。このような困難な状況において、一部の人々が問題を外部化し、依存症者、精神障害者、特定の専門家といった他者を責めたくなることは理解できます。しかし私たちは自分たちのすむこのコミュニティに他者などおらず、暴力行為や依存症そして精神疾患は症状に過ぎないということを知っています。そうした症状は社会のより深部にある満たされていないニーズを反映しているのです。カナダにいるソーシャルワーカー兼研究者として私は学術コミュニティとサービスコミュニティの連帯を求め、人々の理解と集合的治癒の促進をするための、思いやりに満ちた行動を支援することを表明したいと思います」（傍点は筆者強調）

ライナス氏の言う「他者」とは、他者論のそれではなく、「われわれ」の外部として切り離して責任を押し付ける対象、と解釈できる。そして他者の具体例として、依存症者、精神障害者、そして、興味深いことに専門家が挙げられている。もちろん、専門家に責任がないわけではないけれども、専門家に面倒くさいものをすべて押し付けようとする地域社会全体の問題を指摘している点は、横塚や横田と相通じるものがある。

しかし、この事件の社会的背景を考えるときには慎重にならなくてはいけない。実に様々な要因が、今回の事件に影響を与えていることは明らかであるが、一つの事件のみから、どの要因がどれくらいの影響を与えたのかを帰納的に推測することは困難だからだ。無理に推測しようとすれば、事件の衝撃に乗じて一部の要因を不適切なほど強調することで、誤った対応を導く可能性すらある。筆者にとってそれは、命を奪われた仲間への冒瀆、事件の不適切な政治利用に他ならないと感じられる。

ゆえに本章では、いったんこの事件から離れ、より一般に、障害をもつ子どもへの暴力がどのような条件下で生じやすくなるか、という問いについて調査をした先行研究を概観する。

暴力の背後にある要因

先行研究を概観すると、障害をもつ子どもへの暴力が発生する条件は、①障害児に帰属される要因、②加害者に帰属される要因、③環境要因の三つに大別される。

まず、①障害者に帰属される要因には、「移動能力の低さ（虐待から避難しにくい）」、「言語障害（虐待の事実があったことを伝えられない）」（Tharinger et al., 1990; Verdugo et al., 1995）がある。後者についてはさらに、障害児者が虐待の証言をできないことや、証言を周囲が信用しにくいことを加害者が見越しているという証拠も報告されている（Perlman et al., 1994; Westcott and Jones, 1999; Hershkowitz et al., 2007）。

また非常に重要なもう一つの要因として、発達障害などの見えにくい障害は、見えやすい障害よりも虐待を受けやすいという報告がある（Benedict et al., 1990; Verdugo et al., 1995）。見えにくい障害は医療者によって診断されにくいために、養育者に必要な情報やサポートを提供するタイミングが遅れやすいだけでなく（Martin, 1982; Vig and Kaminer, 2002）、身体的兆候がないため、他の健常児と同じような規範的振る舞いができない場合、わざと反抗していると周囲に誤解されやすい（Martin, 1982）。

以上を要約すると、障害の存在に周囲が気づいていない状況や、移動とコミュニケーションが制約され、家族など、限定された支援者に依存先が独占された密室的状況において、暴力被害が起きているといえる。

次に、②加害者に帰属される要因として、まず家族や支援者など、障害者に対するケア責任を集中的に課せられている者が加害者になりやすいという点は、極めて重要である（Chamberlain et al., 1984）。また、養育者や支援者が、ストレス、経済的困窮、パートナーとの不和、職場でのストレス、疲労、孤立を経験していると、虐待のリスクが上昇する（Fisher et al., 2008）。とくに、経済的困窮に関しては、障害者を家族に持つ世帯の約30％が、就労時間を減らしたり離職したりせざるを得ない状況（Looman et al. 2009）を加味すると、家族内のみでケアを引き受けるのではなく、ケアの社会化を実現することの重要性が示唆される。

つまり、加害者もまた、過度なケア負担を軽減してくれるような依存先を社会から調達できず、社会から孤立しがちである様子が見て取れる。

最後にもっとも重要な③環境要因についてであるが、地域コミュニティの外部にある特殊な専門機関に囲い込まれた支援環境では、虐待のリスクが高まり、発見もされにくくなるということが分かっている (Hibbard and Desch, 2007; Murphy et al., 2007)。また、障害児と支援者との間に、権力とコントロールの不均衡がある施設や、利用者を人間的に扱わない文化を持つ施設、地域との交流の少ない施設、虐待の報告とモニタリングが手続き化されていない施設では、暴力が発生しやすいことが知られている (Sobsey, 1994; Steinberg & Hylton, 1998)。地域コミュニティから隔離され、ケアの依存先が、民主的な運営のなされていない専門化された支援環境に独占されている状況で、暴力が起きやすくなるということが分かる。

以上、詳しく見てきたとおり、被害者側からアプローチしても、加害者側からアプローチしても、地域コミュニティから排除され、社会的に孤立し、依存先（生きていくのに必要な、頼れる物的・人的資源）が一部のモノや人に集中しているとき、人は、暴力に巻き込まれやすくなるといえる。

人は誰でも、生まれて間もない時期は、依存先が親・養育者に集中している。しかし健常者の多くは、成長するにつれて周囲の人々や様々な道具などに依存先を分散させていき、やがて、親・養育者が亡くなっても生きていけるようになる。一方、移動やコミュニケーションの面で重度な障害者の場合は、こうした依存先の分散過程がうまく進行しない。なぜなら、社会の物的・人的・制度的・文化的なデザインは、健常者向けに出来上がっており、障害者がうまく依存できないからである。その結果、成人してもなお親・養育者に依存先が集中し、親亡き後は、地域コミュニティから隔離された施設に依存先を移行させるほかない現状がある。

依存先が一ヵ所に集中すると、その依存先から支配されやすくなる。例えば、介助者が一人しかいなければ、その介助者に暴力を振るわれても、逃げることができない。また、意思表示を受け止めてもらえる可能性も低くなる。一方、依存されている側の介助者も、過酷なケア負担を背負いやすくなるため、二次的に地域社会や労働市場への依存先が失われる。こうして、暴力のリスクは高まっていく。労働集約的な障害者施設は、障害者の人数が介助者の人数を上回る傾向があり、そうした構造が暴力を引き寄せる。

障害児への暴力を防ぐために取り組むべき課題

では、障害児に対する暴力を防ぐために、私たちができる具体的な取り組みはどのようなものだろうか。以下、網羅的ではないが、筆者自身の取り組みを紹介しつつ、いくつかの具体的提案を箇条書きで述べていく。

1　介助者の分散

すでに述べたように、とくに移動やコミュニケーションに困難のある障害児は、介助者を冗長に分散させることが暴力を逃れるために不可欠である。この分散を可能にするのは、密室的な家族や労働集約的な大規模施設ではなく、小規模施設、または、重度訪問介護などのパーソナルアシスタント制度を活用した一人暮らしであろう。

ただし、脱施設と地域移行だけで分散が十分確保されるとは限らない。介助者を派遣する事業所が一ヵ所しかないなど、資源が乏しい地域では、依存先が特定の事業所に集中し、管理的になる場合もある。地域ケア資源に対して国政による十分な財政支援が行われなければならない。

2　介助者の当事者研究

暴力は、それを責めたり反省させれば予防できるものではなく、むしろ水面下に潜ることも少なくない。筆者は事件の前から、施設や地域で働く介助者を対象に、虐待の当事者研究を行ってきた。当事者研究ではまず、本稿で述べた暴力のリスクに関する簡単なレクチャーを行う。その後、参加者は自らを振り返り、虐待の可能性のある「ヒヤリハット事例」を報告する。大切にしているのは、犯人捜しや、自分や他人を責めることをせず、価値中立的に、起きたこと、行ったことをありのままに見つめ、参加者同士で分かち合うという点である。他人から責められかねないヒヤリハット事例を、勇気を出して研究の資源として提出してくれた参加者に、皆で拍手をする。そして、レクチャーで学んだ知識も参考にしながら、事象が起きた原因や意味を皆で考え、再び同じような事例が生じないようにするにはどうしたらよいかについて仮説を立て、実践の中で実験的に検証する。仮説の多くは、誰か一人の個人的な努力に依存した解決案ではなく、たいていの場合、就労環境などにかかわる組織的対応が必要なものなので、自ずと管理者も研究に巻き込まれることになる。

これら一連の研究内容は、模造紙にまとめ、スタッフの目につきやすい場所に掲示する。そうすることで、問題を個人化して責めず、みんなの問題として共有し、解決策を探る文化がはぐくまれていくことが期待される。新人も、日常的に模造紙を見ることで、自分で抱え込まず、依存先を広げ、みんなで考えようという態度を学ぶことになる。

3　見えにくい障害の可視化と言語のバリアフリー

先述のように、見えにくい障害は暴力に巻き込まれやすい。筆者は、当事者研究とＶＲ技術の協働によって、自閉スペクトラム症の一人称的な視覚経験を、健常者も体験できるような「自閉スペクトラム症視覚体験シミュレーター」を共同開発した。これは、見えにくい障害の可視化による相互理解の促進を目指した取り組みである。

しかし、こうしたシミュレーターの効果に関しては、注意すべき先行研究が存在する。例えば、統合失調症の幻聴や幻視のシミュレーターを経験した健常者は、当事者への共感性や敬意は高まるが、社会的な距離感（身近にこのような当事者にはいてほしくないという感覚）はむしろ広がるという報告がある（Ando et al., 2011）。そしてその弊害を補う上では、当事者と実際に会って話をすることが必要だという（Ando, et al., 2013）。筆者らは、VR体験と、当事者研究を行っている自閉スペクトラム症当事者との対話を組み合わせたプログラムの効果検証を行う研究を始めている。

言語能力に限界があると、暴力の被害にあいやすいという知見はすでに述べたが、言語障害という概念も社会モデルに基づいて再考する必要がある。建物が健常者向けにデザインされているのと同様、一般に流通している日常言語の語彙や語用は、健常者の経験を表現しやすいようにデザインされており、認知特性の異なる少数派は、既存の言語の中に、自分の経験をうまく言い当てる語彙や語用を見つけられない状況におかれやすい。すると、問題行動や症状と呼ばれるような振る舞いを通じて、コミュニケーションをとるしかなくなる。このような状況を、言語障害者として個人化するのは医学モデル的な捉え方だ。少数派の経験を言い当てる語彙や語用を、少数派同士のコミュニケーションを通じて開発するような、いわば言語のバリアフリー化ともいうべき取り組みが不可欠であり、当事者研究が目指すのはまさにこのようなものである。

4　必要原則に基づく分配の強化

人々が暴力的な行動と、非暴力的な行動のどちらに高い報酬を感じるかは、社会的状況によって左右される。特に、財やサービスをどのような原則に基づいて分配するか、すなわち、生産した量に比例して分配する「貢献原則」か、生きていくのに必要な量を分配する「必要原則」かの違いは、この比率に影響を与えるだろう。貢献原則に基づく分配が優位になれば、「働かざるもの食うべからず」ともいうべき、生産能力が生存の条件に関連付けられるような、優生思想的な価値観がはびこりやすくなることは想像に難くない。このような状況では、他人よりも自分のほうが能力が高いことを強迫的に証明しようとし、弱者を排除する暴力的な行動に動機づけられるとしても不思議ではない。必要原則に基づく再分配の強化は、障害児の人権を保障する社会基盤整備の最優先課題と言えるだろう。

テクノロジーが進歩し、人間から労働が奪われる未来が来るとしたら、必要原則に基づく分配の強化なしには中間層を含めた多数派の生存も危うくなるのではないだろうか。ニーズはあるが購買力のない人々に、必要原則に基づいて再分配をおこなうことの方が、需要の足りないデフレ経済からの脱出のためには不可欠なのではないか。持続可能な共生社会を可能にする分配の在り方については、財政学者なども交えた緻密な議論が必要であろう。

謝辞

本研究は、JST CREST「認知ミラーリング：認知過程の自己理解と社会的共有による発達障害者支援」（課題番号：JPMJCR16E2）、文部科学省科学研究費補助金・新学術領域研究「構成論的発達科学」（No.24119006）、基盤研究（A）「生態学的現象学による個別事例学の哲学的基礎付けとアーカイブの構築」（No. 17H00903）、および、基盤研究（B）「精神医学の社会的基盤：対話的アプローチの精神医学への影響と意義に関する学際的研究」（No. 16H03091）の支援を受けたものである。

〈参考文献〉

Ando, S., Clement, S., Barley, E. A., & Thornicroft, G. (2011). The simulation of hallucinations to reduce the stigma of schizophrenia: A systematic review. Schizophrenia Research, 133, 8–16.

Ando, S., Yamaguchi, S., Aoki, Y., Thornicroft, G. (2013). Review of mental-health-related stigma in Japan. Psychiatry and Clinical Neurosciences, 67, 471–482.

Benedict, M. I., White, R. B., Wulff, L. M., & Hall, B. T. (1990). Reported maltreatment in children with multiple disabilities. Child Abuse & Neglect, 14, 207-217.

Chamberlain, A., Rauh, J., Passer, A., McGrath, M., & Burket, R. (1984). Issues in fertility control for mentally retarded female adolescents: Sexual activity, sexual abuse and contraception. Pediatrics, 73, 445-450.

Fisher, M. H., Hodapp, R. M., & Dykens, E. M. (2008). Child abuse among children with disabilities: What we

know and what we need to know. Int Rev Res Mental Retardation, 35, 251-289.
Hershkowitz, I., Lamb, M., & Horowitz, D. (2007). Victimization of children with disabilities. Am J Orthopsychiatry, 77, 629-635.
Hibbard, R. A., & Desch, L. W., and the committee on child abuse and neglect and council on children with disabilities. (2007). Maltreatment of children with disabilities. Pediatrics, 119, 1018-1025.
Looman, W. S., O'Conner-Von, S. K., Ferski, G. J., & Hildenbrand, D. A. (2009). Financial and employment problems in families of children with special health care needs: Implications for research and practice. J Pediatr Health Care, 23, 117-125.
Martin, H. P. (1982). The clinical relevance of prediction and prevention. In: Starr RH, editor. Child abuse prediction: Policy implications. Cambridge, MA: Ballinger. pp. 175-190.
Murphy, N. A., Christian, B., Caplin, D. A., & Young, P. C. (2007). The health of caregivers for children with disabilities: Caregiver perspectives. Child: Care, Health and Development, 33, 180-187.
Perlman, N., Ericson, K., Esses, V., & Isaacs, B. (1994). The developmentally handicapped witness: Competency as a function of question format. Law and Human Behavior, 18, 171-187.
Sobsey, Richard. (1994). Violence and abuse in the lives of people with disabilities: The end of silent acceptance? Baltimore, MD, US: Paul H Brookes Publishing. xxii 444 pp.
Steinberg, M. A., & Hylton, J. R. (1998). Responding to maltreatment of children with disabilities:A trainer's guide. Portland, OR: Oregon Institute on Disability and Development, Child Development & Rehabilitation Center, Oregon Health Sciences University.
Tharinger, D., Horton, C. B., & Millea, S. (1990). Sexual abuse and exploitation of children and adults with mental retardation and other handicaps. Child Abuse & Neglect, 14, 301-312.
Verdugo, M., Bermejo, B. G., & Fuertes, J. (1995). The maltreatment of intellectually handicapped children and adolescents. Child Abuse & Neglect, 19, 205-215.

Vig, S., & Kaminer, R. (2002). Maltreatment and developmental disabilities in children. Journal of Developmental and Physical Disabilities, 14, 371-386.

Westcott, H. L., & Jones, D. (1999). Annotation: The abuse of disabled children. The Journal of Child Psychology and Psychiatry and Allied Disciplines, 40, 497-506.

第6章

離婚・再婚

——子どもの権利を保障するために親が考えるべきこと

大塚玲子
編集者・ライター

離婚・再婚時における子どもの権利

親たちは、子どもが大人と対等な人間であることを、しばしば忘れてしまいます。特に離婚や再婚をするときがそうです。子どものことを考えているつもりでも、どうしても親自身に都合のよいように解釈しやすく、一対一の大人の関係だったらやらないようなことを、子どもには一方的に押し付けがちです。

子どもたちは多くの場合、なぜ両親が離婚することになったか、これからどうなるかといったことを十分に説明してもらえません。別居や離婚したあと、両親のどちらと暮らすのか、どこに住むかといったことについて、意見を聞いてもらえないこともよくあります。子どもたちは、大人たちのなかだけで物事が決められていくことに、大きな不安やストレスを感じます。

離婚した後、経済的に厳しい状況に置かれるケースも多々あります。ひとり親世帯の約半数は貧困の状態にあり、特に母子世帯はその約8割が「生活が苦しい」と感じています

（2016年国民生活基礎調査）。原因は複数ありますが、そのひとつは、離れて暮らす親（離別親）から養育費が支払われないことでしょう。

面会交流についても、離別親に会いたくても会えない、あるいは会いたいと言いだせない子どもが少なからずいます。また一方では、子どものほうは会いたいと思っていないのに会うことを強いられる子どもや、離別親から会いたいと言ってこないことに、人知れず心をいためる子どももいます。

再婚に際しても同様です。同居する親（同居親）が再婚すれば、子どもはそのパートナーと同じ家で暮らすことになりますが、そのことに不満を感じても、なかなか口にはできません。同居親、または離別親の再婚を機に、養育費や面会交流が勝手に打ち切られてしまうことも多く、子どもの権利を損なっています。

私が離婚や再婚における子どもの問題を考え始めたのは、自分の離婚がきっかけでした。13年前、子どもが生後半年を過ぎた頃です。知りたいことがたくさんありました。できるだけ子どもに不利益が及ばないように離婚するにはどうすればいいのか？　子どもの今後の人生を守るためには、どんな取り決めや手続きをしておく必要があるのか？

参考になる本はなかなか見つかりませんでした。書店に並ぶ離婚手引書に書かれているのは、裁判の話ばかり（日本では裁判離婚が全体の約1％、調停離婚が約1割で、裁判所を介さない協議離婚が約9割なのですが）。養育費や面会交流、子どもの気持ちなど、子どもの権利を守るために必要な情報は不足していました。そこで私は、離婚の手引書を自分で企画、制作することにしたのでした。

以来私は、編集者・ライターとして、親が離婚・再婚した子どもの立場の人たちから、多くの声を聞かせてもらってきました。取材の場だけでなく、たまたま仕事で知り合った人や、もともとの知り合いから、「じつは私もこんな経験をした」と教えてもらったこともたくさんあります。

以下、これまでに私が聞かせてもらってきた話をもとに、「離婚・再婚において、子どもの人権が保障されている」とはどんな状態なのか、大人が気をつけるべきことは何か、考えていきたいと思います。

真実を知り、自分の意思を尊重されたい

親が離婚するとき、子どもが感じる最も大きなストレスのひとつは、「大人が勝手に物事を決めていってしまう」というものでしょう。

「なぜ両親が離婚することになったのか」

「夫婦喧嘩のなかで聞こえてきた話は、どこまで本当なのか」

「いまはどんな状況なのか、これから別居や離婚をするのか、いつするのか」

「別居や離婚をする場合、自分はどちらかの親と離れてしまうのか、どこで暮らすことになるのか、転校しなくてはならないのか」

「親と自分との関係が、これまでとは変わってしまうのではないか」

子どもたちは、自分が置かれた状況がわからないことに苛立ち、先行きが見えないことに不安を募らせます。

親は「離婚は大人同士の問題だから、子どもには関係ない」と思っているのですが、子どもにとってはこれまでの生活が180度ひっくり返る、大変大きな出来事です。誰よりも影響を受けるのは子どもである自分なのに、なぜ何の説明もなく話を進めてしまうのか？　納得がいかない、という声を聞きます。

離婚それ自体については、夫婦で決断を下すのはやむを得ないことでしょう。しかし、離婚までの経緯や、そのときどきの状況、今後の見通しくらいは教えてほしい、自分にも知る権利がある、と子どもたちは感じています。

ある男性は、小学生のときに親が離婚しましたが、公正証書の取決め内容に関する夫婦の話し合いや、弁護士への相談にも同席したそうです。親の離婚は辛かったものの、何も知らせてもらえないよりはだいぶよかったと言います。

「もっと意見を聞いてほしかった」

離婚に伴う生活の変化に関して、もっと子どもの意見を聞いてほしかった、という声もよく聞きます。親は「子どもはこう思っている」と決めつけがちですが（しかも夫婦それぞれ逆の解釈）、本当の気持ちは子ども本人に聞かないとわかりません。

ただ実際のところ、子どもの本当の気持ちを聞くのは、とても難しいものだとも感じます。たとえば、よく聞くのは「お父さんとお母さん、これからどっちと暮らしたい？」という質問が辛かった、という声です。どちらを選んだとしても、もう一方の親を悲しませることになってしまうので、子どもにとっては答えづらい問いなのです。ですから「聞かれても困っただろうから、勝手に決めてくれてよかった」という声を聞くこともあります。

しかし一方では「意見を聞かないのは、もっとダメだ」という声もあります。「大人はよく『子どもにそんなことを聞くのは酷だ』といって勝手に話を進めてしまうが、聞かないほうがもっと酷だし、それは子どもの気持ちに向き合わないための言い訳だ」というのです。

8歳のときに親の離婚を経験したある女性は、「もっとしつこく、私の気持ちを聞いて欲しかった」と言います。彼女は、父親からも母親からも「どっちが好き？　どっちと暮らしたい？」と聞かれ、父親には「パパが好き」と答え、母親には「ママが好き」と答え、どちらも選べなかったそうですが、それでも「もっと私の本音を聞いてほしかった」と、当時を振り返ります。

もっと聞いても本音は聞けなかったのでは……という気もしますが、それでも「聞かないよりは聞いてほしい」のです。大人は「子どもはなかなか本音を言えない」ということを理解しつつ、本音を聞きだすべく最大限の努力をする必要がある、ということでしょう。もし「大人が決めてほしい」と言われたら、そのようにすればいいのです。

一方で、子どもの意見を聞いても、その通りにできないと先にわかっていることについては、最初から聞かないでほしい、という声も聞きます。

ある女性は小学生のとき、母親から「離婚しないでママが笑わなくなるのと、離婚してママが笑えるのと、どっちがいい？」と泣きながら聞かれ、「答えが決まっているなら、聞かないで」と感じたそうです。どうしても大人が決めざるを得ないことに関しては、「なぜ、そうせざるを得ないのか」という理由をきちんと説明することが、人としての誠実な向き合い方になるのではないでしょうか。

調停や審判の場では、2013年から子どもの意見表明をサポートする「子どもの手続き代理人」という制度が始まりましたが、協議離婚では残念ながら、利用できません。親自身が、子どもの意思を丁寧に確認する必要があります。

嘘をつく、真実を伝えない

嘘をつくことも、子どもの権利を尊重しているとはいえないでしょう。

たとえば、「パパ（ママ）は死んだと子どもに伝える」という話は、離婚家庭で昔からよくあるものですが、真実を知ったときに怒る子どもがいるのは当然です。親は「それくらいの嘘なら、いいじゃないか」と思うようですが、相手が大人だったらそんな嘘はつかないでしょう。親子のあいだでも、嘘は信頼関係を壊してしまいます。

「嘘をつく」までいかなくても、「真実を伝えない（隠しておく）」というのはどうでしょうか。これも親子間ではよくありますが、やはり子どもの立場からは、不満の声が聞かれます。

ある女性は、両親が離婚する数日前、小さい頃によく遊んでいた女の子が、じつは異父きょうだい（母親が以前別の相手と結婚していたときの子ども）だったことを知り、両親に怒りをぶつけたそうです。「過去の話だから、関係ないと思った」と言われましたが、「関係ないとされたことこそが、悲しかった」と彼女は言います。

どうしても子どもに伝えられないような事情は、子どもも察して、もしあとからわかっても気にしないかもしれません。しかし、大人が「相手が子どもだから、真実を伝えなくていい」と勝手に判断すると、子どもは傷つくのです。

ただし一点気を付けなければいけないのは、本当の話を伝える際に、他方の親について感情的な悪口を言わないということです。親の悪口を聞かされることは、子どもにとっては非常に辛いことです。あくまで事実を伝えるのに止め、親自身のネガティブな感情を伝えないでほしい、という声も、子どもたちからはよく聞くところです。

支払われない養育費

離婚ひとり親家庭の子どもたちは、しばしば経済的に厳しい状況におかれます。そのため「数百円の学校徴収金でも、親に言えなくて辛かった」「部活動にかかる費用を払えず、入部をあきらめた（途中で退部した）」などといった経験談をよく聞きます。

ただし、子どもの貧困は離婚家庭だけの問題ではありません。詳しくは第2章にゆずるとして、ここでは離婚家庭に特有である「養育費の不在」という要因に絞って、考えてみたいと思います。

養育費は、離婚家庭等の子どもが生活し、教育を受けるために、離別親から受け取るお金です。子どもがもつ重要な権利の一つですが、養育費を受け取っている母子世帯は、現在わずか24％（平成28年度全国ひとり親世帯等調査より）と大変少なく、ひとり親家庭の経済難の一因ともなっています。

なぜ支払い率がこれほど低いのかというと、まず離別親に親としての自覚がないことが最大原因でしょう。同時に、制度にも問題があります。日本では離婚において、子どもの養育費の取り決めが義務付けられておらず、もし取り決めがあったとしても、口約束などで、債務名義（公正証書や調停調書等）がない場合には、取り立てる手立てがないのです。また欧米諸国にあるような、公的機関による代替徴収の仕組みもありません。

日本でも平成23年に民法が改正され、養育費は面会交流とともに「子の利益を最も優先して考慮」して決めるものとされ、また離婚届には面会交流と養育費の取り決め欄が設けられました。しかし実際には「まだ決めていない」にチェックが入っていても窓口で受理されるせいもあり、状況はそれほど大きく変わっていません（平成23年度↓28年度で養育費の受取率は母子世帯で5％増、父子世帯で1％減／平成28年度全国ひとり親世帯等調査　※5年ごとに実施）。

そのため離別親は養育費を払わないことが多く、また同居親のほうもパートナーと早く縁を切りたいがために、子どもの権利である養育費を主張することなく離婚してしまいがちです。

一方で、子どもたちに話を聞くと、養育費は子どもの生活を経済的に支えるだけでなく、「離れて暮らす親が自分のことを忘れずにいる」と子どもに伝えるものでもあると感じます。養育費には、離れて暮らす親と子の接点としての側面もあるのです。

たとえば、8歳のときに親が離婚して、養育費・面会交流が続いてきたというある女性は、「自分は幸せなケース」と話します。逆に養育費も面会交流もなかった場合は「離別親には何の感情もわかない」という人が多く、「養育費がないということは、自分に会いたくないのだろうと感じた」と話す人もいます。

なお、養育費は子ども自身が直接受け取ることは少なく、ほとんどの場合、子どもと同居する親が受け取ります。そのため子ども本人は、離別親が養育費を払っているのを知らないことがよくあるのですが、これについては「子どもに知らせるべき」という声を聞きます。そもそも子どものために払われるお金なのですから、子どもが知らされないのはおかしいですし、特に面会交流が行われていないケースでは、養育費が唯一、子どもと離別親の接点となるため、支払いを知ることは子どもにとって大きな意味をもつのです。

離別親は子どもにしっかりと養育費を払うこと、そして同居親は養育費を受け取っているのであれば、それを子どもに伝えることが必要だと考えられます。

面会交流は子どもにとっての権利

面会交流は子どもにとって、離れて暮らす親と接する大事な権利の一つです。養育費にも同様の面がありますが、面会交流は、その権利をより直接的に実現するものです。

ところが日本では、面会交流は、離別親の権利と思われがちです。もちろん離別親にも子どもに会う権利はあるでしょうが、面会交流は何よりもまず、子どもにとっての権利です。そのことを日本では、離別親も同居親も忘れがちなようです。

養育費よりは多少ましですが、面会交流の実施率も低い状況が続いています（母子家庭で約30%、父子家庭で約46%／平成28年度全国ひとり親世帯等調査より）。原因はいろいろありますが、同居親の意識や、同居親へのサポート不足という問題がまず考えられるでしょう。

同居親にとって面会交流は、基本的に面倒、あるいは不快なものです。子どもが小さければ、日程や場所を決めるため思い出したくもない相手と連絡を取り合わなければなりませんし、面会場所まで子どもを連れて行かなければなりません。子どもが離別親に会うと考えるだけで、辛くなる人もいます。同居親が自ら積極的に行いたくなるようなものではないのです。

子どもたちもある程度の年齢になれば、そういった同居親の気持ちはわかるので、離別親に「会いたい」と思っても、言い出さないことがよくあります。言えば同居親を苦しめてしまうので、その思いを封印してしまうのです。そのため「会いたいかどうか、わからなくなった」という子どもも多いと感じます。

ところが、子どものそのような態度を見た同居親は、「子どもは離別親に会いたがっていない」と単純に判断してしまい、離別親から「子どもに会いたい」と要求があっても子どもに伝えず、自分だけの判断で申し出を断ってしまうことがあります。

子どもたちのなかには、勇気を出して「離別親に会いたい」と言ったものの、同居親に怒られた、あるいは殴られたという人や、離別親から届いた手紙を隠された、目の前で破り捨てられた、などの経験をした人もいます。

こういった現状を考えると、内心では望んでいても「会いたい」と言い出せない子どもは、いまも多いでしょう。やはり子どもの意思が尊重されているとは言い難い状況です。

なお一方では、「離別親が面会交流を要望してこないから、面会交流が実現しない」というケースも多々あります。

　ニュースなどでは、面会交流を求める離別親の活動等が報じられるので、離別親はみんな子どもに会いたがっているように見えるかもしれませんが、実際に離婚家庭の子どもや同居親に話を聞くと、単に「離別親が何も言ってこないから、面会交流をしていない」というケースが多いことを感じます。離別親の消息すらわからない、ということもあります。

　子どものほうは、離別親から連絡がないことを気にしない人もいれば、ひそかに傷ついている人もいます。離婚する前から子どもに無関心だった離別親に対しては、それほどでもないようですが、一緒に過ごした思い出がある離別親が、離婚後に連絡を絶ってしまったような場合には、子どもは複雑な気持ちを抱いているのです。

　さらに他方では、子ども自身が「本当に、離別親に会いたくない」と思っているのに、離別親の要求で会わざるを得ないケースや、「そんなにしょっちゅう会いたいと思っていない」のに、「調停で決まったから」などの理由で頻繁に面会を求められて困る、といった話も聞きます。こういったケースもやはり、子どもの意思が尊重されているとは言えません。

「子どもが会いたくないと言うのは、同居親が離別親を悪く言っているせいだから、子どもの本心ではない」という声もありますが、子どもからすれば、それはそれで本心なのです。もし現実に、同居親の影響で離別親に会いたくないと思っているのだとしても、そのときの本人にとっては「会いたくない」というのが本当の気持ちですから、それを無視して強引に会わせれば、子どもは「自分の意思が尊重されていない」と感じます。

また実際のところ、同居親の影響など一切関係なく、心から「離別親に会いたくない」と思っている子どももいるので、やはり本人が「会いたくない」というときには、無理に会わせるべきではないでしょう。

0歳のときに親が離婚したある女性は、周囲から何度も「本当は、お父さんに会いたいでしょう？」と聞かれ、うんざりしたといいます。「会ってもいいかな」と初めて思ったのは中学生のとき、母親の働きかけで、父親が養育費を払い始めたことがきっかけでした。いまは「会ってよかった」と思うそうですが、もし彼女が「会いたくない」と思っているときに無理に会わされていたら、そんなふうには思えなかったはずです。

面会交流は子どもが親に接する権利でもありますが、子ども自身は面会交流が行われること以上に、「子どもの意思を尊重する」ということを大事にしてほしいと感じています。

再婚によって生まれるストレス

離婚と同様、再婚の際も、子どもの権利がないがしろにされてしまうことがあります。特に同居親の再婚は、子どもの生活を大きく変化させるものであり、「離婚のとき以上に辛かった」という声を聞くこともあります。

再婚の際、子どもに最も大きく影響するのは、親のパートナーとの同居や、引っ越しなどといった環境の変化でしょう。結婚（再婚）する夫婦自身、同居を始めるときは、異なる文化のぶつかりあいでストレスが溜まるものですが、子どもにとってもそれは同様です。しかも、それは子ども自身が選んだことではない分、より大きなストレスとなり得ます。親のパートナーから「親でもないのに、親ヅラされることが辛かった」という声も、よく聞くところです。

子どもは「親のパートナーを受け入れなければ」「継親との気詰まりな雰囲気を改善しなければ」というプレッシャーや、「家のなかに自分の居場所がない」という居心地の悪さをしばしば感じているのですが、なかなかそれを口にできません。言えば、親やそのパートナーを苦しめるとわかっているからです。

同居親はしばしば、経済的な安定を一つの目的として再婚します。いまの日本社会では、ひとり親が子育てをしながら十分な収入を得ることは大変難しく、生活が立ち行かないため、再婚を選択する人も少なくありません。子どもはそういった事情も、理解しています。

子どもが同居親のパートナーとの同居や、親の再婚を望まないとき、その意思を伝え、且つそれを尊重され得るようにするためには、まずひとり親家庭が安定して生活できる社会をつくることが必須だと感じます。

他方では、同居親または離別親の再婚によって、養育費や面会交流が勝手に打ち切られてしまうことも多々あります。

再婚をすれば親の経済状況は変化するため、養育費の減額はやむを得ない場合もあるでしょうが、面会交流が途絶えるのは、子どもからすると何の必然性もないことです。ますます納得がいかない、と憤る子どももいます。

昔は、親が再婚したら「新しいお父さん（お母さん）」ができるので、面会交流はしないほうがいいと考えられていました。しかし、いま子どもたちに話を聞くと、新しい家庭でストレスを抱えたときに、離別親との交流が救いとなることも多いようです。むしろ再婚家庭でこそ、面会交流が重要な役割を果たすのです。

再婚においても、養育費や面会交流は子どもの権利だということを、みんなの共通認識にしていく必要があると感じます。

「子どもに呪いをかけない」

最後に、これは親だけでなく、周囲みんなが気を付けたいことですが、「子どもに呪いをかけない」ということも、添えておきたいと思います。

離婚家庭の子どもたちはしばしば、祖父母や近所の人から「お母さん（お父さん）を助けてあげて」と言われながら育つものですが、子どもは言葉をそのまま受け取り、頑張り過ぎてしまうことがよくあります。子どもが、自分自身の人生を生きられなくなってしまうので、そういった言葉はかけないであげてほしいと感じます。
「お母さんと同じように、あなたも将来は結婚に失敗する」とか「あなたにもお父さんと同じ、DVの血が流れている」などという言葉も同様です。子どもは好きでその親のもとに生まれてきたわけではなく、たまたまその母・父を持っただけです。それなのに「将来、あなたも同じようになるよ」などと言われるのは、理不尽極まりない話です。
子どもにはむしろ、あなたはもっとうまくやれると励まし、且つそれをサポートすることが必要だと感じます。

〈参考文献〉

ＮＰＯ法人Ｗｉｎｋ編『Ｑ＆Ａ親の離婚と子どもの気持ち』明石書店、２０１１年
ＮＰＯ法人Ｗｉｎｋ編『離婚家庭の子どもの気持ち』日本加除出版、２００８年
新川明日菜『ママまた離婚するの!?』東京シューレ出版、２０１３年

第2部

学校

第7章 体育・部活動
――リスクとしての教育

内田良
名古屋大学・教育社会学

「教育」というリスク

教師は正しい

部活動顧問からの暴力を苦にして、高校生がみずからの命を絶った。その刑事裁判において顧問は、部活動の練習時にその生徒のほおを数十発も激しく平手打ちしたことについて、当時の心境をこう説明した――「指導です。強くなってほしいと……」。

「教育」は、危うい。数十発も平手打ちをしてもなお、教師のなかではそれは正しい指導、すなわち教育であると理解されていたのだ。

教育という名のもとで、子どもの心身が大きく傷つけられる。教育は、人権侵害と隣り合わせになりうる。本章では、とくに体育・スポーツ活動に着目して、子どもの身体に対する侵害の現実とその背景にある「教育」の危うさについて考えてみたい。

さて「教育」という言葉を『広辞苑』(第6版)で引いてみると、「望ましい知識・技能・規範などの学習を促進する意図的な働きかけの諸活動」と記されている。「教育」とは意図的な働きかけであり、それは何らかの望ましさを具現化するための営みである。

教育が、何らかの「望ましさ」を具現化する営みだとするならば、その担い手である教師の振る舞いもまた「望ましさ」を具現化することが期待される。教師の言動は基本的に正しいものであり、子どもの立場やその成長をつねに考慮したものとみなされる。その振る舞いに疑義が挟まれる余地はない。

ところが冒頭の例で示したように、「望ましさ」を実現するはずの働きかけが、子どもを大きく傷つけることがある。教育とは、望ましさと同時にリスクをも合わせもっている。単にリスクがあるということではなく、教師の振る舞いは正しいと設定されているなかでのリスクであるだけに、事態は厄介である。

道徳の授業における「いじめ」と「体罰」

教育はリスクと表裏一体であるにもかかわらず、学校教育における教師像は、まさに正しい振る舞いをする大人として描き出される。その想定が如実にあらわれるのが、「道徳」の授業である。道徳は、２０１５年３月に小学校と中学校の学習指導要領一部改正により、従来の「教科外活動」から「特別の教科」へと格上げされた。学校教育における道徳の比重は増しつつある。

道徳の指導内容は、たとえば中学校の学習指導要領では、「自主、自律、自由と責任」「思いやり、感謝」「遵法精神、公徳心」「生命の尊さ」など計22項目に整理されている。そこで「中学校学習指導要領解説　特別の教科　道徳編」における計22項目について、「いじめ」との関連性が示されているものを調べてみると、4項目が該当する。他方で「体罰」(あるいはそれに類する内容)に関する記述を探してみると、どの項目にもそうした記述は見当たらない。

道徳では、いじめを含む子ども間のトラブル(子どもが被害者や加害者になる)が扱われることはあっても、教師が子どもに対してやってはならない振る舞いが扱われることはない。いじめ事案では、しばしば学校側の管理責任が問われる。だが狭義には子ども同士のトラブルという点で、いじめは教師集団にとって外在的な出来事である。だからこそ、子どもに対して、いじめがいかに非道徳的であるかを教えることができる。

だが、「体罰」では、ほかでもなく教師本人が非道徳的な振る舞いをしている。教師による暴力は、教師集団に内在する問題であり、それゆえ道徳の授業で検討されるべき課題にあがってこないのである。むしろそれどころか、「教師や学校の人々を敬愛し、学級や学校の一員としての自覚をもち、協力し合ってよりよい校風をつくるとともに、様々な集団の意義や集団の中での自分の役割と責任を自覚して集団生活の充実に努めること」(「中学校学習指導要領解説　特別の教科　道徳編」)が教えられる。教師は子どもから敬愛されるべき対象として、子どもに提示される。

道徳の世界では、教師という存在は、批判の対象にはならない。「教育」者である教師は、望ましい振る舞いをするものであって、暴力を振るうなどということは想定されないのだ。

制度設計なき部活動

教育を管理する

「リスク管理」という言葉がある。未来に生じるかもしれない損害（リスク）を事前に管理することで、その損害を最小限に抑えようという試みを指す。上述のとおり、教育はしばしば多大なリスクと背中合わせである。教育がときにリスクそのものになる（教育＝リスク）とすれば、「リスク管理」とは「教育管理」でもある。すなわち、ときに暴走しがちな教育を、子どもの人権、安全、健康を守るという視点から、管理しなければならないということである。このとき、管理とは決して子どもの害悪になるものではなく、むしろ子どもが健全に過ごせるための最低限の条件整備とみなすことができる。

子どもの身体を守るためには、教育＝リスクを管理する必要があることを、部活動を例に考えてみたい。部活動に着目する理由とは単に、部活動が学校教育において重要な役割を果たしているからとか、生徒において負傷事故の多い教育活動だから、というだけではない。部活動は、学習指導要領においては「生徒の自主的、自発的な参加により行われる」と規定されている。「自主的」すなわち「勝手にやっている」ということが、リスク管理の不徹底を許していることに着目したいのである。

部活動の練習場面を想像してみよう。普段の練習時、外で雨や雪が降ると、普段は外で練習をする部活動は、校舎のなかに練習の場を移す。そうは言っても、その部活動専用の場所が用意されているわけではない。そこで定番の練習方法が登場する――「廊下でトレーニング」だ。

廊下をダッシュする、階段を含めて長距離を走る、あるいは廊下に並んで筋トレに励む、卓球台を入れ込んでラリーをするなど、その用途は幅広い。天候に関係なく、日常的に廊下が練習に使用されることもある。また、文化部にとっても廊下は重要な練習空間である。吹奏楽部員や合唱部員がパート練習に使用する。

だが、思い起こしてほしい。部活動がはじまる直前まで、「廊下は走るな！」ではなかったか。廊下や階段を走れば、滑って転ぶこともあるし、人にぶつかることもある。そもそも校舎のなかは壁や備品で見通しが悪いし、横幅も狭い。雨が降れば、滑りやすくなる。だから、廊下を走ることが禁じられているのだ。

それにもかかわらず、各校のウェブサイトには、生徒が廊下や階段を駆ける姿が堂々と公開されている。「今日は雨が降りましたが、生徒たちは元気に廊下を走って、トレーニングに励んでいます！」といったように、雨が降れば負傷のリスクはさらに高まるにもかかわらず、むしろそれが誇らしげに報告されている。そこに危機感はない。

図1　学校教育における部活動の位置づけ

※出典：内田良『ブラック部活動：子どもと先生の苦しみに向き合う』（東洋館出版社、2017年）より転載

制度設計の不備がリスクを高める

負傷リスクが高いにもかかわらず、部活動ではなぜ廊下を走るのだろうか。

その答えは、「部活動には制度設計がないから」である。たとえば授業（教科）の時間帯を思い浮かべてみよう。教室や音楽室、体育館などに生徒がたくさん集まりすぎてあふれ出るということは起こらない。それは、学校という施設が、授業が滞りなく運営できるように設計されているからである。

他方で部活動は、国の学習指導要領に「学校教育の一環」とは書いてあるものの、それ以上に具体的な内容は定められていない（図1）。管理なき「自主的」な活動として、まったくの現場まかせで運営されている。

学校という施設は、部活動をやるためには設計されていない。だから、運動部や文化部の生徒が一斉に活動を始めると、場所が一気に足りなくなり、廊下を使うことになる。学校管理下の災害共済給付事業を担っている日本スポーツ振興センター『課外指導における事故防止対策　調査研究報告書』（2010年）にも、「絶対的な部活動スペースが不足しており、体育館はローテーションで使用」していることが示され、「階段でのトレーニング」や「狭い中での卓球部の練習」が危険視されている。だが、それが学校の日常風景と化してしまったために、もはや危機感を抱くことさえできなくなっている。

さらには、「場所」だけでなく、「人」の制度設計もない。

指導者である教員は、授業を教えるために教員になるのであって、部活動を教えるためではない。大学の授業で、部活動の指導方法を学ぶ機会も、基本的には用意されていない。日本体育協会による運動部活動に関する調査では、約半数の顧問は素人であることがわかっている（図2）。

運動部であれば積極的な身体活動がおこなわれるため、アスレチック・トレーナーと呼ばれるようなスポーツ科学・医学の知識を有した専門家が指導にあたるべきである。だが多くの教員は、そもそもその競技種目が未経験であり、そのうえ安全な指導方法も学んでいない。生徒の負傷リスクは高まる。事故が起きれば、教員個人が非難される。生徒にとっても教師にとっても不幸な事態である。

制度設計の不備は結局のところ、個々の生徒の負傷リスクを高めることになる。部活動とい

図２　運動部活動の顧問教員における競技経験の有無

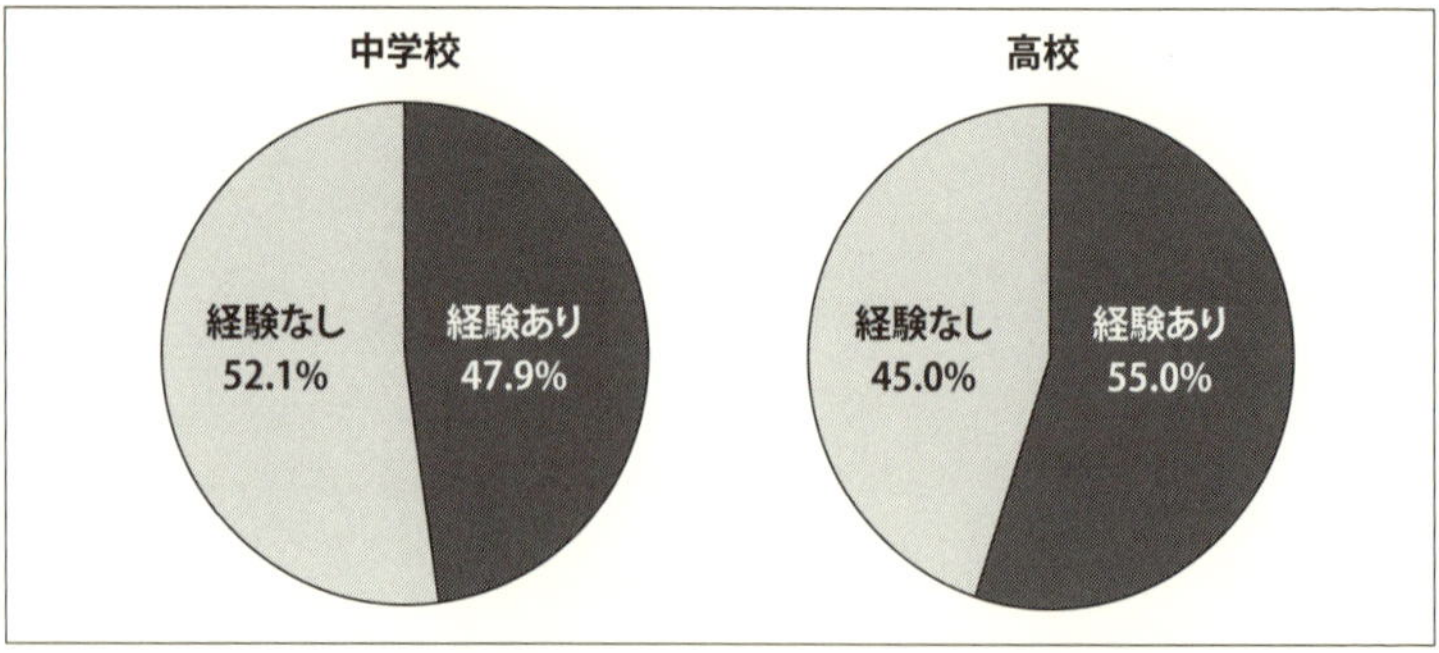

※出典：日本体育協会『学校運動部活動指導者の実態に関する調査報告書』をもとに筆者が作図

う教育には、人権や安全・健康の視点を土台にした、一からの制度設計が必要である。

巨大組み体操のリスクとその管理

「痛い」が許されない

体育・スポーツ活動において、教育＝リスクとなった典型的な例として、組み体操の巨大化があげられる。

組み体操とは、複数の人たちが道具を使わずに身体だけで組む運動を指す。運動会や体育祭の華となる種目として知られているものの、地域や学校によっては、組み体操をまったく取り入れていないところもある。だがこの十数年の間に、組み体操は全国の学校で急速な拡がりをみせてきた。

その特徴は、組み方の巨大化と担い手の低年齢化である。組み体操の代表的な技である「ピラミッド」は、幼稚園で６段、小学校で９段、中学校で10段、高校で

図３　10段ピラミッドの断面図

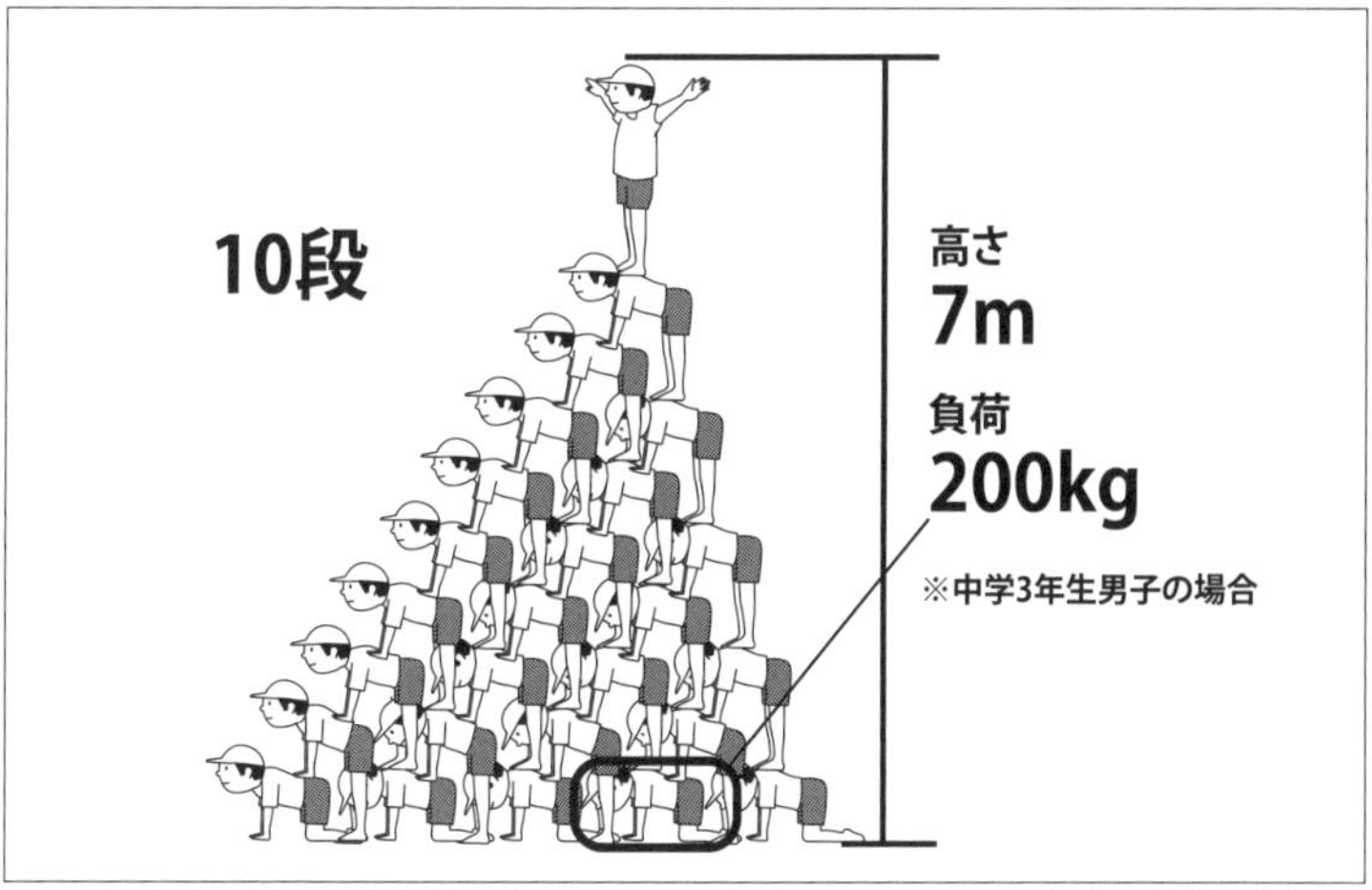

11段が最高段数である。たとえば10段であれば、高さは７ｍ、土台の最大負荷は２００kg／人に達する（図３）。その様子は、部活動で廊下を走る姿と同じように、学校のウェブサイトに誇らしげに掲載されてきた。

だが、組み体操では骨折を含む事故が多発しており、身体を負傷するリスクはとても高い（内田良『教育という病』光文社新書、２０１５年）。その一方で、組み体操指導の現場ではリスクを感知する「痛い」「しんどい」といった言葉が、しばしば禁じられてきた。そして次のようなことが子どもに伝えられる――「土台の子は、上の子が安心していられるように、膝に砂や小石が突き刺さる痛み、背中や肩にかかる重さをガマンしなさい。そして上に乗る子は、土台の子を信頼し、勇気を出して上に立ちなさい」と。

じつに多くの指導書や学校のウェブサイトに

おいて、クラスメートのために子どもたちが痛みや恐怖を乗り越えることに、組み体操の魅力が見出されてきた。見方を変えてみると、「痛い」「しんどい」という感覚は、その組み方に何らかの無理な負荷がかかっていることを示す重要な証拠でもある。その時点で、組み方が見直されなければならない。それを封印するからこそ、無言のまま負荷が限界を超えて、組み体操が崩れていくのである。

子どもの身体を危険にさらすということについていうと、不審者が暴行目的で学校に入ってくることを歓迎する人はいない。一方、巨大な組み体操はむしろ積極的に導入されてきた。不審者の危険は敏感に察知されるが、組み体操の危険は察知されない。その差がどこにあるかというと、その答えが「教育」である。不審者の侵入を「教育」という人は誰もいない。だが、巨大な組み体操は立派な「教育」活動とされる。「教育」というお墨付きがあるだけで、私たちは途端に、子どもの身体に迫り来る危険を見過ごしてしまう。

組み体操のリスクを管理する

巨大組み体操は、披露される場面は運動会や体育祭であるものの、その練習は主に体育の時間におこなわれている。体育の授業のわりには、あまりに合理性を欠いた、杜撰な指導方法と言わざるを得ない。じつは体育とはいうものの、組み体操は学習指導要領やその解説には、いっさい記載がない。また、運動会や体育祭の一種目にすぎないという意味でも、教育活動の

図４　小中高における組み体操の事故件数（2011 〜 2016 年度）

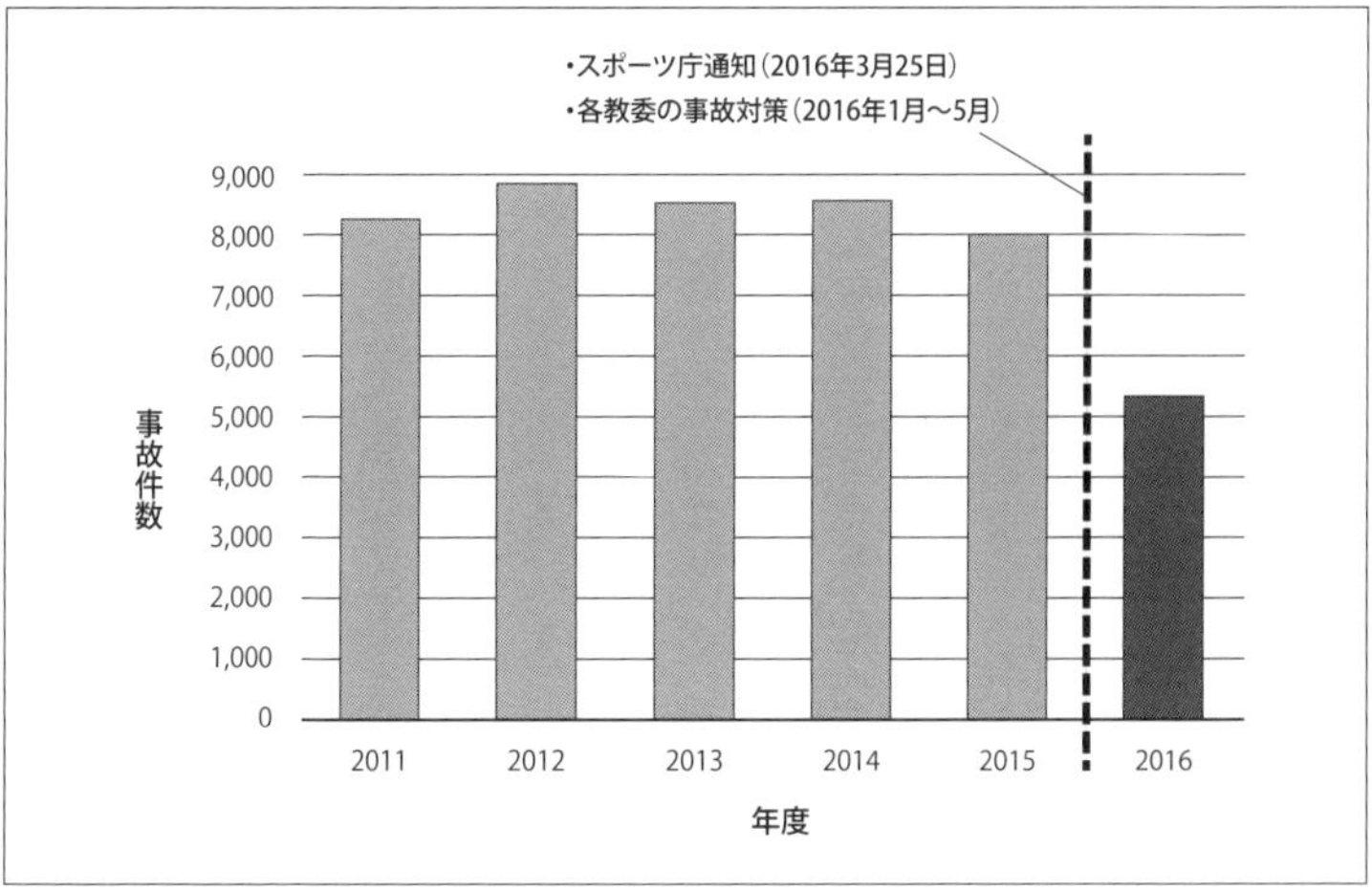

※小学校・中学校・高校の学校管理下において、組み体操に起因する負傷・疾病で医療機関にかかった件数

細部にわたってまで国がいちいち学校に口を出すことに対する禁忌感がある。こうして国による管理がまったくないところで、組み体操は巨大化していったのである。

だが強調したいのは、その巨大な組み体操も今日では、安全確保の観点から管理されるようになってきたということである。組み体操では、統計が取り始められた２０１１年度から２０１５年度まで、その負傷事故件数は８０００件台で推移してきた。それが２０１６年度には大幅減に転じて、件数は５０００件台にまで減少したのである（図４）。

事故件数が大幅に減少した理由は、「行政が動いたから」に尽きる。２０１６年３月、スポーツ庁（文部科学省の外局）は学校で多発している組み体操の事故を受けて、全国の教育委員会宛てに「組体操等による事故の防止について」と題する事務連絡を発出した。それまで国は地方分権を重んじ、各教育委員会で独自に判断すべきと、現場まかせの態度を貫いてきた。運動会の一種目にすぎない組み体操に国が口を出すのは異例の事態であり、それほどまでにスポーツ庁の指示は、画期的なものであった。また、同時期（2016年1月〜5月頃）には複数の自治体が、巨大組み体操の規制に動いた。国や自治体の管理により、放置され続けてきた教育＝リスクが管理されるようになったのである。

そしてここで付け加えなければならないのは、いくつかの自治体が発表した情報によると、負傷事故件数が激減しながらも、組み体操は継続されているという点である。たとえば大阪市立の小学校では、骨折事故は約7割減で、組み体操実施校数は約3割減である（『朝日新聞』大阪版2016年11月23日）。つまり、組み体操は続けているけれども、それが安全に実施できるようになったということである。管理は過剰に作動することなく、子どもの身体の安全を守るという最低限の条件整備として作動した。管理の好例と言えよう。

負傷事故が道徳教材に

本章の冒頭で、道徳の授業では教師から生徒への暴力は取り扱われないということを指摘した。

じつはある地域において、文部科学省事業の道徳教材集として「ゆるすということ」という組み体操をテーマにした実践が公開された。主な登場人物は3人。小学生のA君とB君、そしてA君の母親である。4段の技を組んでいる最中に、B君が崩れてしまい、そのせいでA君が骨折してしまった。B君は泣きそうな顔でA君に謝ったが、A君は納得できずB君を恨む。だが母親に、「一番つらい思いをしているのはB君だと思う」と諭され、A君の心境に変化が生じる、という流れである。

組み体操は、人と人とが組み合うことで一つのかたちをつくりあげる。一人が崩れれば、他の人も連動して崩れていく（この構造を「教育」として活用したのが、「痛い」「しんどい」を禁句にした指導方法であった）。高い技を組んでいる最中に、友人が崩れたことにより、自分がそこに巻き込まれ、骨折する。

この教材における最大の問題点は、主人公の骨折を引き起こした組み体操のあり方が、いっさい問われていないことである。そのことに無自覚だからこそ、子どもの心模様に着眼できるのであり、さらにそれを文科省事業の教材集として広く提供できるのである。

「ゆるすということ」のなかでは、高層の組み方が子どもたちに指導されるなかで、それが崩壊して骨折者が出ている。これはまずもって、組み方やその指導方法に問題があると考えられる。学校側は、子どもに無理を強いていたのではないか。A君もB君も、ともに被害者ではないか。もっと安全な組み体操が指導されていれば、骨折も起きなかったし、子どもの関係がこじれることもなかったはずだ。

だが、「ゆるすということ」は「教育」の失敗を描くことはない。A君とB君の心模様に着目し、教育の一環としてそれを活用する。民事的さらには刑事的にも責任が問われかねない事態であるにもかかわらず、「学校内道徳が、法規範の上位にあるのだ。いや、もっと正確に言えば、学校内道徳が絶対にして唯一の価値とされ、もはや法は眼中にない。法の支配が学校には及んでいない」（木村草太「これは何かの冗談ですか？ 小学校『道徳教育』の驚きの実態」講談社現代ビジネス、２０１６年1月26日）。

子どもを守るという発想のない無法地帯では、「教育」は「リスク」に転化する。教育が善なる営みであるとするならば、それは、人権や安全、健康を土台にしてはじめて成り立ちうるものである。部活動や巨大組み体操の問題から見えてきたのは、子どもを守るという視点から教育が設計されるべきであるということと、それこそが実際にリスクを低減させ実りある活動を生み出すということである。

第8章

指導死
――学校における最大の人権侵害

「指導死」親の会 共同代表
大貫隆志

学校でお菓子を食べたと反省文指導

私の次男、大貫陵平は、2000年の9月30日に自宅マンションから飛び降りて自殺をしました。埼玉県新座市の新座第二中学校2年生、13歳でした。陵平はスポーツが大好きで、とても明るく人懐こい子どもでした。

亡くなる前日の9月29日、昼休みに一人の生徒がお菓子を食べたことが生徒指導主任に発見されました。帰りの会で「今日、お菓子を食べた子がいた。他に食べた子はいないのか」と担任が聞くと、陵平は自分から手を挙げたといいます。合計9人の生徒がお菓子を食べていたことが分かり、生徒たちは教室の半分ほどの広さの会議室に集まりました。2学年は7クラス。クラスの担任、副担任、学年主任等12名の教員が集まり、午後4時半から指導が始まりました。

生徒が持ってきたお菓子の数と、食べた生徒の数が合わない。他にも誰か食べたのではないか。名前を言うように指示され、名前の挙がった生徒は部活動を中断してその部屋に集められました。最終的に生徒の数は21名。反省文を書いてくること、この学校ではルール違反をすると奉仕活動をする決まりがあったために、どんな奉仕活動をするかを決めて、そのことも反省文に書くよう指示されています。

この21名には、学級委員や部活動の部長などリーダー格の子どもが多く含まれていました。陵平も「リーダー」というニックネームをつけられるほど、委員や部長の役に就いていました。そのために教員たちはこの出来事を重視して、徹底的に指導しようと判断したようです。

次の日、陵平以外の20名の生徒たちは反省文を提出し、もう一度お菓子の指導を受け「夜に担任から家に電話をするので、その前に自分が学校でお菓子を食べて指導を受けたことを親に伝えておきなさい」と指示されていました。

でも、陵平はその日、学校を休んでいます。というのも、しばらく前から顎の下にしこりができていて、病院で検査を受ける予定になっていたからです。陵平は一人で病院に行き、検査を受けて帰って来ました。

つまり、陵平だけは学校から電話が入ることを知らなかったのです。

担任からの突然の電話で

30日の夕食後、21時10分に担任から電話が入りました。陵平が学校でお菓子を食べたこと、来週予定されている臨時学年集会で、全員の前で陵平が決意表明をしなければならないこと、親に学校に来てもらうことが母親に伝えられました。母親は陵平に「お菓子食べたんだって?」と聞くと「うん」と沈んだ様子で答えました。

その40分後、ドスンという大きな音を長男が聞きつけました。長男はそれを母親に伝えます。母親は、陵平の部屋を見に行きます。でも陵平はいません。他の部屋にも陵平はいない。玄関を開けて、通路に出て、下を見るとそこに陵平がいました。

この40分間の間に陵平は遺書を書いて、誰にも分からないようにドアを開けて表に出て行ったようです。遺書の文字は乱れていました。

「死にます　ごめんなさい　たくさんバカなことしてもうたえきれません　バカなやつだよ自爆だよ　じゃあね　ごめんなさい　陵平」

負けず嫌いで、なんでも一所懸命やる陵平でした。なぜその陵平が死ななければならなかったのか。ほんの軽い気持ちで友だちからハイチューをもらって食べたのだと思います。そのことが大問題へと発展していって、親も学校に呼び出されることになった。自分も臨時学年集会で、2年生全員の前で決意表明をしなければならなかった。

リーダーというニックネームで呼ばれていた陵平にとって、この仕打ちは相当につらいものだったのではないか。私は学年主任に質問しました。

「どんな指導をしたんですか」

「なぜお菓子くらいで、こんなに厳しい指導を受けなくてはならないんですか」

学年主任は、

「たかがお菓子と思うかもしれないが、それを見逃すと今度はたばこになる。そうやって学年が立ち行かなくなるから、お菓子といえども見逃せない」と真顔で答えました。

なにがあったのかを知りたいと何度も学校と交渉しましたが、聞くことができたのは1時間半の指導でどんなことがあったのかの概略だけでした。それっきり学校は口を閉ざしました。

「指導死」遺族との出会い

こんな不可解なことで命を失う子は陵平だけだろうと、当初私は思っていました。ところが、2006年に神戸を中心に活動するピアサポートグループ「全国学校事故・事件を語る会」に参加すると、同じような原因で子どもを失っている複数の遺族に出会いました。指導を受けて自殺する子どもは、陵平だけではなかったのです。

訴訟を起こしているご遺族もいたので、その応援がきっかけとなり、生徒指導により子どもが自殺へと追い込まれることを「指導死」と名付け、4遺族で〈「指導死」親の会〉を作りました。子どもが安心して学校に通える世の中を作らないといけない、そう思ったのです。

2012年7月、滋賀県大津市の中学生男子生徒のいじめ自殺問題がさかんに報道されるようになりました。〈「指導死」親の会〉としても、指導による子どもの自殺をアピールすべきだと考えてシンポジウムを計画し、その年の11月17日に東京都港区で初めてのシンポジウム〈生徒指導による子どもの自殺『指導死』を改めて考える〉を開きました。これをきっかけに、さまざまなメディアが「指導死」を取り上げ、大阪市立桜宮高校男子生徒の自殺報道では「指導死」がキーワードとして使われるようになりました。

福井県池田町で起きた典型的な「指導死」

2017年10月15日、福井県池田町の町立池田中学校で2年生の男子生徒（14歳）が自殺したことについての調査委員会の報告書が発表されました。

生徒が亡くなったのは2017年3月14日。この生徒は2年生の後期に生徒会の副会長に選ばれました。前年の16年10月には、町が主宰するマラソン大会の伴走ボランティア実行委員会の委員長に立候補して選任されています。しかし、大会当日の挨拶の準備が遅れたことなどを理由に、この委員会の担当でもあった担任から、校門の前で大声で怒鳴られました。これを目撃した生徒によると「（聞いている人が）身震いするくらいに怒鳴られていた」「（生徒が）可哀想と感じた」といいます。また、11月には課題が未提出であったことから副担任がこの生徒を呼び出しました。「課題がまだ出ていない、期限も過ぎている、どうするつもりか」と問いただすと、生徒は遅れた理由として「生徒会や部活動のため」と説明しました。副担任が「宿題ができないなら、やらなくてもよい」と突き放すと「やらせてください」と土下座して謝罪しようとしたといいます。2017年に入ってからも、生徒会副会長を辞めるよう担任から叱責され、副担任の執拗な指導も続いたとしています。

生徒は母親に「僕だけ強く怒られる。どうしたらいいのか分からない」と訴えて登校も渋り、母親も副担任を変更するよう学校に要望したこともあったようです。けれどもこの願いは聞き入れられることなく放置され、最悪の結果を迎えてしまいました。

報告書では一連の叱責を「大きな精神的負担となるものであった」と指摘し、指導に対して生徒が土下座しようとしたり過呼吸を訴えたりしたことは「追い詰められた気持ちを示すものだ」と判断しています。

教育評論家の武田さち子さんによる「指導死」と思われる事案の集計では、平成元年（1989年）から2017年11月までに73件の「指導死」が発生しています（報道や裁判資料をもとに作成、福井県池田町の事案を含む）。そのうち88％は、いわゆる「体罰」をともなうことのないもので、また81％が部活動に関係なく起きています。池田中学校の事件は、まさに体罰を受けることもなく、通常の学校生活の中で起きた典型的な「指導死」なのです。

なぜ指導で子どもが自殺へと追い込まれるのか

「指導死」の取材では、必ずといっていいくらい「なぜ指導を受けたことで子どもが自殺にまで追い込まれるのか」と質問されます。「指導」のポジティブなイメージと「自殺」のネガティブなイメージが結びつかないからでしょう。疑問に思うのも、無理もないと思います。私も、陵平を失ってからずっと、陵平の心にどんな動きがあったのか、なぜ自殺にまで追い込まれてしまったのかという問いに向かいあって、今にいたるからです。

それはきっと、その子にとって先生が大切な存在だからです。先生の期待に応えたいからです。学校生活をうまくやってほしいと願う親に、心配をかけたくないからです。大好きな親から愛されたいと願っているからです。

自分のことは自分でする。弱音を吐かない。途中であきらめない。言い訳をしない。人のせいにしない。人に迷惑をかけない。こうした教えを身につけている子どもほど、つらい気持ちをまわりの人に言えなくなります。不適切な指導によって、尊厳を傷つけられ、存在を否定され、生きていることが苦しいと思う状態になったとしても、それでもまだ、弱音を吐かず、言い訳をせず、自分で何とかしなくてはと考え努力して、ついには、自分は生きるに値しない存在なのだと思うところまで追い詰められ、正常な判断力を失った状態で自殺にいたるのが「指導死」だと私は思っています。

子どもを死へと追い詰める10の指導

これまでに起きた「指導死」の背景にある生徒指導には、共通した教員の行為が浮かび上がります。

①長時間の、適切さを欠く「身体的拘束」
②複数の教員で取り囲む「集団圧迫」
③心理的外傷を負わせる「暴言」や「恫喝」
④してもいないことを責める「えん罪型対応」
⑤反省や謝罪、密告などの「強要」
⑥連帯責任を負わせるような「いやがらせ」
⑦本来の目的から外れた「過去の蒸し返し」
⑧不釣合いに重い「見せしめ的罰則」
⑨子どもをひとりにする「安全配慮義務違反」
⑩教育的配慮に欠けた「拒絶的対応」

多くの「指導死」は、こうした要因が複数重なって死への圧力となっています。池田中学校の事件でも、「暴言」や「恫喝」、「拒絶的対応」が繰り返し行われています。

文部科学省国立教育政策研究所が作成したリーフレット「生徒指導って、何?」では、生徒指導を「意図的・計画的に行うことが大切」とした上で、「教職員が児童生徒に熱心に接していれば自然に生徒指導の目的が達成されていく」わけではないこと、そして、「自校の児童生徒をどのような児童生徒へと育んでいくのか、どのような働きかけであれば望ましい大人へと成長・発達していってくれると考えられるのかを明確にし、それが実現するような働きかけを計画的に行う」こと、「それと同時に、臨機応変に行われる時々の働きかけについても、同じ一つの方向性の中でなされていくようにする」ことが重要であるとしています。

「指導死」の背景にある指導は、求められる指導とはかけ離れたものです。しかし現実には子どもを追い詰める指導が、危険性を自覚することなく行われているのです。

「指導死」を考える上で避けて通れない懲戒権問題

陵平が亡くなったあと、学校でなにがあったのか質問しても、満足な回答が得られなかったため、新座市教育委員会に面談を求めました。案内された小さな部屋で席に着くと、教育委員会のメンバーの一人が開口一番「学校には懲戒権がありますから」と発言しました。懲戒権が認められているのだから、新座二中での指導は問題ないと言いたかったのでしょう。しかし、当時の私は、懲戒権がいったいどのようなものか、まったくといっていいほどピンと来ていませんでした。

「学校教育法 第十一条 校長及び教員は、教育上必要があると認めるときは、文部科学大臣の定めるところにより、児童、生徒及び学生に懲戒を加えることができる。ただし、体罰を加えることはできない」

この懲戒権が、生徒指導で乱用されていることが「指導死」の原因の一つです。「指導」として行われている行為が、「事実上の懲戒」となっていることが少なくないからです。

この事実確認は「指導」か「懲戒」か

ある「指導死」事案では、中間試験でカンニングを疑われた高校3年男子生徒が、試験終了後、個室で担任ら5人の教師によって約2時間にわたり代わる代わる事情を聴かれました（学校はこれを事情聴取と表現）。男子生徒は「物理のテストの残り時間に、その前の日本史のテストの答え合わせをしていた」と説明しましたが、試験監督の教師は「物理の公式が見えた」と主張。教師らは「疑われるような行為はよくない」と生徒の言葉を受けとめることなく「指導」

しました。

昼食の時間にもかかわらず、食事をとることもなく、飲み物も与えられず、トイレ休憩もありませんでした。「事情聴取」の結果、カンニングがなかったことが明らかになったあとも「今回のことを反省して、これをステップにしてしっかり頑張るんだぞ」と反省を促し帰宅させています。男子生徒は、指導が終わった4時間後に自殺をしています。

この指導にあたって、教員らは事前になんの計画も立てていませんでした。5人の教員が関わることも、2時間指導を行うこともです。

これは、指導でしょうか？　それとも、事実上の懲戒でしょうか？　生徒指導が、一人ひとりの教員の属人的手法や個人的判断により、多くは計画性なく、ときには感情の高ぶった状態で行われるため、指導と懲戒との境界が曖昧となります。指導が助言的、支援的な関わりであるのに対し、懲戒は制裁としての性格をもちます。相容れないはずの二つの行為が、生徒指導の名のもとで、使い分けられることなく同時に行われているのが現状です。

指導と同様、懲戒は教育的配慮に基づき行うことが求められます。しかし、「指導死」に結びつく指導は、ときに制裁を目的として行われます。こうした「指導」は、指導の名の下に行われるリンチ（私刑）といってもいいでしょう。

学校教育法で示される「懲戒権」についての、教育現場の偏った理解が、粗雑な指導を容認する背景となっているのです。「懲戒」がもたらす教育的効果や弊害について、いったん学校の常識を離れて問い直すことが必要です。

そのルールは子どもを活かすルールか

学校は、くだらないルールを作る天才です。下駄箱の靴は、きちんと揃えましょう。前髪は、眉にかからないようにしましょう。勉強に関係のないものは、学校にもってきてはいけません。くだらない何百ものルールに従うことが子どもに強要されているのは、とても異常な現象です。でも、みんな慣れっこになっていて、学校とはそういうものだ、ルールがないと、子どもがきちんと育たないと思い込んでいます。

学校が作るルールで、学校が生徒を指導し、学校が生徒を取り締まり、学校が生徒を処罰するのです。子どもにとって学校は絶対的な権力です。

「あとで困らないように、今勉強するんだ」

「これから先、人とうまくやっていくために、ルールを守るんだ」

未来のために今を犠牲にすることを強制され、そうしないと大変なことになると脅迫されます。教育の名の下に、子どもたちが無力化されます。子どものために行っていることが結果として子どもの役に立たず、最も残念な結果としての子どもの死を招いているのです。

当然のことながら、こういった指導は子どものためを思って行われます。子どもを追い詰めよう、子どもを苦しめようと思って教壇に立っている教員はいないはずです。けれども、子どものためを思う善意が、本当に子どものためになっているのか。教員であるなら丁寧にモニタリングしていかなければならないはずです。

教員は、学んで成長してほしいと思うから、子どもを熱心に指導する。親も、子どもによりよい教育を与えてほしいという願いから、教員に期待を寄せる。教員はその期待に応えようと一所懸命に頑張る。こうした善意の循環の中で、子どもの声を聞くことがおろそかになり、子どもが置き去りにされていくのです。

愛の鞭という言葉に象徴されるように「指導は痛みをともなうものである」と解釈され、子どものためを思う行為だから、子どもが痛みを感じることは仕方がないことであるとされる。これは教育の暴力性を示すものです。

教員を支えているのは、保護者であり社会

2013年1月、大阪市立桜宮高等学校のバスケットボール部キャプテンの男子生徒が前年の12月に自殺していたことが大きく報道されました。同高校の保健体育の教諭でバスケットボール部の顧問・監督であった教員から激しい暴行や暴言を繰り返し受けていたことが明らかになる中、「体罰」の是非をめぐってさまざまな意見がネットを飛び交いました。

部活動で成果を上げるためには「体罰」は必要だという保護者からの意見もありましたし、新聞社の編集委員による署名記事にも「教師と生徒の間に信頼関係があれば、体罰はむしろ有効」（産経新聞Ｗｅｂ版２０１３年1月27日付）との意見も出されました。

子どもは未熟で劣った存在だ。だからときには暴力を使ってでも正しい方向に導かなければならない。こんな子ども観をもつ大人たちが、非寛容な教育制度を作り上げ、それを保護者が支える構造があります。これを変えていかない限り、子どもの安全は守れないでしょう。

そして、指導による弊害は自殺だけではありません。過剰な適応を求める学校についていけず、勉強に身が入らなくなったり、大人不信に陥ったり、不登校になったり、精神的な疾患に陥ったり、さまざまな不利益を被ることになります。子どものためと行う生徒指導が、こうした負の効果をもたらしているのです。

どうしたら「指導死」を防ぐことができるのか

私たち「指導死」親の会はこれまでに7回にわたって文部科学省への申し入れを行っています。その中で、「指導死」の防止には指導の可視化が欠かせないと主張しています。

実際にどのような指導が行われたのか、事実は、亡くなった子どもと「指導」に関わった教員しか知らない。子どもがすでに自殺をしていて証言できないとなると、教員が口をつぐめば、すべては闇に葬られます。

証拠がない限り、裁判を起こしたとしても「指導だから違法とは言えない」と判断されてしまう。自殺の背景に、教員による子どもに対するハラスメント、教育の名を借りた心への暴力が色濃く潜んでいるとしても、こうした事実を認定できない限り、指導の不適切さを証明できないのです。

だからこそ、「指導」の記録を残し、必要な場合にこれを参照できる仕組みを作る必要があります。そうでない限り、同じような指導を背景とした子どもの自殺が繰り返されます。

こうした「可視化の仕組み」以外にも、時間も予算も使わずに「指導死」を減らす方法が二つあります。それは、事実確認を徹底することと、指導中に子どもを一人きりにしないことです。

先に挙げた平成に入ってからの73件の指導死では、実際には行っていない行為に対しても指導を受けて自殺にいたるケースが13件、18％あります。そして指導中に一人きりにされ、その場で、あるいはその場を離れた直後に自殺におよんでいるケースも12件、16％あります。

やってもいないことで指導を受け、やっていないと言っているにもかかわらず、信じてもらえない。こうした状態で受ける指導がどれほど子どもの心を苦しめるか。あるいは指導を受けて心が不安定になっているときに一人きりにされ、突発的に自殺をしてしまう。これらは、ほんの少しの配慮で防ぐことができるはずの死です。

事実関係の確認さえされずに指導されてしまう「えん罪型」指導や、指導中に一人きりにされてしまう「放置型」の「指導死」が起こる背景には、指導が計画的に行われていないという現実があります。「事実確認→指導計画の立案→管理職による承認→計画に基づく指導」という手順を踏むことで、感情任せの場当たり的指導を防ぐことができます。こうしたプロセスを確立しない限り、教育的な専門性からほど遠い対応によって、子どもを死へと追い詰める「指導」が繰り返されるでしょう。

指導で命を失う子どもは、学校に行かなければ死なずにすんだ子どもです。命を奪われるという最大の人権侵害を、まずは学校からなくしていかなければなりません。子どもたちの一人ひとりは、かけがえのない命をもつ存在です。子どものために行う指導が、本当に子どものためになるように、学校における生徒指導のあり方を根本から見直すことが求められます。

第9章

不登校

——再登校よりも自立の支援を

大原榮子
「メンタルフレンド東海」世話人代表・名古屋学芸大学

不登校ことはじめ

「不登校」ということばは、いつごろから言われ始めたのだろうか。昔も「不登校」ということばがあったのだろうか。手近の国語辞書をみると、「不凍港」は載っているが、「不登校」は見当たらない。

「広辞苑」第4版（1992）は、見出し語として「登校拒否」をとりあげた。これには、「心理的理由あるいは学校への不満が理由で登校できない状態。多くは不安・怒り、時には鬱の気分を伴う」と書かれている。それが同書第6版（2008）になると、見出し語は「不登校」に変わり、「児童生徒がさまざまな原因、理由で学校に行かなくなったり、行けなくなったりする現象の総称」と規定されていた。「登校拒否」については、「不登校と同じ」と書かれている。

欧米では、長い間、学校で欠席（absence）といえば病気を除いては怠学（truancy）をさしていた。この多年言いならわしてきた怠学に疑問を呈したのは、児童精神科医ブロードウィン（1932）やジョンソン（1941）であった。彼らは、怠学とはちがった神経症的な欠席があることを初めて指摘した。その説は1960年代になって日本にも伝えられた。この新たな欠席者に対し、医療側からは、「学校恐怖症（school phobia）・登校拒否症」の名が与えられ、精神医学の領域から研究が始められた。

わが国における不登校の見方の変遷をみると、最初は「学校恐怖症」と呼ばれ、「登校拒否」、今では、「不登校」と言われるようになり、ここに長い歴史がある。

「不登校」の定義は、文部科学省が実施している「児童生徒の問題行動・不登校等生徒指導上の諸課題に関する調査」の用語の解説として、「年間30日以上の長期欠席者のうち何らかの心理的、情緒的、身体的、あるいは社会的要因・背景により、児童生徒が登校しない、あるいはしたくてもできない状況にある者」としている。

2002年文部科学省は、「不登校問題に関する調査研究協力者会議」を発足させ、ここで「今後の不登校への対応の在り方について」の報告を取りまとめている。この中で、これまでの不登校の捉え方とは異なり、基本的な姿勢は、「不登校については、特定の子どもに特有の問題があることによって起こることではなく、どの子どもにも起こりうることとして捉え、関係者は、当事者への理解を深める必要があること。同時に、不登校という状況が継続すること自体は、本人の進路や社会的自立のために望ましいことではなく、その対策を検討する重要性について認識を持つ必要がある」とした。このことにより、「学校恐怖症」「登校拒否」「不登校」と言われたものが、子どもの成長の中でどの子どもにも起き得ることとして認識された。

２０１６年「義務教育の段階における普通教育に相当する教育の機会の確保等に関する法律」（別称確保法）が文部科学省より公布された。この法では、不登校児童生徒について「相当の期間学校を欠席する児童生徒であって、学校における集団の生活に関する心理的な負担その他の事由のために就学が困難である者」と定義されている。つまり、欠席の続く子どもの状態を「不登校」ということばで表現するに至るまでには、欠席の意味合いをどのように捉えていくかに長い期間揺れ、かつ動いてきたといえる。

２０１６年度の不登校児童生徒数は、「平成28年度児童生徒の問題行動等生徒指導上の諸問題に関する調査」（10月速報値）（２０１７）によると、小学校３万１１５１人、中学校10万３２４７人の合計13万４３９８人であった。１０００人当たりの不登校児童生徒数は１・35人で、１９９１年からの調査の中で最も高い割合となっている。

１９９０年代から文部省は、不登校児が教育を受けることを保障するために、教育委員会に教育支援センター（適応指導教室）の開設を指導してきた。また心の指導者としてスクールカウンセラーや心の相談員の配置等を積極的に行ってきた。一方、民間でもフリースクールの運動があり、学習塾のような施設もできてきた。

１９９５年、筆者である私を含めた５名は、フリースクールなど学校以外の場で不登校の子どもの支援を行うべく、確保法（２０１６）とは別に、法や制度の外の自立支援のひとつとして民間団体「メンタルフレンド東海」を立ち上げ、大学生を不登校の子どもへ派遣するメンタルフレンド活動をはじめ、世話人としてボランティア学生の指導にあたった。以下、世話人代表である筆者が活動をはじめるきっかけと、その後の活動について紹介する。

活動をはじめるきっかけ

不登校の子どもが自ら「学校に行ける」ようになることは、うれしいことである。かつて、小学校の正門付近で車からお母さんが子どもを抱きかかえるようにして降ろし、「帰る。いやだー！」と叫んでいるその子を担任に引き渡している姿を目にしたことがある。この時、子どもは全身の力を振り絞って走って逃げていく。その子を追っていく先生の姿があった。不登校の子どもの欠席日数を少しでも減らしていきたいと考えるのは、親も先生も同じであろう。しかし、正門をくぐったら「登校」とは、いかがなものであろう。不登校の定義から、「出席日数」は重要な数字だが、不登校の子どもの学校に行けない気持ち、行きたくない気持ちはどのように捉えればいいのだろうと思った。

筆者がワカナ（中2）に出会ったのは、転勤してすぐのことだった。ワカナは出会って間もなく、ひょんなことから保健室登校をはじめた。彼女は小学校４年生から不登校だった。心配した母親が児童相談所に相談したことから、「メンタルフレンド」なるものの紹介があり、ワカナに愛知県の児童相談所からメンタルフレンド第1号が派遣されることとなった。

当時筆者は、まったく「メンタルフレンド」についてなにも知らなかった。しかし、保健室登校がはじまったばかりのワカナが「あした、お姉さんが来るんだけどなにして遊ぼう。なにがいいかなあー」と、何気なく口にしたことを筆者は「なに？　なんのことだろう」と不思議に思った。メンタルフレンドとの活動の翌日は、楽しく遊んだようすを話してくれた。その彼女の話ぶりからメンタルフレンドの訪問を心待ちしているようすが伝わってきた。このとき筆者が感じた不思議さは、ワカナが見せる笑顔によって、「大学生のメンタルフレンドって、一体なんだろう。子どもがこんなにも楽しみにできるのは、なにがあるんだろう」とその魅力を知りたいと思った。

ワカナは、その時保健室登校ができる状態となっていたが、メンタルフレンド派遣を希望していたため、メンタルフレンドの家庭訪問を受ける機会を得ることになった。彼女の保健室でのようすからも、明らかにメンタルフレンドがくる前日の期待感と活動後の楽しかった余韻を感じているワカナの姿をはっきりと覚えている。これまでに見せることのなかったワカナの穏やかな表情が見られた。

こんな経験をもつ筆者だけに、むりやり学校へ引っ張って親から先生へ引き渡すこと、また欠席日数を減らすことに終始することが子どものためにはならないと考えた。その経験から、筆者が大学教員になったことを機に、思いを共有する仲間と世話人会を発足させ、大学生を不登校の子どもに派遣するメンタルフレンド活動を開始した。この方針は、現在も揺らいでいない。

実際の活動

活動のねらい

私たちの活動は、愛知県の東海市（10万人の地方都市）という地域に限られている。東海市は、名古屋市の南部臨海工業地帯の一角を形成し、知多半島の西北端に位置しており、「鉄鋼のまち」として知られる市である。市内の小中学校は18校である。不登校児童生徒は、2016年の公表では、小学校33名、中学校118名、計151名（平成27年度学校基本調査結果統計表、愛知県）である。

この東海市で、不登校児童生徒の自立支援を目指すボランティア団体「メンタルフレンド東海」として1995年に活動をはじめ20年以上が過ぎた。この活動は、岡山県中央児童相談所の「心の友ふれあいフレンド」事業（1989）をモデルに学び、ここに参加した大学生ボランティアを「メンタルフレンド（和製英語）」と呼んだことに由来している。

私たちも、活動方法等は異なっているが、不登校の子どもの支援というねらいは同じであるため、「メンタルフレンド東海」と呼称し、地域活動をはじめた。

一般に不登校児の支援活動といえば、〝再登校〟を目的としている。しかし、私たちは、「子どもたちの自立を支援する」ことをねらっており、再登校にはこだわらない。子ども自身が自分の中で自分を見つめ、自分のあるべき姿を模索するのにメンタルフレンドがお付き合いできたらよいと考えた。子どもと付き合うのであれば、活動の内容として、まず「遊び」、それも本人がしたいことを一緒にすることだと考えた。自分の好きなことをしながら、ともに過ごすメンタルフレンドがいれば、きっとその子なりに自立していくであろう。その自立の先には、もっと世界が広がるものと信じたい。この思いは、メンタルフレンド活動のねらいとして一貫している。

活動をはじめるにあたり、参加してくれるメンタルフレンドは、子どもと年齢が比較的近い大学生をボランティアに限定した。年齢差が小さければ、兄・姉のようなふれあいができるというメリットがある。大学生の若さと感性を生かす活動であり、メンタルフレンドと子どもとの関係性を『ナナメの関係』（図1）として捉えた。子どもとの事前面接において、本人の活動に対する希望を確認し、その上で派遣するメンタルフレンドの趣味や性格等を吟味しペアリングをしている。

私たちの活動の中心は、子どもと遊びを通してかかわっていくことである。そのとき、子どもの心理を分析する必要はない。私たちは、治療者という立場ではないからだ。子どもが自分

図1　メンタルフレンドと子どもとの関係性「ナナメの関係」

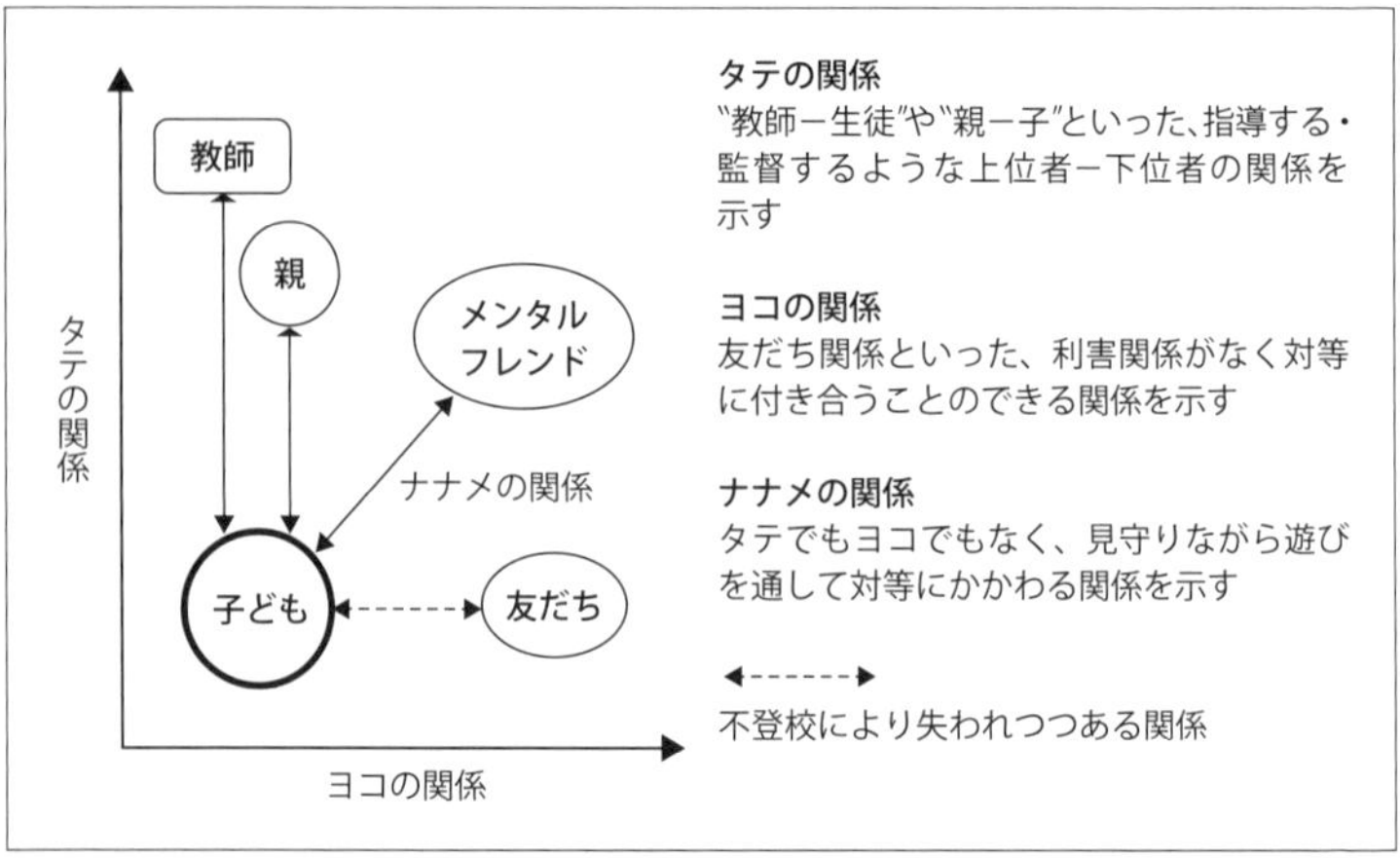
教師
親
メンタル
フレンド
タテの関係
ナナメの関係
子ども
友だち
ヨコの関係
タテの関係
"教師ー生徒"や"親ー子"といった、指導する・
監督するような上位者ー下位者の関係を
示す
ヨコの関係
友だち関係といった、利害関係がなく対等
に付き合うことのできる関係を示す
ナナメの関係
タテでもヨコでもなく、見守りながら遊び
を通して対等にかかわる関係を示す
不登校により失われつつある関係

の遊びを通して自分を表現し、メンタルフレンドとの自由な活動の中で自分を発信していく。こうした活動のねらいから、学生募集は心理の専攻の学生であったり、大学院生に限ったりするこだわりはない。子どもと近い年齢と感性、そして無条件に子どもとの遊びを楽しみにする学生を歓迎する。心理の学生だから不登校の子どもたちへの理解が深いと考えられがちであるが、私たちの目指すところは、治療や学校へ戻すことではない。もちろん同世代の子どもがいる学校へ、子ども自身が戻りたいという気持ちで戻っていくことができればいい。そうでなければ無理やり学校へ戻そうとする気はないし、願ってもいない。

主な活動内容は、不登校や休みがちの子ども一人ひとりに、大学生のボランティア「メンタルフレンド」がつき、子どもが希望する遊びを一緒に行い、共に過ごすことである。訪問も定期的に行っているが、多くは一週間に1回1時間~2時間程度の遊びである。遊びを通して人間関係づくりの回復、創出、育成の端をつくることをねらいとしている。

活動期間は、年度の終わりで一旦終結する。子どもが次年度も引き続き希望した場合には、また別のメンタルフレンドの派遣をする。これは、子どもが新しく人間関係をつくる体験の機会になるよう配慮したもので、人とのつながりをねらいとしている。

世話人

この活動当初から、世話人は多職種(大学教員・精神科医・臨床心理士・公立中学校教師・主婦)にわたっている。メンタルフレンド活動を開始するために研修の企画や運営、メンタルフレンドを希望する子どもへの説明や子どもとメンタルフレンドとのペアリング、学生の活動開始後のスーパービジョンを実施している。また、学校(教師)・教育委員会との連絡調整、教員との面接など、常に連絡・協議も行っている。

特に大切にしているのは、子どもとメンタルフレンドとのペアリングである。この活動に参加する学生は、世話人の勤務する大学の学生である。その一人ひとりの性格や特性を把握していることから、子どもとの相性を考えてペアリングを行う。さらに、この活動がはじまると、メンタルフレンド一人ひとりの活動の個別スーパービジョンを行い、支援を行っていく。

また、この活動では、学生、世話人とともに年度会費を負担している。会費は、研修会の講師謝金、ボランティア保険、通信費に活用している。実際に活動をしている学生へは、毎月活動の報告書を学校に提出することで、教育委員会から交通費の補助が直接支払われている。

活動のための学び

不登校の子どもたちへの支援には、研修が必須である。治療や心理的な分析を目的としなくても、子どもと一対一でかかわるためには、メンタルフレンド自身に知識や技術が求められる。研修の内容は、問題解決のためのものだけを学ぶのではない。

メンタルフレンド活動は、学校訪問、適応指導教室訪問、家庭訪問にわたるため、具体的な子どもとのかかわり場面を想定した指導をしている。活動で大切にしていることは、学生が子どもと遊びを通して関係を構築していく学生のボランティア精神であり、彼らの若さと感性である。対人援助活動であるがゆえに研修を重視している。メンタルフレンド活動を始めた学生は、子どもとの対応に困難を感じる場面に出会う。その折りに一人で対処しなければならないと思い込んだり、困ったりしたときには、世話人にいつでも相談できることを理解してもらうために、研修の機会を設けている。

研修は、初回研修（2日間）と、夏期宿泊研修（1泊2日）、年度末（1日）研修の計5日、そのほか、随時事例についてスーパービジョンを実施している。

初回研修のプログラム：「メンタルフレンドとはなにか」、「面接入門」、「メンタルフレンド活動の実際」、「適応指導教室とは」、「発達障害」、「性」の問題にまで幅広く及んでいる。その他にも、「活動時のルール」、「家庭訪問時の心得」、「家族による送迎や贈り物」、「メール・電話についての約束ごと」など、メンタルフレンドが当面するいろいろな問題を具体的に取り上げている。

宿泊研修のプログラム：メンタルフレンドの報告書に基づくケースカンファレンスが中心となる。活動しているメンタルフレンドはこれまでの活動を報告しながら、メンタルフレンド仲間や参加者間で意見を交わしたり、世話人である精神科医や臨床心理士、大学教員からの示唆や助言を受けたりする。参加者全員で一人ひとりの子どもと向き合い、子どもとのかかわり方と子どもの変化、またそれへの気づきについて、検討を重ねていく。さらに、子どもとのかかわりを深めていくことを目的に、メンタルフレンド自身の自己開示や人間関係づくりの「体験学習」もプログラムに組み込んでいる。

年度末研修のプログラム：ケースカンファレンスでお互いに体験を話し合い、子どもとどのように別れるか、一年間の活動をどう終結するか、活動終了後の子どもとの関係をどのようにするかが研修のテーマとなっている。

なお、いずれの研修にも、現場教師が参加できることも特色である。

エピソード

「ノー　サンキュー」

「ノー　サンキュー」これは、私がハジメ（小3男子）と最初に出会った日に、メンタルフレンドの説明をしたあと、ハジメからもらったことばである。

旧知のスクールカウンセラーからハジメに「メンタルフレンド」を派遣してはとの話があった。スクールカウンセラーは、この家族との面接を続けていたが、なかなかクラスの中でなじめずに悩んでいるハジメと、彼をどう支えていくとよいか戸惑っている家族にメンタルフレンドのことを説明したところ、「是非に」ということであった。私たちは、教師やスクールカウンセラー、家族が望んでも、まず世話人が本人に会って、メンタルフレンドについて説明をする。そこでメンタルフレンド派遣を希望するかどうかを直接本人に聞く。この時のハジメのことばが「ノー　サンキュー」であった。

実はこの「ノー　サンキュー」ということばは、世話人としては、ほっと胸をなでおろす場面でもあった。というのも、初めてハジメの家で彼と出会った時、彼はリビングでじっと座っていられず、挨拶も十分ではなく、部屋の中を縦横無尽に走り回っていた。その姿を見て、「この子は、どんな子なんだろう。それまでに出会った不登校の子どもとも何かが違う」というのが直観であった。後に分かったことであるが、ハジメは、発達に課題をもつ子ども（現在は、自閉症スペクトラム障害や発達障害と知られつつある）と診断を受けていた。この頃はまだ私たちはその障害についてほとんど知らなかった。それまでの不登校の子どもとの違いは、ハジメがもっている発達の障害であることを、診断名と彼の行動から理解した。そして、次年度に再度確認して、希望があればメンタルフレンドを派遣する運びとなるが、この子どもにメンタルフレンドを派遣してよいのだろうかと不安だった。

私たちは、ハジメの答えをとりあえず、「メンタルフレンド派遣の希望なし」と受け取った。しかし、後にスクールカウンセラーから、「メンタルフレンド活動を断ったようだが、母親が本人に確かめたところ、本当はメンタルフレンドには来てほしかった」と言っているとの話があった。ハジメと出会い「ノー　サンキュー」からはじまったこの件は、その年に派遣できるメンタルフレンドのすべての派遣が決まってしまったため、結果として次年度待ちとなった。この時から、私たち世話人の間で発達課題をもつ子どもへの理解がはじまった。

ハジメの学校での様子を知るべく学校訪問した。ハジメは教室でクラスメイトとトラブルになり、保健室で気持ちを落ちつかせていた。「どうしたの」とその理由を聞くと、目に涙をいっぱいためて「僕が悪いんじゃない」と訴えていたが、まだ興奮は収まっていなかった。日ごろから些細なことで友だちと喧嘩になったり、ひとり教室を飛び出したりしては、注意や指導を受けている、学校ではよく知られていたハジメであった。そこから「ハジメとはどんな子であるのか」を知っていくこととなった。ハジメとのメンタルフレンド活動は、その後6年間中学校卒業まで続いた。

発達の課題をもつ子どもたちについては、今でこそ学校でも対応について事例研究が行われたり、個別対応の職員が付いたり、取り出し指導等も進められたりしている。一般の人にも理解されてきているが、当時は不登校の子どもの支援を目指すボランティア団体として、発達の課題をもつ子どもへの理解はほとんど皆無であり、ハジメの言動そのものに不安を抱いていた世話人であった。その後、不登校でメンタルフレンドの活動を希望する子どもたちの中に、発達の課題をもつ子どもたちが多くいることが分かった。

「お試し」

ケイコ（小4女子）にメンタルフレンドの説明をして、その意思を確かめた。ケイコは、隣に座っている母親の顔をちらちらと覗き込みながら小さな声で「お試しなら……」と答えた。「お試し」という答えは、はじめてであった。その答えに戸惑いを隠せなかった世話人は、「では、お試しで……」ということで、とりあえずメンタルフレンドを派遣することが決まった。このあとケイコは、安心したように微笑んで母親の顔を振り返って見た。「では、メンタルフレンドを探しましょうね。どんなお姉さんがいいのかなー」というと、「折り紙」と答えた。

ケイコは、いじめられていた友だちをかばったことから、自分へもそれがまわってきて、いじめが広がり教室へ入れなくなり、次第に登校できなくなった子である。もともと口数の多い子ではないが、考えはしっかりもっている子である。そのことが納得できないと母親にも訴えていた。

そこで、ケイコの不安をまずそのまま受けとめていくこととして「お試し」のメンタルフレンド派遣をした。学校での初の活動日、お互いに自己紹介をしながら、絵を描いたり、おしゃべりをしたりしたことがとても楽しかったようで、世話人が「お試しはどうでしたか」と聞くと、「はい、お願いします」と返事があり、そこから活動がはじまった。あとで養護教諭に尋ねると、折り紙をたくさん用意し、かばんには「折り紙全書」を入れて学校に登校してきたという。その本を広げながら、たくさんの折り紙を折ったことや、活動の前日には母親と折り紙を買いに紙の専門店を巡ったことなど、活動を楽しみにしていることが伝わってきた。メンタルフレンドの活動報告書にも、ケイコと折り紙を介したやりとり、「私の折った折り紙を、ケイコが上手にできたねと褒めてくれた。嬉しかった」とあった。子どもとの関係が対等だったり、時には子どもが上位になったりしながら、関係を創っていく姿が報告されていた。その後、ケイコの表情は明るくなり、隣の部屋から笑い声が聞こえてくるようになったと養護教諭からも話を聞いている。

私たちの活動は、学校や教室へ行くことを勧めることはしない。しかし、学校を休んでいても、教室へ行くことができなくても、メンタルフレンドとの活動日には、子どもたちが楽しみにしながら登校してくることは確かである。また、子どもにメンタルフレンドがかかわりはじめたことから、子どもに変化が見えはじめ、それが家族に波及していく。それまで子どもと親との関係が停滞していた家族の空気を少しずつ変えていった。メンタルフレンド活動をきっかけに起きはじめたこのざわめきを、私たちは「風が起きた」として、良い方向に動くきっかけと捉えている。

以上二つのエピソードは、私たちの活動のひとこまである。

不登校の子どもが集団活動に入れるように

私たちは、不登校の子どもの特徴のひとつに、社会性の発達の未熟さがあると考える。その発達には、集団活動そのものが有効である。しかし、不登校の子どもにとって集団場面は敬遠されやすいのも事実である。つまり、集団に参加できるようになるためには、まず不安を除去し、意欲を高め、人間関係を調整するなどの支援が求められる。そこで私たちは、日頃のメンタルフレンド活動による一対一の遊びが基盤となって、それをステップとして踏むことが重要であり、そして、そこから集団場面参加へと子どもの主体性・自主性に沿った構造にしていくことが集団への参加を容易にするものと考えた。

それまで集団場面が不得手であった子どもが、主体的に、社会的な行動をとれるようになり、自己効力感の向上へと繋がっていく。それは次の集団場面への参加の意欲となる。私たちの行う集団活動は、こうした自分でもできるという感覚が生まれる循環を生み出す一助となっていると考える。以下、私たちが開催している集団活動を紹介する。

私たちが年に2回行っている集団活動は、「ハッピー・フレフレ・パーティー」（省略してハピフレ）という。この呼称は、メンタルフレンドによって名付けられたものであり、「子どもたちみんながハッピーであってほしい」という願いが込められている。フレフレは、子どもへの声援である。そして、みんなが集まって楽しいパーティーをしようと考えてつけられた。この集団活動は、社会性を育てることを目的とし、子どもたちの自立性を重んじた。プログラムは、午前は「調理」、午後は「集団遊び」である。調理は班をつくり、買い出しに行くことからはじまる。メンタルフレンドも班の構成メンバーである。メニューはあえて細かには決めず、基本手順だけを書いたレシピを配布するだけで、買い出し時に予算内で子どもとメンタルフレンドが工夫できるように配慮した。集団遊びは参加者全員で行う。だが、子どもによっては苦手なゲームがあり、それには参加しなくてもよいことや途中参加も認めている。もちろん、メンタルフレンドは子どもの様子を常に観察し、必要に応じて声かけを行い、メンタルフレンド間で情報交換を行う。

結びにかえて――課題と展望

20余年の活動を振り返ると、いささか感慨をおぼえる。かくも長く続けることができたのは、活動が身の丈にあったものであったことと、活動の方針が創立当初から揺らいでいないことによる。

東海市は、ほぼ年間１００人余りの不登校児をかかえている。そのうち、私たちがかかわることができるのは年間10名程であり、微々たる数である。実際は、もっと多くの需要があると思われるが、私たちはこれらすべてに応えることはできない。前に述べたように、学生ボランティアを育てるには、手間ひまかけた手作りの研修を必要とするからである。小さな支援団体の活動にはいくつもの限界がある。私たちは「できること」と「できないこと」を心得ている。できることだけに専心してきたからこそ続いてきた。

子どもが登校できるようにという強い願いが家族や教師にあることは知っている。おそらく不登校の子ども自身が一番願っていることかもしれない。子ども文化を共有できる大学生のお兄さんやお姉さんが、不安なときに遊びを介して、寄り添っていくことで元気になってくれればそれでよい。

私たちは、この活動について検討すべく、学校教師に対し、問題点の指摘と評価を求める調査をし、その概要を「メンタルフレンド活動調査報告書」（２０１８、私家版　近刊）にまとめた。

私たちは、学校に行けない、学校に行かない子ども、いわば隠れた所にいる子どもたちに注目した。活動の中で、子どもの人権が重んじられなければならないことを学び、手応えを感じることができた。私たちは、たとえこの活動は子どもの人権を掲げずとも、子どもの人権を守る活動の一環であると、確信している。

このメンタルフレンド活動を振りかえってみて、「天の時、地の利、人の和」ということばを改めてかみしめている。

〈参考文献〉

メンタルフレンド東海編著『不登校児を支えるメンタルフレンド活動』黎明書房、２０１６年

岡山県中央児童相談所『メンタルフレンド活動一年のあゆみ』１９９０年

森田洋司『「不登校」現象の社会学』学文社、１９９１年

長岡利貞『欠席の研究』ほんの森出版、１９９５年

佐藤修策『不登校（登校拒否）の教育・心理的理解と支援』北大路書房、２００５年

滝川一廣『学校に行く意味・休む意味――不登校ってなんだろう?』日本図書センター、２０１２年

前島康男「登校拒否・不登校問題の歴史と理論―学校に行かない・行けない子どもの言説史―」東京電機大学総合文化研究　第14号、２０１６年

不登校に関する調査研究協力者会議「不登校児童生徒への支援に関する最終報告～一人一人の多様な課題に対応した切れ目のない組織的な支援の推進～」文部科学省、２０１６年

第10章

道徳教育

——「道徳の教科化」がはらむ問題と可能性

元文部科学省事務次官
前川喜平

２０１５年３月に学校教育法施行規則と学習指導要領の改正が行われ、２０１８年度から小学校で、２０１９年度から中学校で、従来の「道徳の時間」に代えて「特別の教科　道徳」（道徳科）が実施されることになった。これが「道徳の教科化」だが、そこに憲法や子どもの人権に照らしてどのような問題があるかを考えてみたい。

教育勅語は排除されたが……

修身、教育勅語そして国体思想

戦前の修身科は筆頭の教科とされ、１８９０年に発布された「教育ニ関スル勅語」（教育勅語）に基づいて授業をするものとされていた。教育勅語はまず、皇祖皇宗すなわち天照大神を始祖とする天皇の祖先がこの国を建国し（肇国）、道徳を樹立した（樹徳）と宣言する。天皇に従う民（臣民）は、この国を永遠に治める万世一系の天皇への忠誠（忠）と親への孝行（孝）という美しい道徳を、常に心を一つにして実践してきたとし、それこそがこの国の美しい国柄「国体の精華」であり、日本の教育の源もそこにあるという。

国体思想とは、天照大神を天皇家の祖先とする記紀神話や宮中祭祀に土着の祖霊信仰や神社信仰を包摂し（国家神道）、その中心に忠孝の儒教道徳を据えた創作物語であり、我が国を特別な国だと信じ込ませて国民の統合を図るための教義だった。臣民はすべて天皇の子（赤子）であり、この国は血のつながった大きな家族（家族国家）だとされる。

この国体思想のもと、教育勅語は「父母ニ孝ニ」「夫婦相和シ」「国憲ヲ重シ」「国法ニ遵ヒ」等の徳目を列挙し、最後には「一旦緩急アレハ義勇公ニ奉シ以テ天壌無窮ノ皇運ヲ扶翼スヘシ」つまり「戦争になったら勇気をふるって永遠不滅の天皇家のために戦え」と命じる。このような天皇中心の道徳を、高村光太郎は「典型」という詩の中で、「三代を貫く特殊国の特殊の倫理」と呼び、その「倫理」に囚われていた自分を「愚劣の典型」と呼んだ。

教育勅語の排除から「特設道徳」へ

修身科は、1945年12月の連合国軍総司令部（GHQ）の指令により停止が命じられた。教育勅語については、1948年6月に衆議院が「根本的理念が主権在君並に神話的国体観に基いている事実は、明らかに基本的人権を損な」うとし、憲法98条（憲法の最高法規性）に従って「排除し、その指導原理的性格を認めない」と決議した。また、参議院も、教育基本法の制定の結果として、教育勅語は既に効力を失っているとする決議を行った。

道徳教育は社会科を中心に学校教育全体で行うことになったが、その後も天野貞祐文相が提唱した「国民実践要領」（1951年）など、修身科の復活や教育勅語に代わる道徳規準を設けようとする動きはあった。

1957年に岸信介内閣が成立すると、同年8月松永東文相は記者会見で「民族意識や愛国心の高揚のために道義に関する独立した教科を設けたい」と発言。翌1958年4月には、通達により週1時間の「道徳の時間」が始まった。これを「特設道徳」と呼ぶ。

同年告示された学習指導要領では、道徳は国語や算数などの「教科」とは異なる、教育課程の「領域」として位置付けられた。その内容としては、「規則や、自分たちで作るきまりの意義を理解し、進んでこれを守る」「家族の人々を敬愛し、よい家庭を作りあげようとする」「学校の人々を敬愛し、りっぱな校風を作りあげようとする」「日本人としての自覚を持って国を愛し、国際社会の一環としての国家の発展に尽くす」といった徳目が並べられた。

1966年には、中央教育審議会が「期待される人間像」という文書を発表し、愛国心や天皇への敬愛など「国民実践要領」と同様の徳目を表明したが、そのまま学習指導要領に盛り込まれることはなかった。

転回点としての中曽根政権

「戦後政治の総決算」の一環として、教育基本法の改正を目指し、1984年に臨時教育審議会を設置したのは中曽根政権である。

中曽根康弘氏の国家観は次のような発言に見て取れる。「日本的な運命を共にする一つの共同体という概念は、歴史と伝統から生まれる。（…）しかし、戦後の日本の憲法には共同体論がありません。だから、憲法に歴史とか伝統とか、文化概念がほとんどない。私に言わせれば、無国籍ですね。教育基本法もそうです。（…）日本はアメリカのような契約国家ではなくて、千数百年の歴史の中に形成された自然国家なのですよ」（中曽根康弘・宮澤喜一『憲法大論争　改憲vs護憲』朝日文庫）。「教育基本法は、昭和22年、アメリカの占領下でできたものです。（…）そこには歴史や伝統、あるいは共同体という概念がなく、個人という概念が全面的に表に出てきています。だから民族がもってきている歴史的な伝統的な文化的な背景というものは全くない。（…）個人が出すぎて、アメリカ的プラグマティズム、英国流の功利主義、それとフランスの個人主義、そういうものが溢れすぎている。それで共同体的秩序、規律、あるいは自己犠牲、責任、そういうものがなくなってしまっているのです」（中曽根康弘『二十一世紀日本の国家戦略』PHP研究所）

歴史と伝統を共有する運命共同体としての自然国家。中曽根氏の国家観は教育勅語の神話的国家観、家族国家観と重なる。戦後の教育政策は、中曽根政権で大きく戦前への回帰に舵を切った。中曽根氏ができなかった教育基本法改正は、２００６年に安倍政権で実現した。

安倍政権下での道徳の「教科化」

「道徳の教科化」の実現

「道徳の時間」は「教科」ではない「領域」とし、道徳教育は学校教育全体で行うという基本的枠組みは、１９５８年以降一貫して維持されていたが、２０００年森内閣の頃からその枠組みを崩す「道徳の教科化」の動きが顕在化し、ついに第二次安倍内閣で実現した。

２０１３年２月教育再生実行会議は第一次提言で、「道徳を新たな枠組みによって教科化する」ことを提言。文科省は同年３月から12月まで「道徳教育の充実に関する懇談会」で検討し、２０１４年２月中央教育審議会に諮問、同年10月「道徳に係る教育課程の改善等について」の答申（以下「中教審答申」という）を得て、２０１５年３月に学習指導要領を改訂。道徳を「特別の教科」と位置付けて「道徳科」と呼ぶことにした。２０１８年度から小学校で、２０１９年度から中学校で実施される。

教材については、２００２年に文科省が「心のノート」を作成し全国に配布。さらに２０１４年には、「心のノート」を全面改訂して読み物資料を加えた「私たちの道徳」を作成し全国に配布した。これは、既に一種の国定道徳教科書だと言ってよい。

道徳科の導入に伴う教科書については、2016年度に小学校分の検定が行われ、それを使う授業が2018年4月から実施されることになっている。これら民間発行の検定教科書の多くが、「私たちの道徳」にならった素材や構成を採用している。
ただし、教育出版の教科書の異様さだけは群を抜いている。例えば1年生用の「小学どうとく」には次のような記述がある。

つぎのうち、れいぎ正しいあいさつはどのあいさつでしょうか。
1「おはようございます。」といいながらおじぎをする。
2「おはようございます。」といったあとでおじぎをする。
3おじぎのあと「おはようございます。」という。

正解は2だというのだが、いったい誰がどこで決めたのだろう。このような記述は「正しい」ことを一方的に教え込む「教化」であり、悪しき正解主義の中でも最悪の部類に属するものだ。

「自由」の扱い方

道徳科に盛り込まれた徳目の特徴は、個人の軽視と国を始めとする集団への帰属意識の強調である。「内容項目」（徳目）の中には「自由を大切にする」「自分と異なる意見や立場を尊重する」「差別や偏見のない社会の実現に努める」など、個人の尊厳に立脚し、憲法的価値に合致するものもあるが、その扱いは極めて小さい。自由や権利の意義や価値よりも責任、義務、規律などが強調されている。

「私たちの道徳」（小学校5・6年）には、「自由は『自分勝手』とはちがう」という見出しのもと「相手や周りのことを考えずに／自分のやりたいことやしたいことを／何でも思い通りにできることが／自由ということなのだろうか」と書いてあり、「本当の自由とは何だろう」という見出しのもとでは「その自由は、／自分自身を駄目にしていないか。／その自由は、／他の人のめいわくになっていないか」と書いてある。自由の抑制を強調しているのだ。

「うばわれた自由」と題する読み物は、職務と規則に忠実な森の番人が、自分勝手に狩りをする王子に対し「国のきまり」を守るよう求め、王子の振る舞いは「本当の自由」ではなく「わがまま勝手」だととがめ立てしたために投獄されるが、長じて王となった王子は、わがまま放題をしたために王位を簒奪され投獄され、獄中で森の番人と再会するという筋書きだ。「自由」は「自分勝手」とは違うとしながら、自由そのものの価値、自由への侵害の排除などについての記述は全くないため、「自由」と「自分勝手」「わがまま」の区別がつかなくなっており、自己抑制ばかりが強調されている。そもそも「自由」を扱う読み物が、ヨーロッパの封建時代の架空の王国を舞台にしているのは、全く理解しがたい。自由のために権力と戦う話ならまだしも、わがままな王が投獄される話なのだ。

実は筆者は、文科省がこの教材を編纂した当時、担当の初等中等教育局長だった。下村文科大臣の直接の指示によって作られる教材なので、私が望ましいと考える内容にすることは不可能だとわかっていたが、担当課に対しては「自由についてはしっかり書いてほしい」と注文を付けた。自由の価値がしっかりと書かれれば、集団主義的・国家主義的な内容が並んでいても、なんとか対抗できると考えたのだ。しかし前述のとおり、自由を扱った内容は全く話にならないものだった。

「国を愛する」という価値

道徳科では、「個人の尊厳」や個人の「自由」「権利」の扱いが極めて小さいのに対し、「家族」「学校」「郷土」「国」という集団への帰属意識や「節度」「礼儀」「規則」「公共の精神」「国を愛する心」など集団を維持するための徳目はずらりと並べられている。

国への帰属については、「我が国や郷土の伝統と文化を大切にし、先人の努力を知り、国や郷土を愛する心を持つこと」「他国の人々や文化について理解し、日本人としての自覚を持って国際親善に努めること」と記述されている（小学校5・6年）。

中教審答申は、道徳の内容を「A 自分に関すること」「B 人との関わり」「C 集団や社会との関わり」「D 生命や自然、崇高なものとの関わり」と四つの視点で分類した。子どもと外界との関わりが同心円的に拡大するという考え方だ。最後のDは大自然・大宇宙まで視野が広がる。しかし、同心円的拡大だとするとCとDの間には断絶がある。Cが「国」で止まっているからだ。本当はCとDの間に「人類、世界、地球との関わり」という視点がなければおかしい。「世界」や「人類」への帰属という考え方はどこにも示されていない。

「私たちの道徳」（小学校5・6年）の「郷土や国を愛する心を」という節にはこう書かれている。「この国を背負って立つのは私たち。私の住むふるさとには、伝統や文化が脈々と受けつがれている。それらを守り育てる使命が私たちにはある」。個人以前に国家を設定し、国家のための「使命」を個人に負わせるこの論理は、憲法原則とは正反対のものであり、容易に教育勅語の「一旦緩急アレハ義勇公ニ奉シ」まで進んでしまう危険性をはらんでいる。

「法を守る」という価値

法を守ることについては、道徳科では「法やきまりの意義を理解した上で進んでそれらを守り、自他の権利を大切にし、義務を果たすこと」とされている。1958年版では「自分たちで作るきまりの意義を理解し、進んでこれを守る」とされていたのだが、「自分たちで作る」いう文言が消えている。子どもたちは法を作る主体ではなくなり、法を守らされるだけの客体となってしまっている。

学習指導要領解説道徳編（2017年6月。以下「解説」という）では、先述の「四つの視点」

のうちのCについて、教育基本法の条文を引いて「平和で民主的な国家及び社会の形成者として必要な道徳性を養う」と説明しているのだが、学習指導要領本体に列挙されている内容項目を見る限り、能動的に国家や社会の形成に参画する意識や態度の育成という観点は全く見られない。主権者意識や自治意識を育てるという視点が全くないのである。

家族、父母、祖父母そして祖先

「家族」については、1958年版では「家族の人々を敬愛し、よい家庭を作りあげようとする」となっていたが、2015年版の道徳科では「父母、祖父母を敬愛し、家族の幸せを求めて、進んで役に立つことをすること」と記述が変わっている。「敬愛」の対象が「家族」から「父母、祖父母」に絞られ、直系尊属という縦の血統を重視する姿勢が強まっている。さらに、「生命の尊さ」という徳目の中でも「祖先から祖父母、父母、そして自分、さらに、自分から子供、孫へと受けつがれていく生命のつながり」に言及している。

現在子どもたちの8パーセントは単親家庭で育っている。祖父母と会う機会がほとんどない子どもも多い。親による虐待も増え続けている。次に紹介するのは、ある若い女性歌人が自らの過去を振り返って詠んだ短歌である。彼女は母子家庭に育ち、小学校5年生の時に母の自死に遭遇した。自死した母親は自分の父親から性的虐待を受けた過去を持ち、精神を病んでいた。母の死後に入った児童養護施設では職員から虐待されたという。

昼休み「家族はみんな死んでん」と水を飲みつつクラスメイトに
亡き母の日記を読めば「どうしてもあの子を私の子とは思えない」
先生に蹴り飛ばされて伏す床にトイレスリッパ散らばっていく
（岩岡千景『セーラー服の歌人鳥居』／鳥居『キリンの子　鳥居歌集』、共にＫＡＤＯＫＡＷＡ）

このような境遇の子どもに対して「父母、祖父母を敬愛する」「家族の幸せを求める」などという徳目を説くことがどれほどの意味をもつというのだろう。

宗教的情操教育

「人間の力を超えたものに対する畏敬の念をもつこと」という徳目は、宗教的情操教育のことだ。大自然や大宇宙に驚異を感じたり、科学の及ばない世界があることを知ったりすることは、人間にとって大事なことだろう。しかし、絶対者を想定し、科学的精神や健全な懐疑主義の裏付けのない「畏敬」（畏れ敬うこと）を無条件に植え付けるのは、自由な精神の放棄につながる危険性を持っている。「解説」は「大自然の摂理（…）を包み込む大いなるものに気付いたり（…）それらに畏敬の念をもつことが求められる」と記述する。この書きぶりは、西行法師が伊勢神宮で詠んだといわれる次の歌を思い出させる。

なにごとのおはしますかは知らねどもかたじけなさに涙こぼるる

修学旅行で天照大神を祀る伊勢神宮を訪れる学校も多い。懸念されるのは、「畏敬の念」が知らず知らずのうちに神話国家観の刷り込みにつながることだ。

安倍内閣と教育勅語

道徳科の「国」「規則」「家族」などの記述には、教育勅語の残滓が色濃く見てとれる。教育勅語の教育観はきちんと清算されていないのだ。それは、「典型」で高村光太郎が告白した内的倫理の崩壊を経験しないまま、国体思想を戦後まで持ち越した人々がいたからだ。その種の人たちは、戦後三世代を通じて生き残り、いま日本会議や青年会議所で増殖している。その戦後第三世代による「特殊国の特殊の倫理」復活の兆しは、安倍内閣閣僚による教育勅語を肯定する発言にも表れている。

２０１４年４月、下村博文文部科学大臣は記者会見で「教育勅語そのものの中身はしごくまっとうなことが書かれている」と発言した。また、参議院文教科学委員会では、教育勅語を学校で活用すべきとの質問があり、初等中等教育局長（筆者）は「教育勅語の中には今日でも通用するような内容も含まれておりまして、これらの点に着目して学校で活用するということは考えられる」と答弁した。この答弁は下村大臣に指示されたものだったが、語尾を「差し支えない」とすべきところ「考えられる」と曖昧にした。下村大臣は改めて答弁に立ち、教育勅語の内容については「今日でも通用する普遍的なものがある」とし、この点に着目してその中身を教材として使うことは「差し支えない」と答弁した。これは、従来の文科省の慎重な姿勢を一転させる答弁だった。

下村大臣が「まっとう」とか「普遍的」とかと評価したのは、教育勅語に列記される「父母ニ孝ニ」等の徳目のことだ。しかしそれらの徳目は、根底に国体思想という憲法に違背する特殊な観念を持っているのであり、決して普遍的なものではない。

2017年に入り、森友学園が経営する幼稚園で園児たちに教育勅語を暗唱させていたことが国会でも議論になった。稲田朋美防衛大臣は参議院予算委員会で教育勅語に対する認識を訊かれ「教育勅語の日本が道義国家を目指すべきだという精神は取り戻すべきだ」などと答弁した。国民道徳協会なる団体が作ったという教育勅語の現代語訳はこうなっている。「私は、私達の祖先が、遠大な理想のもとに、道義国家の実現をめざして、日本の国をおはじめになったものと信じます」。「道義国家」とは「皇祖皇宗の肇国樹徳」に基づく国のことなのである。

教育勅語を教材とすることについては、同年3月「憲法や教育基本法などに反しないような形で教育に関する勅語を教材として用いることまでは否定されることではない」とする答弁書が閣議決定された。しかし、教育勅語は1948年に国会で憲法・教育基本法と相容れないものとして排除・失効確認が決議されているのだから、「憲法・教育基本法に反しないような形」で用いる余地はないはずだ。この閣議決定は国会決議を覆すものであり、教育勅語との関係において憲法解釈を変更する意味を持っていると言えよう。

この閣議決定に関し菅義偉官房長官は記者会見で、教育勅語の『親を大切に』など普遍的なことまで否定すべきではない」と発言した。一方、松野博一文部科学大臣は衆議院決算行政監視委員会で「歴史の理解を深める観点で用いることには問題がない」と答弁した。憲法に反しない使い方があるとすれば、松野文科大臣が述べたような歴史資料としてだけだろう。

国体思想の亡霊

以上に見たように、道徳科の徳目には教育勅語との共通点が多く見られる。国家を歴史と伝統を共有する共同体と考える点、個人の独立性・主体性よりも国家への帰属を重視する点、自由よりも自己抑制を重んじる点、国家・社会の形成者として社会規範を作ることよりも既存の法律や規則に従うことを重視する点、家族を国家・社会の一単位と捉え父母・祖父母・祖先を敬うことを求める点などだ。ここに天皇への敬愛を加えれば、ますます教育勅語に近くなる。

文部科学省は、教育基本法や道徳科が「愛する」対象とする「国」は「統治機構としての国」のことではなく「伝統と文化をはぐくんだ国」のことだと説明している。しかし、中曽根元首相の「自然国家」論では、歴史的共同体である国家と統治機構である国家とは一致しており、「伝統」の中には天皇制が含まれる。中曽根氏の「陰の指南役」といわれた四元義隆は、岸信介と同じく東京帝国大学において上杉慎吉に学んだ。上杉は美濃部達吉と「天皇機関説論争」を行った憲法学者で、その学説は神話的国体観に基づく天皇絶対主義だった。筆者には道徳科が上杉流国体思想の亡霊に取り憑かれているように思われてならない。

憲法的価値に基づく道徳教育

教育への国家的介入は抑制的でなければならない

そもそも、日本国憲法の下で、国は公教育（学校）における道徳教育の内容（徳目）を決めてよいのだろうか。道徳教育に限らず、国家に公教育の教育内容を決定する法的権限があるかどうかについては、鋭く対立する二つの考え方があった。いわゆる「国民の教育権」説と「国家の教育権」説である。前者を主張する教師や学者と後者を主張する国（文部省）の間で、数々の「教育裁判」が繰り広げられた。この法的問題に一定の決着をつけたのは、1976年の最高裁旭川学力テスト事件判決（以下「学テ判決」という）である。同判決は、子どもには「一個の人間として、また、一市民として、成長、発育し、自己の人格を完成、実現させるために必要な学習をする権利」があり、「自ら学習することができない子どもは、その学習要求を充足するための教育を自己に施すことを大人一般に対して要求する権利」を保障されているという法理に立脚しつつ、次のように判示した。

「子どもの教育が教師と子どもとの間の直接の人格的接触を通じ、その個性に応じて行われなければならないという本質的要請に照らし、教師には、教授の具体的内容及び方法につき、ある程度自由な裁量が認められなければならない。しかし、批判能力のない児童生徒に対しては、大学におけるような完全な教授の自由は認められない。

国民全体の意思を組織的に決定、実現すべき立場にある国は、子ども自身の利益と社会公共の利益のため、必要かつ相当と認められる範囲において、教育内容を決定する権限を有し、大綱的基準として学習指導要領を定めることができる」

「政党政治の下で多数決原理によってされる国政上の意思決定は、さまざまな政治的要因によって左右されるものであるから、（…）本来人間の内面的価値に関する文化的な営みとして、党派的な政治的観念や利害によって支配されるべきでない教育にそのような政治的影響が深く入り込む危険があることを考えるときは、教育内容に対する右のごとき国家的介入についてはできるだけ抑制的であることが要請される」

「子どもが自由かつ独立の人格として成長することを妨げるような国家的介入、例えば、誤った知識や一方的な観念を子どもに植えつけるような内容の教育を施すことを強制するようなことは、憲法26条、13条の規定上からも許されない」

この判決は、学習指導要領の合憲性を認めるものではあったが、教育内容への国の関与を無条件、無制限に認めたわけではなく、「必要かつ相当と認められる範囲」に限った。しかし、それが具体的にどういう範囲なのかは明確に示さなかった。

国は「道徳的価値」を決められるのか

道徳科における「道徳的価値」とは「よりよく生きるために必要とされるもの」であり「人間としての在り方や生き方の礎となるもの」だとされる（解説）。それを「政党政治の下で多数決原理によってされる国政上の意思決定」（学テ判決）に委ねてよいのだろうか。

学テ判決は、教育を「人間の内面的価値に関する文化的な営み」と捉え、「党派的な政治的観念や利害によって支配されるべきでない」としている。このことは知育以上に徳育について強く意識されるべきである。知育が知識を与える教育であるのに対し、徳育（道徳教育）は良心の形成に関わる教育だからだ。子どもといえども思想・良心の自由を有する個人である以上、国がその内心にみだりに干渉することは許されない。

したがって、公教育の教育内容の中でも子どもの思想・良心に直接関わる「道徳的価値」の決定については、国家的介入の抑制がより強く求められなければならない。特に、自らの思想・良心を形成する途上にある子どもたちに、批判や懐疑を許さない形で一方的に特定の価値観を教え込むこと（教化）は、精神的自由権としての学習権を侵害する行為であり、その根拠は学テ判決が示すとおり、憲法26条と13条に求められる。

国が道徳教育を行える根拠と範囲

では、国が道徳教育の内容を決められるという積極的な根拠は見出せるだろうか。国が決める道徳教育の「必要かつ相当と認められる範囲」は明らかにできるだろうか。

立憲主義のもと、国家は憲法によって国政の限界を画される。子どもの学習権を実現するため教育の機会を提供することは国の責務だから、その限りで国は子どもの道徳的価値観の形成にも関与するが、それは憲法が認める価値の範囲にとどまらなければならず、その範囲を越えた関与は、多数決原理に基づくものであっても個人の内心への不当な干渉となる。したがって、「道徳的価値」として国が正当に設定できるものは、憲法の基本原理に基づく価値、すなわち個人の尊厳、立憲主義、基本的人権の尊重、平和主義、国民主権といった価値のみであると考えるべきだ。したがって、国が定めることができる道徳教育の内容は、個人の価値に立脚し、権力に対する警戒心を伴った、人権教育、平和教育及び主権者教育だということになる。

公教育の公教育たるゆえんは、このような憲法的価値を国民の間に普及させることだ。戦後来日した米国教育使節団はその報告書（1946年3月）の中で「民主主義的制度も他の制度と同様、その真の精神に適合しかつこれを永続せしむべき一つの倫理を必要とする」とし、それを「学校においても教えられるべき」ものと述べている。

1947年3月に制定された教育基本法はその前文において、「われらは先に日本国憲法を確定し、民主的で文化的な国家を建設して、世界の平和と人類の福祉に貢献しようとする決意を示した。この理想の実現は根本において教育の力にまつべきものである」と謳った。教育には憲法の理想の実現という使命があることを宣言したのである。

伝統的な道徳の中には憲法的価値に反するものもある。部落差別はその最たるものだ。もし学校で子どもが「私の親は部落差別をしてもいいと言っている」と言ったら、「あなたの親の言うことは間違っている」と教えるのが公教育だ。学校における道徳教育は、伝統的道徳の反憲法性を否定しつつ、憲法的価値を国民の間に広げる役割を負うのである。

「憲法的価値」を逸脱する「道徳的価値」

現実に道徳科の学習指導要領が定める「内容項目」すなわち「道徳的価値」を見てみると、その内容は憲法的価値の範囲を大幅に逸脱している。自由、平等、平和など憲法的価値と一致するものもあるが、多くは憲法からは導き出せないものであり、その中には個人の尊厳や内心の自由という憲法的価値に違背する疑いのあるものも多く含まれている。「父母、祖父母を敬愛する」「国や郷土を愛する心をもつ」「人間の力を超えたものに対する畏敬の念をもつ」などの徳目がそうだ。こうした道徳的価値を子どもたちの内心に一方的に植え付けることを「インドクトリネーション」（教化、教え込み）という。公教育でそれを行うことは、子どもたちが自分の思想・良心を自由に形成する成長過程を阻害することであり、子どもたちの精神的自由権としての学習権を侵害する行為である。

軍国主義という極端な価値観を一方的に植え付けられたのは、戦時中に青少年時代を過ごした「戦中派」や「焼け跡世代」といわれる人たちだ。彼らの多くは戦後、自分が「軍国少年・軍国少女」であったことについて、悔恨や自責の念さらには罪悪感まで抱いたという。一方的に教え込まれた道徳的価値観が崩壊したとき、心には大きな傷が残るのだ。

随筆家の岡部伊都子（1923年生まれ）は、1943年に婚約者が出征の前に「自分はこの戦争は間違っていると思う。天皇陛下のために死ぬのはいやだ。君のためなら喜んで死ぬけれども」と話したとき、「私なら喜んで死ぬ」と答えたという。その婚約者は沖縄で亡くなり、岡部は自らが加害者だという思いを生涯抱き続けたという。

映画作家の大林宣彦（1938年生まれ）は、国民学校1年生の時、日本の戦闘機がルーズベルトとチャーチルに爆弾を落とす絵を描いたことを振り返り、「戦争反対とは僕はあまり言えない。戦争いやだとしか言えないんだよね」「反対する権利もないいんじゃないかと思うわけ。かつての軍国少年ですから」「加害者の側の軍国少年であった……」と語っている（NHK・ETV特集「青春は戦争の消耗品ではない　映画作家大林宣彦の遺言」）。

彼らのような思いを、将来の子どもたちに抱かせてはいけない。

同床異夢の中で木に竹を接ぐ

同床異夢的すり替え

文部科学省は本当に、国民を国のために「教化」しようと目論んでいるのだろうか。道徳は「教科化」されたが「教科」になったのではない。2015年3月の学校教育法施行規則の改正は「道徳」という文言を「特別の教科である道徳」という文言に改めるというものだった。施行規則上は名前を変えただけなのだ。「特別の教科」という言葉をあえて加えたのは、「教科化」したように見せるためである。これを「道徳科」と呼ぶことにして、さらに「教科」らしくした。ちなみに「特別の教科である道徳」は、学習指導要領では「特別の教科道徳」と表記される。1字分の空白は「である」の意味なのである。

「教科」との違いは、数値などによる評価を行わないことと専門の教員免許状を設けないことだが、より本質的には基盤となる学問体系がないことである。各教科の背景には、人類の知的・精神的活動の成果としての学問・文化の体系がある。それを子どもの発達段階に応じて再構成したものが、各教科である。しかし、道徳にはその基盤となる学問・文化体系がない。

学問・文化体系という基盤がないから、大学で教員養成をすることも免許状を設けることもできない。知識・技能を身につけさせる教育ではないから、学習の到達度を計ることもできない。戦前の修身科では甲乙丙の評価をしていたが、それは修身が「型にはめる」教育だったからできたことだ。道徳科の評価は、あくまで子どもの成長を促すための個人内評価であり、調査書に載せたり入学者選抜に使ったりすることはないと、文科省は強調している。

従来の「道徳」と違うところは、検定教科書の使用が義務づけられたことだ。その点はたしかに教科と共通である。しかし、道徳の教科書の検定は極めて困難だ。学習指導要領は存在するものの、具体的な記述に意見を付ける際によりどころとすべき学問・文化体系がないからだ。「伝統と文化の尊重、国や郷土を愛する態度の扱いが不十分」なら「パン屋」を「和菓子屋」に変更すればOKとか、「高齢者への尊敬と感謝の扱いが不十分」なら消防団の「おじさん」を「おじいさん」に変更すればOKとかいう事例を見ると、文科省の検定の程度の低さが知れる。内田樹氏は、それを「知的退廃」と評した（2017年4月5日毎日新聞）。しかし、神話的国家観や祖先崇拝につながるような記述を求めなかったのは救いだ。確実な基準がないから、検定は臆病なものにならざるを得ないのである。

臆病な検定であるが故に、先述の教育出版教科書の記述（186頁）も通過してしまうのである。しかしこの例では、少なくとも「挨拶の仕方について確たる根拠のない正解を示すべきではない」という検定意見は付けるべきだったろう。

こうした「教科化」の実態は、その導入を求めた政治意思には必ずしも十分応えているとは言えない。そこには同床異夢的なすり替えがある。その「すり替え」は、次に述べる「考え、議論する道徳」という考え方にさらに顕著に表れる。

「考え、議論する道徳」とアクティブ・ラーニング

道徳科の導入に当たって、文部科学省は子どもの学習者としての主体性を重視する道徳教育に転換する姿勢を示している。

「解説」は、中教審答申に沿って「特定の価値観を児童に押し付けたり、主体性をもたず言われるままに行動するよう指導したりすることは、道徳教育の目指す方向の対極にある」「多様な価値観の、時に対立がある場合を含めて、自立した個人として、また、国家・社会の形成者としてよりよく生きるために道徳的価値に向き合い、いかに生きるべきかを自ら考え続ける姿勢こそ道徳教育が求めるものである」「答えが一つではない道徳的な課題を一人一人の児童が自分自身の問題と捉え、向き合う『考える道徳』、『議論する道徳』へと転換を図る」と説明する。

文部科学省は道徳教育におけるアクティブ・ラーニングの重要性も強調する。アクティブ・ラーニングとは「主体的、対話的で深い学び」のため、学習主体である子どもたちが、自ら進んで学びに向かい、他者や外界との関わり合いの中から問題を発見し、その解決に向けて考える学び方だ。「考え、議論する道徳」には、そういう指導方法が必要だという。

道徳科の指導方法について、「解説」は「多様な価値観の存在を前提にして、他者と対話し

たり協働したりしながら、物事を多面的・多角的に考えること」を求め、「価値観を一方的に教え込んだり（…）した授業展開とならないよう」求めている。学習方法として「問題解決的な学習」や「体験的な学習」を例示し、「二つの概念が互いに矛盾、対立しているという二項対立の物事を取り扱う」工夫や「迷いや葛藤を大切にした展開」「批判的な見方を含めた展開」などの工夫も求め、具体的な方法としては「教師と児童、児童相互の話合い」「ペアや少人数グループなどでの学習」「時間を確保してじっくりと自己を見つめて書くこと」「教材に登場する人物等の言動を即興的に演技して考える役割演技など疑似体験的な表現活動を取り入れた学習」などを提案している。

教材については、「主たる教材として教科用図書を使用しなければならない」としつつも、「日常から多様なメディアや書籍、身近な出来事等に強い関心をもつとともに、柔軟な発想をもち、教材を広く求める姿勢が大切」とし、「各地域に根ざした地域教材」や「古典、随想、民話、詩歌などの読み物、映像ソフト、映像メディアなどの情報通信ネットワークを利用した教材、実話、写真、劇、漫画、紙芝居などの多彩な形式の教材」を使うよう促している。まるで、検定教科書の使用にこだわる必要はないと言わんばかりだ。

このように、文部科学省は「考え、議論する道徳」のため、現場の工夫による多様な指導方法や教材の活用を促しているのである。

「内容項目」と「現代的な課題」

「解説」は、「特定の道徳的価値を絶対的なものとして指導(…)することのないように配慮することが大切」とし、学習指導要領が列記する「内容項目」は「教師と児童が(…)共に考え、共に語り合い、その実行に努めるための共通の課題」、「児童自らが道徳性を養うための手掛かり」だとしている(傍点は筆者)。徳目の教化にならないよう求めているのだ。

また学習指導要領は「内容項目」として列挙した徳目のほかに「情報モラル」と「社会の持続可能な発展」などの「現代的な課題」に関する指導を求めている。「解説」は「現代的課題」として「食育、健康教育、消費者教育、防災教育、福祉に関する教育、法教育、社会参画に関する教育、伝統文化教育、国際理解教育、キャリア教育」を例示し、「持続可能な発展」を巡っては、「環境、貧困、人権、平和、開発といった様々な問題があり、これらの問題は、生命や人権、自然環境保全、公正・公平、社会正義、国際親善など様々な道徳的価値に関わる葛藤がある」として、「発達の段階に応じてこれらの課題を取り上げることが求められる」と述べている。さらに、「現代的な課題」の一環として、「主権者として社会の中で自立し、他者と連携・協働しながら、社会を生き抜く力や地域の課題解決を社会の構成員の一員として主体的に担う力を養うことも重要な課題となっている」と述べている。

本来憲法的価値に基づく道徳教育の中心的課題となるべき人権教育、平和教育、主権者教育は、「現代的な課題」としてさりげなく書き込まれているのだ。

木に竹を接ぐ知恵

道徳科の内容項目（徳目）は、小学校1・2年で19個、3・4年で20個、5・6年で22個、中学校で22個となっている。学習指導要領は、これらの「各学年段階の内容項目について、相当する各学年において全て取り上げることとする」ことを求めており、「私たちの道徳」や各検定教科書も、これらの徳目を一つひとつ追う形式になっている。

学習指導要領や教科書がこのような「徳目主義」の構成をとっているのは、公共の精神や国を愛する態度などの徳目を徹底しようとする政治意思を反映したものだ。ところが、他方で文部科学省は、「考え、議論する道徳への転換」「アクティブ・ラーニングが必要」「特定の価値観を押し付けるな」「答えは一つではない」「自立した個人として、国家・社会の形成者として、考え続ける姿勢が大切」「内容項目は『共通の課題』であり『手掛かり』である」「現代的な課題も扱え」などと言っている。「考え、議論する道徳」という考え方は、「道徳教育の充実に関する懇談会」や、それに続く中央教育審議会における審議の結果として打ち出されたものだが、政治意思との間には矛盾ともいえる食い違いがある。いわば「徳目主義」という木に「考え、議論する道徳」という竹を接いだようになっているのだ。ここに文部科学省当局者の知恵と中央教育審議会の良識を見て取ることができる。あえて解釈すれば「木は木として受けとめつつ、現場では竹のようにしなやかに学んでください」と言っているようだ。

先述のように、学習指導要領が設定する「内容項目」（道徳的価値。徳目）は、憲法的価値を大きくはみ出しており、これらの徳目を子どもたちに植え付けようとする（教化）なら、それは「必要かつ相当と認められる範囲」（学テ判決）を越え、学習権の侵害にあたると考えられる。しかし、文部科学省は「特定の価値観を押し付けない」と言い、「内容項目」は教師と児童が共に考え語り合う「課題」であり、児童自身が道徳性を養う「手掛かり」だと言う。

「考え、議論する道徳」の「課題」や「手掛かり」として、「迷いや葛藤を大切にし」「批判的な見方を含め」主体的に学習するのであれば、子どもたちの内心の自由を侵すことなく、かえって自由な精神を鍛える方法で、各内容項目を使うこともできるだろう。「国を愛する心」についても、「国を愛することは本当に必要か？」と、その道徳的価値の妥当性そのものを批判的に考え、議論するのであれば、十分合憲法的な道徳教育が成立する。

現場の主体的取り組みを

国や法を所与の前提とし、集団への帰属意識を強調し、自己抑制を求める徳目ばかりが並ぶ道徳科であるが、それらの徳目を批判的に取り上げつつ、個人の尊厳、立憲主義、基本的人権の尊重、平和主義、国民主権という憲法的価値に立脚した道徳の授業を行う余地は十分ある。「現代的な課題」としてＥＳＤ（持続可能な開発のための教育）やＧＣＥＤ（地球市民教育）を取り入れていくことも可能だ。

いじめ防止対策としても、道徳科の活用は期待される。いじめ防止の基本は、個人の尊厳に立脚した人権教育をしっかりと行うことだが、人間関係を良好に処理する技術を身につける訓練も必要だ。ロール・プレイングやソーシャル・スキル・トレーニングなどを積極的に取り入れることで、いじめの未然防止に資することができるだろう。

教育課程特例校制度を使えば、道徳科に代えて独自の教科等を設けることもできる。品川区では2006年度から区内の小・中学校に「市民科」を導入している。「市民科」は道徳、特別活動、総合的な学習の時間を統合したものだ。「市民科」教科書の作成、ソーシャル・スキル・トレーニングの導入、経済教育NPO「ジュニア・アチーブメント」と連携した経済体験学習など、独自の市民教育を行っている。教育課程特例校制度を利用して道徳に代わる教科等を設けた場合は、検定教科書使用義務は課されないので、全ての授業を検定教科書以外の教材で行うこともできる。

文部科学省や教育委員会が許容する範囲内でも、学習指導要領や検定教科書が提示する「道徳的価値」を逆手にとって批判的に捉え、「考え議論する道徳」を追求することは可能だし、工夫次第で様々なことができる。要は、現場の主体的な取り組みにかかっているのである。

第11章

保健室
——学校で唯一評価と無縁の避難所

白濱洋子
佐賀女子短期大学・学校保健

人権が守られている部屋

保健室は、子どもたちはもちろん保護者や地域の方・卒業生・教職員等、在籍している学年や年齢に関係なく、もちろん性別や成績に関係なくいつでも誰でも安心と信頼を基盤に自由に自分の意思で利用できる学校の中で唯一、人権が守られている部屋です。

養護教諭として39年間、小学校・中学校の保健室に勤務する中でたくさんの子どもたちとの出会いがあり関わりがありました。

大学を卒業したその年、養護教諭として初めて赴任した学校は県境の山あいに位置し、小鳥の鳴き声や小川のせせらぎが聞こえるのどかな地域で全校児童数が100名前後の小学校でした。子どもたちは明るく純朴で、大学を卒業したばかりで地域のことも学校のことも解らない私を受け入れてくれて、また小学校へ初めての養護教諭が赴任したということで同僚の教職員はもちろん保護者や地域の方々からも様々なことを教えていただき可愛がっていただきました。

職員室横の教具室を半分間仕切りした場所が保健室でしたが、そこが私の教職生活のスタートであり、この小学校での3年間が養護教諭としての原点になりました。

その小学校で出会った当時6年生の23名の子どもたちが、今年52歳になりこの夏に同窓会を開き担任の先生と私を招いてくれました。二次会のカラオケでは「小学生のあの頃は恥ずかしくて言えなかったけど、今言える歳になったよ」と言って当時流行っていた森昌子の♪先生♪の歌を全員で歌ってくれて39年前の年月が一瞬のうちに蘇ってきた時間を過ごすことができました。

本章では、学校における保健室の役割とその意義について、養護教諭として過ごした経験をふまえて、ご紹介したいと思います。

4年生A子との出会い

養護教諭として採用されてから3年後、4月の人事で田園が広がる農業が盛んな600人以上が在籍する小学校へ異動になり、新たな子どもたちとの出会いを迎えました。

欠席が多い4年生のA子。時々登校しては頭痛を訴え保健室来室をしていました。口数少なくおとなしい雰囲気を持っていますが平熱であっても「家に帰りたい。お母さんに迎えに来てほしい」と母親に連絡するまで小さな声で何回も訴えてきます。母親は、農作業の途中であるらしく毎回、泥や草やほこりが付いた作業着で迎えに来て、慌てて帰って行く。ということが数回繰り返されたある日、祖父が迎えに来て「母親が、この子の迎えで農作業が捗らない。迎えを理由に仕事を怠けている。迎えが本当かどうか確かめに来た。これからは私が来ます」「嫁は文句を言わず働くのが務め」と言われ帰られました。

その日以降、A子は連続して欠席をしました。欠席届の連絡はあるものの現在のように携帯電話も普及していなかったため母親とは連絡が取れない状況でしたが、久しぶりに登校したA子はこれまでと同様に頭痛を訴え保健室へ来室し早退したいと訴えました。

欠席の理由や家の様子を聴き、前回迎えにきた祖父の言葉で気になっていることを話すとA子は「頭痛はない。早退の理由は母親は祖父母に一日中怒鳴られ早朝から夜遅くまで仕事をして、食事も殆ど食べていないことが心配。いつ家を出ていくかも分からないから家にいたい」と涙を流しながらしっかりした口調で話しました。

私は、A子に掛ける言葉がありませんでした。その日迎えに来室した母親にA子が話してくれた内容を確認したら実際の状況は更に厳しく、「雨の日も外で農作業をし、夜寝る時も目覚めたらすぐ作業ができるように作業着のまま寝ている」と母親の言葉でした。この家では、子どもの人権や母親として嫁としての人権はどうなっているのだろう。この子に寄り添い支援するとはどんなことだろうか。今後何ができるのだろうか。自問自答と同時にA子が母を想う気持ちと家庭の状況を言葉にできずに胸に秘め小さな背中に背負って登校していることに愕然としました。他の多くの子どもたちも同じように何がしかの背景を言葉に出来ず抱えて背負って登校しているのだろうと考えた時、教師として大人として予想することができなかった恥ずかしさと力不足を感じました。

この時をきっかけに、A子は保健室登校をするようになりましたが、欠席することはなく、母親もほんの僅かな時間を見つけては保健室に顔を出し、家では作れないA子との時間を過ごすようになりました。

小学校を卒業するまでA子の家では、この時代の出来事なの？と疑いたくなるような波乱づくめの出来事がありましたが、卒業後も母子とかかわりを持ち今は、A子は大学卒業後希望の仕事に就き母親の支えとなっています。

大人への訴え

6年生のB男は2学期が始まった9月下旬のある朝、教室へは行かずランドセルを背負ったまま腹痛を訴えて保健室へ来ました。暫く休養させて教室へ戻るよう促すと「教室へは行けない。早退したい」と訴えます。話をしても「お腹が痛い。早退したい」を繰り返すので保護者の迎えをお願いしましたが、翌日も同じようにランドセルを背負ったまま保健室へ来て同じように「お腹が痛い」と訴えます。腹部を触ろうとすると拒否しましたが、前日の様子から不審に思い服をめくると、腹部には数カ所のアザがありました。「どうしたの。誰から……」と尋ねるとポロポロと涙を流すだけで無言のままでした。

私も無言のまま腹部を撫でていると「先生秘密にしてくれるなら話すよ」と言って同級生のC男を中心としたグループから受けていたこれまでの出来事、いじめにあっていた内容を話してくれました。

「B男を助けるため、二度といじめにあわないようにすること、そしてC男たちグループがまた他の子をいじめないようにすること」をB男と約束して関係職員に相談し、かかわっていた他の子どもたちへも事実確認をして保護者へ報告をして対応しました。

担任からこの件への最終報告があった翌日の放課後、突然C男が一人で保健室へ来て「先生、俺たちの本当の気持ちはまだ話していない。聞いてくれる」と言って話し出しました。「B男には本当に悪いことをしたと反省している。だからちゃんと謝った。俺たちがしたことには意味がある。担任や先生たちは勉強や学力の話ばかりするけれど、俺たちの気持ちを考えて欲しかった。もっと俺たちのことを見て欲しかったから、B男をターゲットにしてあんなことをした。先生は気づいていたと思う。けど、何もしてくれなかった」とそれまでの行動をすべて話してくれました。

教師は、その子の学力や目の前の行動で判断し注意し対応することがありますが、それでは本当の子どもも理解ができないことを教えられました。

この時のグループだった子どもたちとB男・C男は中学校卒業後、我が家へ卒業の報告に来て、私が握ったおにぎりを頬張りながら、「この町からもう俺たちのような生徒は出したらいかんよ」と言葉を残し帰って行きました。

教師が子どもから育ててもらっていることを実感しました。

「先生、貧乏は勉強できんと?」

S君は少年野球で活躍していてスポーツが得意な小学生でした。

「中学校でも野球をして高校では甲子園に行くから応援に来てね」と元気よく小学校を卒業していきました。

暫くすると、中学校でも野球部で活躍していると思っていた時に、部活どころか登校もしていない。という連絡があり、自宅へ電話をしたところ小学校の私の保健室へ来てくれましたが、体は痩せ顔色も悪く、作り笑いの笑顔でした。

生活の様子を聴くと、両親はそれぞれに家を出て祖母の年金だけの生活で兄弟の生活も荒れ、たまに学校へ行くと「何しに来た」「勉強分からんなら帰れ」と同級生から詰られ教科書やノートを破られることがある、と涙を流しながらポツリポツリと話しました。

「学校で勉強ができないなら、小学校の保健室で勉強していいよ」と提案すると翌日から私の横で勉強をし始めました。高校受験の時期を迎えたときは、「ばぁちゃんの年金だけの生活だから」と言って公立高校だけを受験しました。

高校入試の合格発表の日、合格報告に一人遅れて保健室に入ってきたS君の両手の甲は血だらけでした。驚いて急いで手当をしようとする私に「先生、俺も高校行きたかった。貧乏は高校に行けんと？　親がいない家は高校行けんと？　合格して喜んでいる同級生を見ていたら悔しくて、この高校で勉強したかったと言いながら高校の校門を殴ってきた」といい大泣きしました。手当をしていた私は、その言葉を聞いてただ一緒に泣くことしかできませんでした。中学校卒業後は遠く県外で働くことになりましたが、長くは続かず戻って来ました。

それから一年後、別の小学校に異動していた私に、S君がバイクの事故で亡くなったと突然の知らせがあり、家に駆け付けてみると、S君は眠っているような穏やかな表情で棺の中にいました。傍にいた兄は「先生、この子は友達が居なくて、話を聞いてくれる場所も無くて毎日寂しかったと思う」と静かに語りました。

S君の「先生、貧乏は高校行けんと？　俺も勉強したかった」という言葉は退職した今でも私の耳から離れません。

高校進学が当たり前のような現代のこの状況の中で、学ぶ意欲があっても大人の都合に振り回されその意欲も潰されたS君。同級生からも相手にされずにどれほど寂しくて悔しい想いをしただろうか。もっと小学校の保健室でもかかわることはできなかったのだろうか。これから出会う子どもたちにS君と同じような辛い想いをさせたくない、と小学校卒業後にも関わることができなかった自分の力不足を知った悲しい出来事でした。

S君との辛く悲しい別れの後、中学校へ赴任して小学校では予想もできなかった衝撃を受ける出会いがあり、校種の違いが抱えている課題を実感しました。

義務教育最終学年であり卒業後の進路を決める中学3年生。その子たちが「頭が悪いし勉強しても意味がないし、高校は行かずにバイトで気楽に仕事をする」「女子は玉の輿の結婚こそが幸せになる条件」「親がリストラにあったから高校進学できない」と学習意欲を失い、卒業後の目標が見えていない生徒の多さに驚いた1年目でした。

その背景には、大人を信じていない。大人から信用してもらったことがないなどの、大人不信からくるものを感じました。

2年目からは、とにかく生徒の話を「聴く」ことを中心とした保健室運営に取り組むことにしました。

勉強が点数へ結びつかない進学への不安。高校選択の不安。親や大人への不満。友人関係の悩み。恋愛相談。等々様々なことを考え悩み誰にも相談できず自尊感情や自己肯定感を持てずにいる生徒が多くいましたが、保健室で成績や評価を気にせず自分の言葉で話し「聴いてもらうこと」で解決していくようでした。

今まで、自分たちの言葉を聴いてもらえなかった、信じてもらえなかった。誰に相談していいのか分からなかった。という呟きの声を聴くこともありました。

当初はこんな保健室での対応に不満の意見を持つ職員もいましたが、徐々に学校生活が落ち着いてきた生徒の様子を見て、保健室の対応に協力してくれる先生方が増えてきました。

「私は一人じゃない」

そんなある日、入学してきたばかりの女子生徒のY子は部活動の練習に励んでいましたが、4月下旬頃から欠席が増え5月の連休明けから完全に不登校になりました。

原因は、部活動での人間関係や教科指導の先生との相性が合わない。家族の問題など様々なものが絡み合っていました。

担任と一緒に面談や家庭訪問を繰り返すうちに保健室登校をするようになり卒業までの3年間私と保健室で過ごしました。

深夜に「家出をした」との連絡を受け駅まで迎えに行ったり、母親から出張先へ「すぐに家に来て！」の連絡が入ったりと、Y子が中学校を卒業するまで家出・リストカット・家庭内暴力など数えきれないほどの出来事があり、其の度に保健室で何回も話をしましたが、Y子の同級生が保健室に来てかかわりを持ってくれたことで「自分は一人ではない」ことを実感することができていたようでした。

受験勉強も保健室で取り組み、先生方の教科指導の協力も得て第一希望の高校へ進学することができました。

「家から初めての高校生」

E子は3人姉弟の長女でした。母は体調を崩し仕事ができない状態で経済的に厳しい生活でしたが、体調が良い時にパチンコに出かける母親に腹を立て大喧嘩になりプチ家出を繰り返して勉強をしない行動をとることで母親に反抗していました。

高校に進学したいけれども、家の経済的なことを考えると無理だと判断して受験勉強をしている友達と距離をとっていました。

以前、S君が「貧乏は高校へ行けんと」と言った言葉を思い出し、同じ思いをさせられないと考え福祉制度や奨学金制度を調べてE子に説明したところ、それまでの生活から一転して同級生と勉強し始めて高校進学の夢を叶えることができましたが、結局すぐに経済的な理由で中退してしまいました。

弟は「家には高校に行く余裕はないから」と言って進学しないで就職をしました。

一番下の弟は進学して学びたいという意欲が強かったので保健室でも声をかけ、姉のように中退しないように市の福祉に相談しながら志望校に入学することができました。

弟の高校入学式の前日、中卒で就職した兄が保健室に来て、「弟は我が家で初めての高校生。先生、入学式について行って」と頼まれました。もちろん入学式に付いて行き晴れ姿を見届けることができました。

「先生、いつもありがとう」

T君は、小学校の頃から落ち着きがない子として注目されていた生徒でした。中学校に入学してからも、気にいらないことがあると大声を出したり教室を飛び出したりして注意を受けると更に興奮し、教師や同級生とトラブルを起こし指導を受けることが続きました。

そんな時T君のそばで「保健室で話を聴くよ」と声を掛けると黙って私の後ろから付いて来て、保健室ではクールダウンして何が起きたのか落ち着いて話をしてくれました。T君は小さいころから母親が同居する男性が変わるその度に叩かれてきたこと。母が助けてくれなかったこと。小学校では学校で問題が起きるといつも自分が犯人扱いされ何故怒られているのか理解できなかったこと。指導のたびに母親が呼び出されたこと。そして、先生たちの前で謝っているお母さんに「ごめんね」と言葉で伝えられずにいることを話しました。

悪いことをしたら激怒する母も、夜兄弟を置いて出かけていく母も大好きで自分を見ていてほしいこと。でも母を困らせてしまう自分をどうしていいか分からない。と話してくれたT君は、卒業するまで「先生、俺の話聴いて。俺のこと分かっているよね」と何回も確認しながら、なぜ今日、先生や友達とトラブルを起こしたのかその度に説明をしてくれました。

お母さんが大好きで、そのことを素直に伝える言葉や方法が分からなかったT君は、自分のことを理解しないで指導をするだけの大人への不信感と恐怖と攻撃心を持って育っていました。中学校の保健室は話を聴いてくれて自分を受け入れてくれるクールダウンの部屋だ、と思ってからは、学校での生活が落ち着き、人とかかわることもできるようになりました。中学3年生の時の美術の作品に「先生いつもありがとう」と言葉を書き添えて保健室に持って来てくれました。

「彼といるときは幸せだった」

M子は母親の顔を知りません。M子が2歳の誕生日を過ぎた頃突然家を出ていき、その後父親もたまに顔を見る程度で普段は何処に住んでいるのかわからない状況になり、祖父母に育てられていました。

少し消極的に見えるM子でしたが、素直でやさしい心を持っていて固定した友達といつも一緒でした。

そんなM子がある日「先生生理がこない」と一人で保健室来室をしました。詳しい話を聴くと、SNSで知り合った男性と性的な関係を持ったことを話し始めました。祖父母に相談し産婦人科に連れて行き結果は妊娠はしていませんでしたが、性感染症の診断を受けました。

SNSの危険性や知らない男性との出会いの怖さの話をした時、M子は「先生、私は彼といる時だけは幸せだった」「彼は私を必要としてくれていた」「お母さんに一度でいいから会いたい。寂しい」と呟き涙を流す姿に、「寂しかったね」「ずっと我慢していたのね」と言葉をかけるのが精一杯でした。

最近は、親や大人の身勝手な都合で振り回された子どもたちが、特に女子生徒がその気持ちの寂しさを簡単に「性」で埋める行動に虚しさを感じます。

子どもの権利を守る避難所として

今回、保健室で出会った極々一部の子どもたちの事例を挙げましたが、実際は簡単には数えられない程の子ども達・保護者や家族・関わり方に悩む教師たちとの出会いがあり、その度に私自身がたくさんのことを学びました。

子どもの権利条約が制定され20年以上経過しますが、子どもたちが置かれている現状は条約の4項目（生きる権利、守られる権利、育つ権利、参加する権利）が満たされているとはとうてい言い難い現実があります。

保健室では、この繰り返される現実を受け止め、子どもたちの心に寄り添うことを中心に取り組んできました。

これまでの出会いを無駄にせず、子どもたちの生きる力に変えたい。誰かを必要とし、必要とされている自分に気付いて欲しい。自尊感情や自己肯定感を高め「生きること」を考えてほしい。そのことを伝えていくことが、保健室にいる養護教諭の役割なのではないかと出会いの中から教えられた気がしました。子どもたちを学校生活や学力だけで評価しないでほしい。その子が抱えている背景まで見て欲しい。と何回も職員に保健室の状況を説明し保健室からの提案で「いのちを見つめ生と死を考える授業」に全校で取り組むようになりました。

目的は、

①いのちの有限性を伝える。

誰にでも訪れる死を考えることは、今をどう生きるかを考えること。

②いのちの連続を伝える。

受け継がれているいのち、受け繋いでいく途中にいること。

③出会いの偶然性を伝える。

奇跡的ないのちの誕生に感謝して、自分の存在に自信を持つこと。誰かを支え・支えられている自分を知る。

この三つの目的を達成する為に全職員の理解と協力で様々な形態の授業を実践しました。最初はこれまで経験したことのない授業に戸惑っていた職員も、生徒の言動が変化していく姿を目の当たりにして、この授業に取り組む意味や成果が認められ今では、多久市内の2校の義務教育学校で年間を通して取り組まれるようになりました。

子どもの人権とはかけ離れたような取り組みの話になりましたが、保健室には、たくさんの生徒が来室します。

冒頭に書いたように、その保健室で多くの子どもたちや保護者・教職員、時には地域の方々と関わることで、「生きる」ことについて学ぶことができました。

学校という集団の中には「家」を背負って登校している子ども達もいて人権なんてと、他人事のような扱いをされ、心に傷を負い、でも学校では辛い表情は微塵も見せずに涙を堪えて集団の中で過ごしている子。

「何もしなくても皆と一緒の中にいれば目立たないようにしていれば楽」と自分の感情を出さずに黙って静かに過ごしている子。

「家族のことを考えると自分は幸せじゃないから、教室で皆と一緒には笑えない」と言って不登校になった子。

両親のどちらかが外国籍で、地域の子どもクラブの親同士の交流で自分の親が疎外されていないかを心配している子。

肌の色の違いでからかわれた子は「顔の皮膚を一枚剥いだら皆と同じ色になるのかな」と呟き、親には絶対言えない、と涙を流した子。

親の離婚で置いて行かれた子は、母が恋しくて「何とかして探し出して逢いに行きたい」と言います。

子どもたちはもちろん、大人も寂しくてそのどうしようもない苦しい気持ちを誰かに聴いてほしくて、聴いてくれる居場所を求めて生きていることを保健室の中で教えてもらいました。

どんなに素晴らしい法や制度ができ、物や経済が豊かになっても子どもたちの心に寄り添う大人がいなければ、いつまで経っても子どもたちの人権は危うい状況のままです。

権力者たちは平和や平等・権利を謳いますが子どもたちが、お金の心配をしなくて学べる保障や、家・学校・地域で安心して生活できる居場所や権利の保障はあるのでしょうか。

目まぐるしく移り変わる社会の状況と大人の都合に振り回され、子どもたちの心が置き去りにされている現実を実感しています。

子どもたちが、本音を語ることができ平和で安心して生きていくことができる社会を創ることが大人の責務ではないでしょうか。

学校で唯一評価をしない保健室は、その草の根的な活動をしている部屋です。今後も、困難をかかえる子どもたちの避難所となるべく、その意義を伝えていきたいと思います。

第12章

学校の全体主義

——比較社会学の方法から

内藤朝雄
明治大学・社会学

学校とは何か——①閉鎖空間で人間を強制的にベタベタさせて、②個の人から群れの人へと変化させることを通じて、③集合的生命にみたてた学校らしい学校を成立させ、④全体主義の習慣をいきわたらせる、⑤制度的なしかけ——

学校の「あたりまえ」を考え直す

わたしたちは長いあいだ、学校で行われていることを「あたりまえ」と思ってきた。疑いようのないものとして、学校を受け入れてきた。

だが教育という大義名分のもと、学校はひどく残酷で理不尽な場所になっていないだろうか。理不尽なこと、残酷なことがいつまでも続くのは、人がそれを「あたりまえ」と思うからだ。それがあたりまえでなくなると、理不尽さ、残酷さがはっきり見えてくる。逆にあたりまえであるうちは、どんなひどいことも、「ひどい」と感じられない。歴史をふりかえってみると、このことがよくわかる。

学校とはどのようなところか。学校の「あたりまえ」の秩序は、どのようになりたっているのか。こんなあたりまえのことをなぜ問題にするのかと疑問に思うようなことを、もういちど考え直してみる必要がある。そこから、今まで目の前にあっても見えていなかった問題が見えてくる。

学校はあらゆる生活（人が生きることすべて）を囲い込んで学校のものにしようとする。学校は水も漏らさぬ細かさで集団生活を押しつけて、人間という材料から「生徒らしい生徒」をつくりだそうとする。そして、かつての軍隊がそうだったように、社会のなかの別の社会になっている。

これまで「あたりまえ」とされてきた学校の仕組みを、距離を置いて観察してみよう。

学校では、これまで何の縁もなかった同年齢の人びとをひとまとめにし（学年制度）、朝から夕方まで一つの部屋に集めて移動を禁じて（学級制度）、強制収容する（実質的には強制収容制度になっている義務教育制度）。

この大枠を基礎として、学校は接触密度と対人影響を最大限にするよう、細かい強制のしくみをはりめぐらす。それは、生徒が全人的にかかわり合わないではすまされぬよう、個が群れから自由に距離をとることがないよう、互いのあらゆる気分やふるまいが互いの運命を左右するよう、考え抜かれ、緻密にはりめぐらされている。

たとえば、個人の学習進度を無視した集団一斉学習。一つひとつの所作が儀式的に大げさで、たとえ満腹でも、食べたくない嫌悪食物でも、ストーカー的なしつこさで完食を強いる集団一斉摂食（給食指導）。

そして班活動。次から次へとふりかかる学校行事（およびそのための練習）。さまざまな儀式。しばしば強制加入の部活動。朝礼。学級会。連帯責任。雑用割り当て。掃除などの不払い労働（職業を選べず強制的にタダ働きさせられる人を奴隷という）。生活指導（教員が私生活に因縁をつけて介入できる人格支配）。

態度や意欲の成績評価（生徒のこころを良い悪いと決めつけることができる評価）。入試の内申制度（教員との人間関係をしくじると運命がどう転ぶかわからないなかで、卑屈な精神を滋養し、精神的売春を促進する）。

市民的自由はなにがなんでも許さないといわんばかりの、強迫的ともいうべき、服装・頭髪・持ち物などの規制と身体検査。

学校のコスモロジー

学校であじわう理不尽さや残酷さは、「あたりまえ」の生活習慣に根ざしているためはっきり意識しづらいが、遠い距離からながめるとその奇怪な姿が見えてくる。

そのさい、ひとびとが生きるコスモロジー（「わたしたち」を包み込む膜）を知ることが重要になる。

コスモロジーとは、共同生活のなかでその内側しか見えないほど、生活世界を緊密に包み込む信念、感情、反応の体系である。

そのなかで人は、自分が属する小さな社会を、外部がない一つの宇宙（コスモス）であるかのように感じる。生活と一体化した太古の原始宗教がその典型例であるが、現代社会でもカルト宗教や暴力革命集団や戦争中の全体主義国家に見られる。

学校は、常軌を逸したと言ってよいほどしつこく、あらゆる生活を囲い込んで学校のものにしようとする。人間という材料から「生徒らしい生徒」をつくりだそうとする。生徒が「生徒らしく」なければ、コスモロジーとしての「学校らしい」学校が壊れてしまうからだ。

たとえば、生徒の髪が長い、染髪している、スカートが短い、化粧をしている、色のついた靴下をはいているといったありさまを目にすると、教員たちは被害感でいっぱいになる。

「わたしたちの学校らしい学校がこわされる」「おまえが思いどおりにならないおかげで、わたしたちの世界がこわれてしまうではないか。どうしてくれるんだ」というわけだ。

そして、生徒を立たせて頭のてっぺんからつま先までジロジロ監視し、スカートを引っ張ってものさしで測り、いやがらせで相手を意のままに「生徒らしく」するといった、激烈な指導反応が引き起こされる。コスモロジーが破壊されるという不安、被害感、憎しみが、このような行動に教員をかりたてる。

ところで、このコスモロジーの内実は全体主義的で人道に反するものなので、露骨に口にできるものではない。このコスモロジーの真実は、竹刀やものさしを持った「こわがらせ担当」の教員ですら、うすうすわかっていても、露骨に意識する勇気をもたない。

もしそれを口にして世に流布すれば、「学校らしい」学校は、青少年にとってきわめて有害な環境であることがわかってしまう。だから教員は、次のような問答をしている。

Q：なぜ頭のてっぺんからつま先まで同じ服装でなければならないのですか？
A：服装が自由だと貧乏な人がかわいそうだから。
Q：なぜ下着は白でなければならないのですか？
A：衛生状態を保つため。

このような詭弁をまじめな顔で口にしなければならないほど、他人に理不尽を押しつける側も苦しい。

本当の答えは、学校のコスモロジーを守るため、なのだ。

比較から見えてくるもの

「学校らしい」学校のコスモロジー（小さな社会を、外部がない包み込む宇宙のようにしたてあげる、感情とストーリーと実践の体系）について、より詳しく見ていこう。

多くのひとびとは人生初期から学校を「あたりまえ」と感じるよう変えられているので、そこに独自のコスモロジーが存在していること自体がわかりにくい。発見するコツは、学校を外の社会と比較し、くっきり異なる断層に着目することである。

たとえば市民の社会では自由なことが、学校では許されないことが多い。前に述べたように、どんな服を着るかの自由がない。靴下や下着やアクセサリー、鞄、スカートの長さや髪の色かたちまで、細かく強制される。菓子、飲料、漫画、玩具などをもっていれば強奪される。どこで誰と何を、どのようなしぐさで食べるかということも、細かく強制される。社会であたりまえに許されることが、学校ではあたりまえにゆるされない。

逆に市民社会では名誉毀損、侮辱、暴行、傷害、脅迫、強要、強制労働、軟禁監禁、軍隊のまねごととされることが、学校ではあたりまえに通用する。教員や学校組織が行う場合、それらは教育である、指導であるとして正当化される。正当化するのがちょっと苦しい場合は、「教育熱心」のあまりの「いきすぎた指導」として責任から逃れることができる。生徒が加害者の場合、犯罪であっても「いじめ」という名前をつけて教育の問題にする。

比較社会学の方法——濃淡から原理を浮かび上がらせる

さて、学校はことほどさように全体主義的であるといっても、日本の企業などをみてみると、外の社会も十分市民社会が壊れており、全体主義的ではないかという疑念がわくかもしれない。学校の全体主義も会社の全体主義も同じなのではないだろうか、と。

答えはイエスである。私たちが学校に見出す全体主義的なメカニズムは、多かれ少なかれ、社会に遍在している。

この、金太郎飴の絵柄のようにあらわれるメカニズムを発見するために、その程度と純度が「まんが的」といってよいほど極端な日本の学校（特に中学校）と、学校ほど極端ではないが、他の先進諸国の社会と比べるとまっ黒な学校外の社会を比較するのである。

市民状態と全体主義状態は、どんな社会にも多かれ少なかれ混在している。現実は、市民状態100％のまっ白から、全体主義100％のまっ黒まで、水にインクを落としたようにつらなっている。

そのなかで、構造的にかなりまっ黒に近い状態になりやすいのが日本の学校であり、学校をとりまく外の社会（日本の市民社会）は、それに比べると白よりの灰色に位置する（白く見える）。この灰色も、人権優等生であるオランダやデンマークの市民社会と比べるとまっ黒に見える。ここで、学校のひどい黒（全体主義状態）をくっきり認識するために、それよりはましな灰色（できのわるい日本の市民社会）と比較し、その落差を発見の手がかり（マーカー）として用いることができる。

すなわち、日常生活に埋もれて見えにくい特徴をくっきり見えるようにするために、まっ黒なもの（学校）と黒っぽい灰色（できの悪い市民社会）を、黒と白にみたてて比較するという手法を用いるのである。そして、最も極端な全体主義状態の学校から発見したものを、今度は逆に、他の先進諸国と比べてまっ黒な（できの悪い）日本の市民社会に適用するのである。

私たちの社会のさまざまな全体主義的な要素は、支え合って悪循環を生み出している。極度に全体主義的という意味でまっ黒な学校が、他の先進諸国に比べると黒い反市民的な社会を支え、さらにこの黒い社会がまっ黒な学校を支え、それが黒い政治と支え合う。学校は、この循環の大きな構成要素になっている。

価値の序列から見えてくる全体主義

さまざまな価値の序列、すなわち教員や生徒がどの価値を重く、またどの価値を軽く扱っているかを観察することから、学校のコスモロジーの内実を調べることができる。

多くの教員たちは、身だしなみ指導や挨拶運動、学校行事や部活動など、人間という材料を

「生徒」に変えて「学校らしさ」を明徴するためであれば、長時間労働をいとわない。
その同じ熱心な教員たちが、いじめ（教員が加害者の場合を含む）で生徒が苦しんでいても面倒くさがり、しぶしぶ対応し、ときに見て見ぬふりをする。私たちはそれをよく目にする。

【事例1　いじめと飴の包み紙】　ある中学校で、目の前で生徒がいじめられているのを見て見ぬふりをしていた教員たちが、学校の廊下に小さな飴の包み紙が落ちているのを発見した途端、大事件とばかりに学年集会を開いた（見て見ぬふりをされた本人、現在大学生の回想より）。

こういったことは、典型的に日本の学校らしいできごとだ。いじめで生徒が苦しんでも「学校らしい」学校のコスモロジーは傷つかないが、廊下に飴の包み紙が一つ落ちているだけで大事件になる。
このような「学校らしい」学校とは何だろうか。

【事例2　仲良くなってほしかった】　ある小学校で、一年生女児が露骨かつ執拗にいじめられていたのを担任が放置し、一時は睡眠時驚愕症になってしまった。その後、相談した教頭が熱心に介入し、露骨ないじめは影を潜めたが、水面下の孤立化工作、無視や顔そむけ、ひそひそ話は続いた。クラス替えまで被害者は加害者とかかわらないようにしていた。クラス替えの前に母親が「『こういう（いじわるな）人もいるんだ』と理解して今は騒がず受け流すようにしている」と教頭に伝えると、教頭は「残念です。こんな人もいる、と諦めてしまうのでなく、仲良くなってほしかった。ここの学区の子どもたちは優しい子が多いはずなんです」と言った（母親へのインタビュー）。

この事例から、「学校らしい」全体主義のエッセンスを取り出すことができる。この世に一人しかいない、現に生きているかけがえのない6歳児○○ちゃんが苦しかったろう、つらかったろうということは、教頭の目に入らない。それよりも、「ともにかかわりあい、まじわりあい、そだちあう」大いなる全体（集合的生命としての学校）が大切だ。

一人ひとりの人間は学校生命が生き生きと躍動するための材料である。「学校らしい」共生を離れた個人は鴻毛（羽毛）のように軽い。6歳児が睡眠時驚愕症になるほど校内で虐待され続けたことよりも、個人（被害者）が、「ともだち（加害者）」と「なかよく」融け合う関係を拒否することの方が、学校のコスモロジーのなかでは残念なことなのだ。

学校の全体主義

学校のコスモロジーは、人間という材料が「生徒らしい」生徒に変わることが、かたちによって明徴され続けることを、どこまでも要求する。

この、おもいどおりにならないはずの他人を際限なくおもいどおりにするかたちは、人間がもはや「自分勝手」な人格権と市民的自由を有する個人（先進国の正気の市民）ではなくなり、「生徒らしい」生徒につくりかえられたことを確証するあかしと感じられる。だから、生徒が生きるあらゆるかたちを、強迫神経症的といってもよい「教育熱心」さで、際限なく学校のものにしようとする。

躍動感のある身体運動や声、笑い、涙、叫びなどの「生徒らしい」かたち。頭のてっぺんからつま先まで同じになった「生徒らしい」かたち。被収容者が生きる痕跡のすべては、みんなが「かかわりあい、まじわりあって、ともに生きる」学校のものでなければならない。

日本の学校が示す全体主義のエッセンスは、①人間という材料が「生徒らしい」生徒に変わりつづける「すなお」さ（深部からと感じられる奴隷的人格変容の生き生きした自発性）が絶対にかくあらねばならぬこととして要求されながら、②その人間が「生徒らしい」生徒に変えられ続ける連鎖の全体が、一人ひとりの人間を超えた高次の集合的な生命（「学校らしい」学校）とされ、③深くすみずみまで生活領域をおおいつくすことである。

この集合的生命の錯覚は、誰か一人でも「生徒らしくない」まま、背筋をのばして生きていると動揺してしまう。廊下に小さな飴の包み紙が落ちているだけで大騒ぎになる。あるいは、生徒の髪がすこし茶色がかっているだけで、〈わたしたちみんなの世界〉がこわされる被害感情でいっぱいになる。このこわれやすさが、ときに残酷で、執拗で、強迫的、あるいはストーカー的な、指導反応を生み出す。

これまで、少しずつ学校のコスモロジーの核心に近づいてきた。そして、人間という材料を「生徒らしい」生徒に変化させつづける連鎖が生活空間を埋め尽くす状態が、「学校らしい」学校という高次の集合的生命のように感じられるという説明にたどりついた。読者は意外な論理を示されて驚いたかもしれない。

全体主義の比較社会学——共通のかたちを切り出す

あまりにも「あたりまえ」すぎて見えてこないもののしくみを見えるようにする別の方法は、既知のもののしくみを、未知のものにあてはめて考えることである。

学校以外のものが学校とわけもつ同形性を用いて、学校のコスモロジーについての理解を深めよう。また、学校のコスモロジーについての発見を、さまざまな全体主義的な現象の理解に役立てよう。

内容が異なるさまざまな現象から共通のかたちを切り出し、別の現象にあてはめて考えることで、これまで論じてきた全体主義のコスモロジーについて、さらに理解を深めることができる。

学校は「教育」、「学校らしさ」、「生徒らしさ」という膜に包まれた小さな世界になっている。そのなかでは、外の世界では別の意味をもつことが、すべて「教育」という色に染め上げられてしまう。そして、外の世界のまっとうなルールが働かなくなる。

こういったことは学校以外の集団でも生じる。

たとえば、宗教教団は「宗教」の膜で包まれた別の世界になっていることが多い。オウム真理教教団（1995年に地下鉄サリン事件を起こした）では、教祖が気にくわない人物を殺すように命令していたが、それは被害者の「魂を高いところに引き上げる慈悲の行い（ポア）」という意味になった。また教祖が周囲の女性を性的にもてあそぶ性欲の発散は、ありがたい「修行（ヨーガ）」の援助だった。

また、連合赤軍（暴力革命をめざして強盗や殺人をくりかえし、1972年あさま山荘で人質をとって銃撃戦をおこなった）のような革命集団でも、同じかたちの膜の世界がみられる。

そこでは、グループ内で目をつけられた人たちが、銭湯に行った、指輪をしていた、女性らしいしぐさをしていたといったことで、「革命戦士らしく」ない、「ブルジョワ的」などといいがかりをつけられた。そして彼らは、人間の「共産主義化」、「総括」を援助するという名目でリンチを加えられ、次々と殺害された。

学校も、オウム教団も、連合赤軍も、それぞれ「教育」、「宗教」、「共産主義」という膜で包み込んで、内側しか見えない閉じた世界をつくっている。そして外部のまっとうなルールが働かなくなる。よく見てみると、この3つが同じかたちをしているのがわかる。これが全体主義の核心部、さまざまなタイプの全体主義に共通する原型である（図1）。

全体主義の核心部は単なる独裁ではない。それは個に対する全体の圧倒的優位である。圧倒的優位は個に対する余儀ない浸透性（貫通性）の深さによって現実のものとなる。全体主義と単なる独裁を区分する基準は、一人ひとりの人間存在を変更する集合的イベントへの動員が、日常生活をおおいつくす度合いである。全体主義はひとびとのこころや感情や態度の「すなお」さを際限なく気にする。全体主義は人間を魂の底からつくりかえ続け、そのプロセスのなかから、個を超えた高次の集合的生命として起動するからだ。

全体主義を受肉し輝かせる学校

旧ソ連の指導者ブハーリンの次の言葉は、全体主義の「教育熱心」な本質を言い当てている。「たとえいかに逆説的に聞こえようと、プロレタリア的強制は——死刑執行から強制労働にいたるそのあらゆる形態において——資本主義期の人間という材料から共産主義的な人間［性］をつくりだす方法なのだ」（アイザィア・バーリン『自由論』みすず書房）。かつての左翼活動家は「社会変革は自己変革、自己変革は社会変革」というスローガンを好み、連合赤軍は「人間の共産主義化」と革命を同一視し、「教育熱心」な集団リンチにはげんだ。

図1　さまざまな現象にみられるメカニズムの同型性

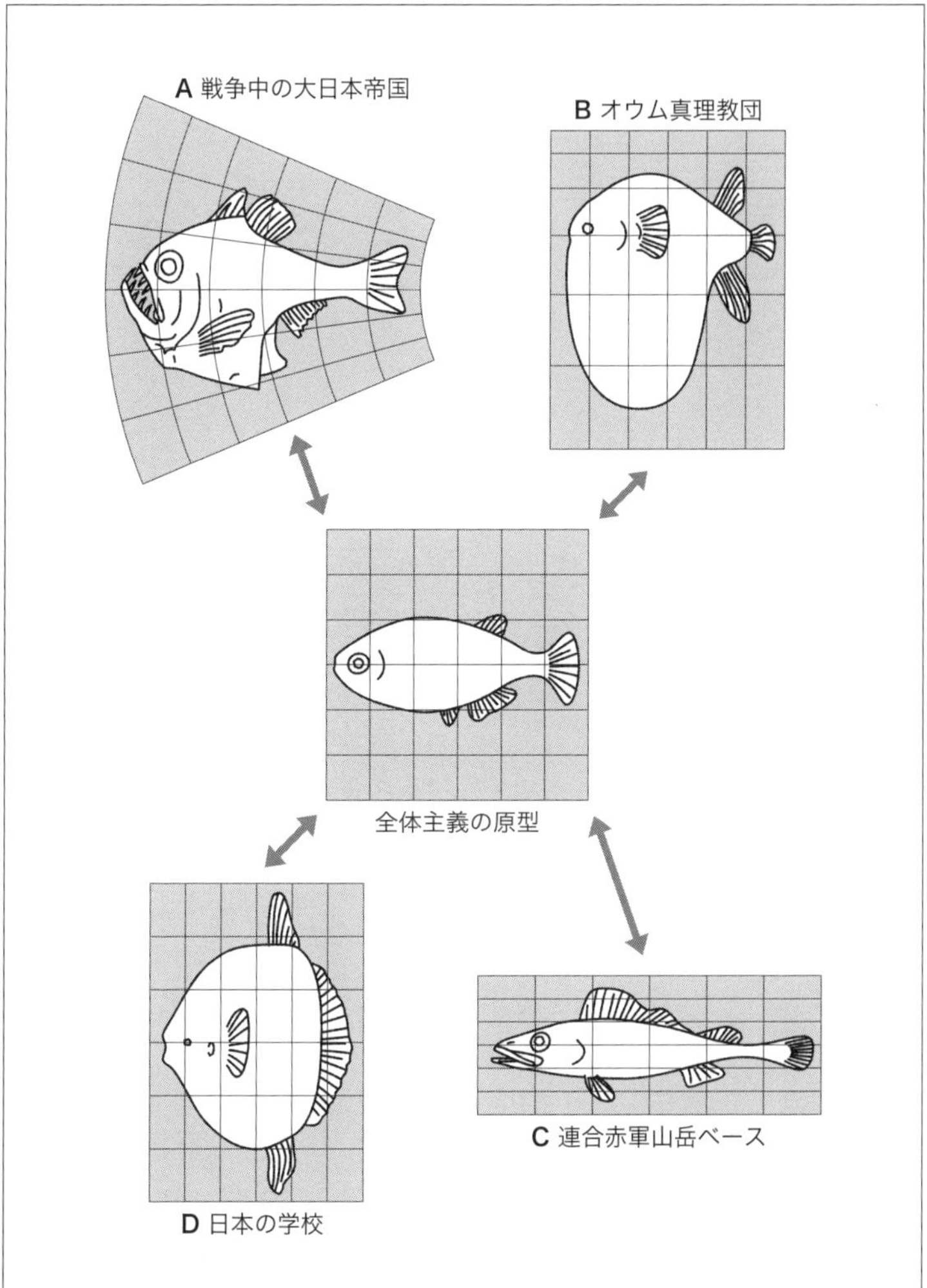

※ D'Arcy Thompson の図を参考に筆者が作成。

戦争中の日本では、一人ひとりが「日本人らしく」天皇の赤子になりつづける「くにがら」を守ること(国體護持)が、何よりも重視された。一人ひとりの命は鴻毛(羽毛)のように軽い。それどころか、合理的に国益を追求したり、戦争に勝ったりすることよりも、国體を護持することが優先された。カミカゼ自爆攻撃などで死ぬ瞬間こそが、人として生まれた最高の栄誉であり、華やかに花が咲いたような生のきらめき(散華)でなければならない。親はそれを光栄ですとよろこび祝うことが強制された。

日本の中学校の全体主義が、革命期の旧ソ連や戦争中の大日本帝国と同程度、あるいはそれを超えているともいうべき瞬間を記録したものがある。それは、中学校運動会の巨大組み体操の崩落事故の動画である。少し手間がかかるかもしれないが、以下のアドレスを入力して動画をご覧いただきたい。

https://www.youtube.com/watch?v=RZuz8vcCN2s

崩落事故のとき、親たちは盛大に拍手している。

事故の様態を見れば、障害が残る怪我をしても、あるいは死者が出てもおかしくない。赤子のころから大事に育てた、何よりも愛しい子どものはずである。交通事故なら、すぐにかけよって、わが子を探して、生きているか、怪我をしていないか確認し、無事であれば泣いて喜ぶような事態である。

だが、学校の集合的生命が生き生きと躍動する運動会で、親たちは子どもが集団的身体と化して散華する姿に拍手している。戦争中の日本ですら、親は強制されて喜ぶふりをさせられていただけで、このような自発的な拍手はありえない。

「共に生き」るはずの「ともだち」は、うずくまっている他人を無視して、軍隊まがいの号令、軍隊まがいの整列で、「ぴしっ」と兵隊のまねごとをしている。

社会を再全体主義化するためのインフラストラクチャー

義務教育によってこのような集団洗脳をすることで、他の先進諸国であればナチスまがいの発言をしたとして絶対に国会議員になれないような人物に、何も感じずに投票する大衆が生み出される。

また、ブラック企業と呼ばれる職場を、あたりまえに感じる大衆が生み出される。学校教育のおかげで、市民は育たない。自由も民主主義も社会に根づかない。

学校は、習慣化された感情反応に包み込んで「国体」を護持し、国を再全体主義化するための、貴重なインフラストラクチャーになっている。その成果が実り、今、全体主義勢力が社会を飲み込もうとしている。

正気の社会をめざして

ここまで述べたように、私たちの社会のさまざまな全体主義的な要素は、支え合って悪循環を生み出している。それに対し、正気の市民社会の要素も支え合って良循環を生み出す。悪循環と良循環はせめぎあっている。学校、職場、政治、世論、メディアなど各方面で、全体主義にブレーキをかける地道な努力が必要になる。

学校を考えることから見えてきた全体主義のエッセンスを、多方面に応用することができる（もういちど、２４１ページの図をご覧いただきたい）。

学校が市民的自由を禁止するのを禁止する法律をつくる必要がある。また、髪の形や色、服装、食べ物、免許取得などを自己決定する生徒や保護者に対する学校側のいやがらせや不利益あつかいがあった場合、無料で学校と交渉し、場合によっては法に訴える、弁護士中心の人権団体が必要になる。

また、私立学校が少子化により厳しい生き残り競争にさらされていることを追い風にすることもできる。

全体主義的な学校の残酷を嫌い、市民的なタイプの学校を求める需要に経営者が気づき、成功したモデルに対し模倣が起きるような市場形成を促すことが事態をよくする。

市民的なタイプの学校の方が子どもの能力を伸ばし、将来めぐまれた人生を送ることにつながると多くの人が考えると、市場の選択により、このような私立学校が爆発的に増えるかもしれない。この市場の動きは、全体主義だと子どもが逃げるという圧力を、公立中学校にもかけることになるだろう。

有望な試みとしては、本城慎之介氏（元楽天共同創業者）、苫野一徳氏（哲学者）、岩瀬直樹氏（教育学者）らによる風越学園、中正雄一氏（グローバルグループ代表取締役）、中川綾氏（日本イエナプラン教育協会理事）、リヒテルズ直子氏（日本イエナプラン教育協会特別顧問）らによる佐久穂町イエナプランスクール、掘真一郎氏（元大阪市立大学教授）らによるきのくに子ども村学園、川上量生氏（ドワンゴ創業者）らによるN高校がある。

これらは、全体主義学校の集団生活で痛めつけられた後で、傷を癒やす場としての需要にこたえる、従来の「被害者受け入れ」学校ではない。保護者や本人が、通常の受験校に通うよりも大きい利益をみこして選択するようにデザインされている。つまり、勝ち組学校なのである。

利益と一致する理想は強い。自分の子どもを全体主義学校で共同体奴隷（生徒らしい生徒）にするのは利益にならない。共同体奴隷（学校畜経由の社畜）が保護されて安心できる時代は、もう戻ってこない。中学校で無理に無理を重ねて周囲の空気に同調し、毎日朝から晩まで部活をし、組み体操で骨折して忠誠を示しても、ただ損をするだけである。自律的な個人として、自己成長できる能力を獲得した方が利益になる。

この、現在の教育市場をとりまく厳しい新環境で、私立学校経営者たちは、生き延びるために市民的な学校スタイルを採用しはじめるかもしれない。そちらの方が、子どもがめぐまれた人生を送る可能性を大きくするのに役立つと保護者が判断し、また本人もそう思うからだ。

＊本稿は２０１７年４月から５月にかけて『教育新聞』に連載した拙稿「学校の『あたりまえ』を考え直す」①〜⑦に加筆し、図を加えたものである。いじめについて詳しくは、拙著『いじめの構造──なぜ人が怪物になるのか』(講談社現代新書)を参照されたい。また、いじめ研究から見えてくる、人類の暴力性については、拙稿「学校の秩序分析から社会の原理論へ──暴力の進化理論・いじめというモデル現象・理論的ブレークスルー」佐藤卓己編『岩波講座　現代８──学習する社会の明日』(岩波書店)を手に取っていただきたい。ここでコスモロジーと互換的に用いた「膜」という比喩表現については、田房永子のネット記事「どぶろっくと痴漢の関係」を参考にした。

第3部

法律・制度

第13章 児童相談所・子どもの代理人

——子どもの意見表明権を保障する

山下敏雅
弁護士

はじめに

全国共通短縮ダイヤル「189」が開始された2015年、児童相談所が受理したケースは10万件を超えました（10万3260件）。10年前の2005年が約3万4472件、20年前の1995年がわずか2722件でしたから、児童虐待に対する社会の認知は急速に進んでいることがわかります。

しかし、児童相談所が子どもを保護すると、一体どうなるのでしょうか。児童福祉に日常的にかかわっている人でなければ、複雑でよくわからないというのが実情です。ましてや当の本人であるはずの子どもたちにとっては、全くのブラックボックスです。

子ども本人が、手続の流れや選択肢をきちんと知り、自分自身で選んだ人生を歩んでいく。それを、周囲の大人たちが支援する。——今、児童福祉の現場で必要とされるそのことを、私がかかわった17歳のA君と中学生のBさん・Cさん姉妹のケースを通して見ていきましょう。

シェルターで保護されたA君のケース

父親による虐待

A君は幼い頃から、父親からの激しい虐待を受けていました。ほぼ毎日、ささいなことで殴打や足蹴りをされ、きょうだいと比較され、「クズ」「ダニ」と罵倒されていました。台所の床で、前に差し出した両手にお盆を持たされたままの3時間の正座も、頻繁にありました。包丁を突きつけられ、目の前でゲーム機の電源コードを切られたりもしました。大切なサッカーシューズを剪定ハサミで切り裂かれ、その踵の部分で頭を殴られたこともありました。

A君が中学生になると、その不満や怒りは家庭内暴力という形となって現れました。A君は父親を殴り、近くの祖母の家を占拠して、不登校になりました。閉じこもった部屋の壁は壊れてゴミの山になり、A君は、母親を刃物で脅して食べ物を運ばせ、金を要求するようになりました。

この家庭に、児童相談所、警察、保健所、精神科の病院、様々な機関がかかわりましたが、事態は一向に変わりませんでした。A君は、一時保護所や精神病棟からも脱走しました。「悪いのは父親なのに、なぜ自分が閉じ込められるのか」。それがA君の言い分でした。

地域の支援が限界に達していた中、唯一、精神保健福祉センターの職員がA君に寄り添い続けました。その職員が、日本で初めて子どものシェルターが設立されたことを知ったのも、ちょうどこの頃でした。

子どもシェルターの設立

親の虐待などから逃げてきて、今晩泊まる場所がない子どもは、児童相談所が保護するのが原則です。この「一時保護」の期間は基本的に2ヵ月以内ですが、延長もできます。児童相談所は、その期間中に調査や調整を行い、その子が家に戻るのか、児童養護施設などの次の生活の場所に移るのかを決めます。

しかし実際には、一時保護が難しいことも多くあります。保護所はいつも定員ぎりぎりです。緊急性が高いケースや幼い子どもを優先しなければならず、10代後半の子どもは後回しになりがちです。また、保護の時点で17歳以下でなければならず、18歳・19歳の子どもは、未成年なのに一時保護自体ができません。

そのような子どもたちのために、2004年、弁護士が中心となって、日本で初めて子どものためのシェルター（緊急一時避難施設）を東京に立ち上げました。NPO法人（現：社会福祉法人）カリヨン子どもセンターの「カリヨン子どもの家」です。シェルターの場所は秘密です。住宅街にあるふつうの一軒家で、外からはそうだとはわかりません。

このシェルターには、従来の施設とは違った重要な特徴があります。入居した子ども一人ひとりに担当弁護士がつく、ということです。担当弁護士は、子どもに寄り添ってその声にじっくりと耳を傾け、本人の意見を尊重しながら、多機関と連携し、虐待親との交渉や施設探し、自立に向けての調整などを行っていきます。

親権者から誘拐だと訴えられる危険に備え、本人の入居意思を、必ず複数の弁護士で確認します。また、17歳以下については、「児童相談所から預かっている」という形式（一時保護委託）を取り、法律上確実な根拠に基づいて保護しています※1。

シェルター入居後のA君と担当弁護士の模索

精神保健福祉センターの職員に勧められたA君は、父親から自立する決心を固めてシェルターに入居し、私がその担当弁護士になりました。彼が17歳のときでした。

A君のこれまでの辛さや悔しさ、怒りに耳を傾けながら、シェルターを出た後の生活設計を一緒に考える日々が続きました。A君は高校を退学していたので、児童養護施設には入所できません。かといって、10代がすぐに一人暮らしを始めることは困難です。私はA君に、自立援助ホームを勧めました。自立援助ホームは、毎月の給料の中から寮費として月数万円だけを払い（3万円のところが多い）、残りを小遣いと転居資金に回して、半年から1年ほどで自立ができる施設です。

しかし、A君は消極的でした。「生活保護を受けて一人暮らしをしたい」「メンタルを病んでいるから働けない」「集団生活は自分に合わない」。そんなA君に私は、「次の場所を最終的に決めるのは児童相談所。そこを私が説得するためにも、頭で考えるだけでなく、実際に動いてみよう」と話しました。福祉事務所を一緒に訪れて生活保護がダメだと確認したり、主治医と一緒に面談して仕事は十分可能と意見をもらったりしました。そして、自立援助ホームをいつも見学して回りました。A君は「このホームは絶対に嫌だ」「どうしても他になければ最後このホームには行ってもいい」など、具体的な意見を固めていきました。

A君は、生活の場所探しと並行して、アルバイトを1ヵ月間続けることができ、さらに介護の勉強を始めて退所までに資格を取得するなど、大きな成長を見せました。

奇跡的に里親に繋がったA君

2ヵ月余りが経ったある日、ボランティアスタッフが夫婦2人でシェルターに来ました。A君はふと、「両親がいて、子どもの自分がいる、まるで家族のようだ」と気付きました。そして、「里親という制度があるのなら、そういう温かい家での暮らしをしたい」と強く望むようになりました。私は早速、A君の思いを児童相談所に伝えました。しかし、児童福祉司は「全

※1　この子どもシェルターの意義と必要性が広く共有され、現在では全国に取り組みが広がっています。2017年10月現在、東京の他に、北海道、埼玉、千葉、神奈川、新潟、愛知、京都、大阪、和歌山、岡山、広島、福岡、大分、沖縄に設立されています（一部休止中。石川、兵庫で準備中）。

くありえない」という反応でした。「ただでさえ里親の登録は少なく、ほとんどの家庭は幼いお子さんを希望している。17歳の男子で、ましてやこれだけ大変な家庭内暴力を起こしたA君を引き受ける里親などない。彼の行き先は自立援助ホームしかない」。児童相談所の態度はかたくなでした。

私は児童福祉司とやりとりを重ね、彼が大きく成長していること、自分の足で回って様々に考えてきたこと、里親を強く望むに至ったことを、意見書にとりまとめて提出しました。そして、関係者会議の開催を呼びかけ、シェルター、精神保健福祉センター、児童相談所、私を含む多数のメンバーで、夜遅くまで意見交換を行いました。

そうやって子ども担当弁護士が本人の意見を代弁し、各機関と常に連携を取りながら、児童相談所に粘り強く交渉と説得を続けた結果、A君を引き受けられる里親が1件だけ見つかりました。当初は「全くありえなかった」はずの里親での生活が、奇跡的に実現することとなったのです※2。A君がシェルターに入居してから4ヵ月後のことでした。

片道の航空チケットに気づいたBさん・Cさん姉妹

伯父宅での生活のスタート

「この中学校から絶対に離れたくない。そう思うと、ずっと嫌だった掃除の時間でさえ、今はすごく幸せで嬉しいです」。

中学3年生のBさんと中学1年生のCさん姉妹は、母親を自殺で突然亡くしました。親がいない子どもは児童相談所が保護して児童養護施設に繋げますが、ほとんどの場合、住む地域も通う学校も変わってしまいます。Bさん・Cさんは、友だちのいるこの地域の学校が好きでどうしても離れられず、近所の母方の伯父の家に身を寄せました。

学校に通い続けられた2人でしたが、伯父の家では心が安まりませんでした。伯父は亡くなった2人の母親の悪口を毎日のように言い続け、それが苦痛でたまりませんでした。家はとても手狭で、2人は廊下に布団を敷いて寝なければなりませんでした。伯父との関係がぎくしゃくする度に、「この家を出たい」という思いと、「でも地域から離れたくない」という思いの間で揺れる2人を、幼い頃から見守っていた地域の民生児童委員の方が、弁護士の私に繋げてくれました。

学校で出したSOSと児童相談所の対応

私は2人と定期的に会い、主に他愛もない雑談をしながら、彼女らから生活の辛さの話が出

※2　この当時、17歳の彼が里親に繋がるのはまさに「奇跡」でした。里親委託は現在もまだ十分とは言えませんが、2016年の児童福祉法改正で、子どもは施設よりも里親などの「家庭における養育環境と同様の養育環境」で養育されるべきことが明記されています（3条2項）。

た時には、私が伯父と話し合いをすることを提案したり、伯父の家を出た場合のその後を一緒に考えたりしました。もし伯父の家を出れば転校が必要ですが、都内なら今の友達との繋がりは続けられます。施設はどこも定員一杯ですが、退所する子が多い年度末の3月なら選択肢が増えます。私は2人に様々な情報を提供し、「このまま耐えて暮らすか、そこから出るか、どちらもそれぞれプラスとマイナスがあるけれど、君たちの人生だから、その選択を応援するよ」というメッセージを、いつも必ず伝えました。児童相談所もかかわってはいましたが、児童福祉司はBさんとの面談を短時間一度行ったきりでした。

半年が経った10月のある日、Bさん・Cさんは「今日、伯父の家には帰らない」と学校でSOSを出しました。連絡を受けた私と児童福祉司が学校に駆けつけました。2人から話を聞くと、「伯父が自分たち2人の片道の航空チケットを買っていた。行き先は幼い頃に母が離婚した実父のところ。伯父は何の話もなく父のもとに追いやろうとしていた。父とは全く交流がなく、どんな所か分からないし、行きたくない。友達がいるこの東京から離れたくない」ということでした。

ところが、2人の必死の訴えに、児童福祉司は「父の家に一度行ってみてきたらどうか」と説得を始めました。私は強く抗議しました。片道チケットで行ってしまえば、そのまま東京に戻れなくなることは容易に予想できます。児童相談所が伯父にも実父にも連絡や面談をせず、実父宅の環境を調べもせず、子どもたちの意に反して追いやるのは、ケースワークとして極めて不適切だと主張しました。半年間楽しく雑談をしてきた私が児童福祉司に抗議している姿を見た2人は、「初めて弁護士っぽいところを見た」と目を丸くしていました。

納得して次の場所へ

児童相談所は2人を一時保護することに方針を転換しましたが、保護所もシェルターも十分な空きがなく、2人は別々の保護所に行くことになりました。私は、これまでずっと困難な中お互いを支え合ってきた2人がなるべく早く一緒になれるよう、児童相談所に申し入れました。しかし、それが可能な保護所はなかなか見当たらず、2人は都外の児童養護施設に一時保護委託となりました。

私がその施設を訪れると、2人は「一緒になれたけれど、結局東京から離れてしまったし、先日父がこっちに来てくれて、今後について落ち着いて話し合うことができた。納得できたので、父の家に行きます」とのことでした。父の家に移るタイミングも2人一緒のほうがいいのでは、と私から提案しましたが、受験を控えているBさんは早めに、施設のクリスマスパーティーが楽しみなCさんはそれを終えてから、というそれぞれの希望を尊重し、2人は約1ヵ月差で実父のもとへと移っていきました。

子どもの意見表明権

児童福祉法と子どもの権利条約

つい最近まで、児童福祉法の一番最初の条文には、「すべて児童は、ひとしくその生活を保障され、愛護されなければならない」と書かれていました（旧1条2項）。一見当然のことのように思えるこの表現も、よく読めば、子どもは、生活が保障され愛護される「対象者」であって、実質的な主語はあくまで大人でした。

その第1条が、2016年には、「全て児童は、児童の権利に関する条約の精神にのっとり、適切に養育されること、その生活を保障されること、愛され、保護されること、その心身の健やかな成長及び発達並びにその自立が図られることその他の福祉を等しく保障される権利を有する」と改められました。子どもが権利を持つ主体であることが、明確になったのです。

新しい条文に触れられている子どもの権利条約の中で、子どもの意見表明権を定めた12条が、特に重要です。子どもが自分に影響のある事柄について意見を自由に表明できること、司法や行政の手続の中で意見を聞いてもらえること、代理人のサポートも得られることなどを保障しています※3。

児童福祉の現場と意見表明権

日本の児童相談所が子どもの意見を聞いていない、というわけではありません。むしろ、児童相談所は、子ども本人の意見をしっかり受け止め、その意向を尊重しようと日々努力を重ねています。しかし、虐待対応案件が急増している現状では、児童福祉司が一人ひとりの子どもにじっくりと向き合う余裕はありません。また、子どもの意見よりも、組織や大人たちの都合が優先されてしまいがちであることは否めません。法律の第1条が改正されても、実際の現場で使われる「保護」や「措置」という言葉は、どうしても子どもを権利の主体として扱う意識を薄めます。児童相談所のような強い権限を持つ大人から、「あなたはここに行きなさい」と指示されれば、自立する力のまだない子どもは、たとえその指示に納得できない場合であっても、そのまま従わざるを得ません。日本は、国連の子どもの権利委員会からも、「児童相談所を含む児童福祉サービスが児童の意見にほとんど重きを置いていないこと（…）に対し、引き続き懸念を有する」と指摘されています※4。

そのような中で、シェルターにおける子ども担当弁護士は、条約がうたう意見表明権の保障

※3　児童の権利に関する条約（子どもの権利条約）12条
①締約国は、自己の意見を形成する能力のある児童がその児童に影響を及ぼすすべての事項について自由に自己の意見を表明する権利を確保する。この場合において、児童の意見は、その児童の年齢及び成熟度に従って相応に考慮されるものとする。
②このため、児童は、特に、自己に影響を及ぼすあらゆる司法上及び行政上の手続において、国内法の手続規則に合致する方法により直接に又は代理人若しくは適当な団体を通じて聴取される機会を与えられる。

の実現のために重要な役割を果たしています。子どもたちが一人の人間として尊重されること。自分の話にじっくりと耳を傾けてもらえること。自分の意見を形づくる前提になる情報を、きちんと受け取れること。多様な選択肢が示され、それぞれの選択肢のプラスとマイナスを一緒に考えられること。そして、自分で選んだ生き方を大人たちにサポートしてもらえること。そのような子どもの権利を支えるシェルターの子ども担当弁護士の活動は、まさに条約が求めているものです。このような大人による支えは、シェルターのケースに限らず、Bさん・Cさん姉妹のように、一時保護前から必要ですし、シェルター以外の場所での保護でも必要です。

Bさん・Cさんは、結果として当初児童相談所が勧めた実父宅に移りました。実は、自立援助ホームしかないと言われていたA君も、里親での生活の後、「次のステップに行きます」と自分から決意して、1年後に自立援助ホームに移っていきました。たとえ結果として同じところにたどり着くとしても、そのプロセスとして、「行きたくないのに大人から言われてしぶしぶ行かされた」のと、「自分の意見をきちんと主張し、納得した上で行く」のとでは、本人にとって全く意味が異なります。権利の主体であるということは、自分の人生を自分で選んで歩んでいくことに他ならないのです。

両親の離婚と子どもの手続代理人制度

子どもの権利条約は、「あらゆる司法上及び行政上の手続」で子どもが代理人のサポートを受けられるとしています。実は司法の分野では、２０１３年から「子どもの手続代理人」制度がスタートしています。両親が家庭裁判所で離婚や面会交流について調停などを行っている場合に、子ども本人が手続に参加することができ、かつ、その子どもに独自の代理人弁護士を付けることができる制度です。子どもがきちんと現在の状況を知り、そして、親に離婚してほしくない、離婚したらどちらの親のもとで暮らしたい、離れるほうの親と面会交流をしたい／したくない、などの子ども本人の意見を手続に反映させていくことができます。一般への周知がまだ十分になされておらず、家庭裁判所も選任に積極的でないなどの課題はありますが、子どもの意見表明権を保障する重要な制度です。

このような子どもの代理人制度が、行政の分野である児童福祉にも必要です。

２０１６年の児童福祉法改正で、児童相談所に弁護士を配置するよう明文で規定されました。私自身も今では、児童相談所をサポートする仕事もしています。しかし、子どもの権利の保障のためには、児童相談所に弁護士が加わるだけでなく、一定のケースで子ども自身に独自の弁護士がついて直接支援できる仕組みを、児童福祉法の中にきちんと定めるべきだと思います。

※4　第3回政府報告書審査　２０１０年6月20日・国連子どもの権利委員会の最終見解（https://www.nichibenren.or.jp/activity/international/library/human_rights/child_report-1st.html）

子どもたちが権利の主体であるために

「あなたは大切な存在だよ、自分で自分の人生を生きていいんだよ」。そのメッセージを子どもたち自身が受け取り、必要な情報を子どもたち自身が得られることが、何より大切です。私は、個別のケースで出会う子ども以外にも広く伝えるために、学校の授業に出かけ、中高生の児童館や児童養護施設を定期的に訪問し、毎月子ども向けのブログを更新して発信しています※5。

しかし、子どもたちにそのメッセージ――権利の主体であること――を出せるのは、弁護士や児童福祉関係者だけではありません。私たち一人ひとりの誰もができることです。A君には精神保健福祉センターの職員が、Bさん・Cさん姉妹には地域の民生児童委員が寄り添い続けました。児童館のスタッフでも、塾の先生でも、同級生の親でも、近所の方でも構いません。その子に身近な大人がしっかり寄り添ってメッセージを伝え続け、必要に応じて関係機関や弁護士と連携することが、子どもたちが主体的に生きていけることに繋がります。

新聞で目にする10万件以上という児童相談所の受理件数は、けっして遠い場所の出来事ではありません。誰もがそれを身近に感じ、すぐ隣にいる子どもたちと共に歩んでいくことが、子どもの権利保障のための第一歩なのです。

※5　ブログ「どうなってるんだろう？　子どもの法律」（http://ymlaw.txt-nifty.com/blog/）。２０１7年3月に書籍化されました。山下敏雅・渡辺雅之編著『どうなってるんだろう？子どもの法律――一人で悩まないで！』高文研。

第14章

里親制度
——子どもの最善の利益を考えた運用を

村田和木
ライター・社会福祉士

どうして、こんなにさびしいんだろう

5年前、Yさんという20代初めの青年に出会った。彼は生まれてすぐ東京都内の乳児院に入れられ、3歳で児童養護施設に移り、子ども時代のほとんどを施設で過ごした。彼の名前は、生まれた病院の看護師がつけてくれたという。

小学3年生のとき、彼は「お母さんに会いたい！」と思い、施設の職員や児童福祉司（児童相談所における彼の担当者）に「俺のお母さんを探して」と何度も頼んだ。しかし、その願いが聞き入れられることはなかった。

彼が高校3年生になるとき、「家庭での生活体験が必要」との判断で、里親家庭に移ることになった。それは、Yさんにとって不本意な決定だった。

「物心つく前から施設で生活してきたのに、いまさらなんで？と思いました。俺は、慣れ親しんだ施設から社会に出たかったです」

ちなみに、里親とは、公的な保護を必要とする子ども（要保護児童）を自分の家庭に迎え入れ、子どもが親元に戻れるまで、または自立するまで育てる人（世帯）をいう。養子縁組と異なり、法律上の親子関係にはならない。

里親制度は、児童福祉法に基づいて運営されている。里親は、児童福祉審議会での審議を経て都道府県知事（または指定都市の市長）に認定されると、児童相談所の里親名簿に登録する。児童相談所長は、知事から要保護児童を里親に委託する権限の委任を受けている。子どもを委託された里親には、里親手当や子どもの生活費などが支給される※1。

さて、里親家庭に移ってから、Yさんは児童相談所にたびたび電話をし、彼の担当になったばかりの児童福祉司に「俺の母親を見つけてくれ」と訴えた。その結果、ようやく知らされたのは、彼が小学6年生のときに母親が亡くなっていたという事実だった。

「小学生の俺が必死で頼んだとき、施設の先生や児童相談所の人が探してくれていたら、俺はお母さんに会えたんです。亡くなってから墓参りをしたって、しようがない。お母さんを探してくれなかったことは、いまだに許せません」

高校卒業後、Yさんは里親の家を出た。筆者が会ったときは、北関東のある県で建設関係の仕事をしていると話していた。知り合いも身寄りもいない土地でのひとり暮らし。彼を苦しめていたのは孤独感だった。

「さびしくて、さびしくて、夜眠れないんですよ。どうして、こんなにさびしいんだろうって思います」

彼と出会って1週間後、筆者は彼に教えてもらった住所に手紙を出した。ところが、受取人不明で戻ってきた。携帯電話の番号を聞かなかったのが悔やまれる。

特定非営利活動法人ビッグイシュー基金が2010（平成22）年12月に発行した『若者ホームレス白書』では、インタビューした若者（全員が男性）50人のうち、「児童養護施設で育った」と答えた人が6人いた。困ったときに帰れる実家がない、頼れる親や親族がいない、保証人がいない……。支えがないまま生きるのは、崖の縁を歩いているようなものだ。どんなに注意をしていても、突風が吹いたら転落しかねない。

Yさんは、いまどこで、どのように暮らしているのだろう？　彼のさびしさは解消されただろうか？

子どもの施設大国ニッポン

私たちの多くは、「家庭」という私的な空間で、「家族」という親密な人間関係の中で大人になっていく。家庭や家族はあって当然で、ない状態は想像しにくい。

※1　民法上、扶養義務のある三親等内の親族（祖父母、兄姉）が里親になった場合、里親手当は出ない。

表1　里親等委託率と乳児院と児童養護施設の入所率の推移

	里親等※		乳児院		児童養護施設		児童数
	委託児童数（人）	割合（%）	入所児童数（人）	割合（%）	入所児童数（人）	割合（%）	計（人）
2006（平成18）年度末	3,424	9.5	3,013	8.3	29,808	82.2	36,245
2007（平成19）年度末	3,633	10.0	2,996	8.2	29,823	81.8	36,452
2008（平成20）年度末	3,870	10.5	2,995	8.2	29,818	81.3	36,683
2009（平成21）年度末	4,055	11.1	2,968	8.1	29,548	80.8	36,571
2010（平成22）年度末	4,373	12.0	2,963	8.1	29,114	79.9	36,450
2011（平成23）年度末	4,966	13.5	2,890	7.9	28,803	78.6	36,659
2012（平成24）年度末	5,407	14.8	2,924	8.0	28,233	77.2	36,564
2013（平成25）年度末	5,629	15.6	2,948	8.2	27,465	76.2	36,042
2014（平成26）年度末	5,903	16.5	2,876	8.0	27,041	75.5	35,820
2015（平成27）年度末	6,234	17.5	2,882	8.0	26,587	74.5	35,703

※「里親等」は、平成21年度から制度化されたファミリーホーム（小規模住居型児童養育事業、養育者の家庭で5～6人の子どもを養育）を含む。

しかし、なかなか注目されないが、Yさんのように家庭や家族を持てない子どもたちは常に存在する。表1は「里親等委託率※2と乳児院と児童養護施設の入所率の推移」を表したものだ。乳児院と児童養護施設にいる子どもの数を合計すると、毎年約3万〜3万2000人になる。日本の景気が非常に良かったバブル経済の時代でも、3万人を超える子どもたちが乳児院や児童養護施設で生活していた。

子どもたちはなぜ、施設にいるのだろう？

それは、彼らの親や保護者が病気、離婚、失踪、貧困、死亡、ひとり親など、さまざまな理由で子どもを育てられなくなるからだ。親（保護者）から虐待や不適切な養育を受ける子どもたちも少なくない。

何らかの理由で親との同居がかなわなくなった子どもたちは、都道府県及び指定都市や中核市に設置されている児童相談所に保護され、「措置」と呼ばれる行政処分によって、乳児院、児童養護施設、児童心理治療施設（元・情緒障害児短期治療施設）、児童自立支援施設などの入所施設に入れられる（表2）。または、里親家庭やファミリーホームに委託（措置）される。

２００９（平成21）年に始まったファミリーホーム（小規模住居型児童養育事業）は、いわば〝里親の拡大版〟で、５～６人の子どもたちを養育者自身の家庭で育てる制度だ。

こうした仕組みは「社会的養護」と呼ばれ、厚生労働省は次のように説明している。

「社会的養護とは、保護者のない児童や、保護者に監護させることが適当でない児童を、公的責任で社会的に養育し、保護するとともに、養育に大きな困難を抱える家庭への支援を行うことです。社会的養護は、『子どもの最善の利益のために』と『社会全体で子どもを育む』を理念として行われています」

Yさんの場合、生母が彼を育てられない状況にあるのなら、早い段階で代わりの親を見つけるべきだった。彼が生まれる前の１９８８（昭和63）年には、民法等の一部改正によって、子

※2　里親等委託率とは、児童相談所に保護された子どものうち、乳児院や児童養護施設ではなく、里親やファミリーホームに委託されている子どもたちの割合を指す。

表2　日本における子どものための入所施設の種類と定員

施　設	乳児院	児童養護施設	児童心理治療施設	児童自立支援施設	母子生活支援施設	自立援助ホーム	計
施設数	136ヵ所	603ヵ所	46ヵ所	58ヵ所	232ヵ所	143ヵ所	1,218ヵ所
定　員	3,877人	32,613人	2,049人	3,686人	4,779世帯	934人	43,159人及び4,779世帯
現　員	2,901人	27,288人	1,399人	1,395人	3330世帯 児童5,479人	516人	38,978人
定員充足率	74.8%	83.7%	68.3%	37.8%	69.7%	55.2%	

※施設数、定員、現員数は2016（平成28）年10月1日現在。厚生労働省家庭福祉課調べ。

どもの福祉を目的とした特別養子縁組制度が始まっている※3。特別養子縁組が成立していたなら、Yさんを法律上の実子《じっし》とする両親ができ、家族に見守られながら育つことができた。独り立ちするときも、物心両面での支援が得られたに違いない。彼はなぜ、そうならなかったのだろう？

理由は、日本が先進諸国でも珍しい〝子どもの施設大国〟だからだ（参考資料）。

表1の里親等委託率（里親等の割合）の推移を見てほしい。徐々に増えてきたとはいえ、２０１５年度末においても、里親家庭で生活する子どもは2割に満たない17・5%だ。要保護児童の8割以上が施設に入っている。Yさんが生まれた１９９０年代には、自分の家庭を失った子どもたちの9割以上が施設に入れられていた。１９５１（昭和26）年5月5日に制定された児童憲章の第2条には「すべての児童は、家庭で、正しい愛情と知識と技術をもって育てられ、家庭に恵まれない児童には、これにかわる環境が与えられる」と書いてあるのだが……。

戦後における里親制度の振興と長期低迷

「これ（家庭）にかわる環境」とは、里親家庭や養子縁組を意味する。だが、里親制度はほとんど知られていない。養子縁組と混同されることが多いうえ、犬猫などの新しい飼い主を「里親」と呼ぶこともある。本来の里親制度とは、いったいどのようなものなのだろう？

里親の起源は古く、平安時代中期には、貴族の間で子女を村里に預けて育ててもらう風習があったという。村里に預けられた子どもを「里子《さとご》」と呼び、里子を育てる人は「里親」と呼ばれた。他人に子どもを預ける風習は、しだいに武家、商人、一般庶民へと広がっていったとされる。

現在の里親制度は、そうした民間の風習とは根本的に異なるもので、１９４７（昭和22）年12月に成立した児童福祉法に導入され、国の制度となった。翌48年10月、事務次官通知「里親等家庭養育の運営に関して」及び「家庭養育運営要綱」が各都道府県知事宛てに出され、里親

※3　特別養子縁組制度とは、生みの親が育てられない子どもの福祉の増進をはかるのを目的に、養子となる子どもと生みの親との法的な親子関係を解消し、血縁関係のない夫婦が親子関係を結ぶ制度。原則6歳未満の子どもが対象。半年以上の試験養育後、家庭裁判所の審判を経たうえで、養親となる夫婦の戸籍に実子として記載される。現在、「6歳未満」という年齢要件を拡大しようとする動きがある。

制度の運用が始まる。

戦後間もない日本で、里親制度は急速に伸びていく。要保護児童における里親委託率（以下のカッコ内は里親委託児童数）は、1949年に17・6％（3278人）、53年に19・7％（7979人）、58年には20・2％（9618人）となり、登録里親数は2万世帯に迫る勢いだった。

ところが、それ以降、長い低迷の時代に入ってしまう。里親委託率は1970年代に10％を切り、里親委託児童数は3000人台に、2000年前後には6％台、里親委託児童数は約2200人となって戦後最低を記録した。

なぜ、このような状況に陥ってしまったのだろうか？「里親委託促進のあり方に関する研究委員会」が出した報告書「里親委託促進のあり方」（2003年3月）では、里親委託が進まない理由として、次のような問題点を挙げている。

- PRが圧倒的に不足しているため、里親の制度や実態がほとんど知られていない。
- 実親《じつおや》には「子どもをとられる」という意識があり、里親を敬遠する傾向が強いうえ、子どもの措置には実親の意思が優先的に扱われる。
- 里親の所管である児童相談所の体制が弱い。
- 児童相談所が、里親よりも施設入所を選択する傾向がある。
- 里親の認定要件が抽象的で、認定も寛容であることから、実際には子どもの委託が難しい人も登録になっている。

- 里親希望者（世帯）の調査が不十分。
- 登録里親の中には養子縁組希望者が多く、預かる子どもに対する条件が厳しい。
- 里親と里子のマッチング（組み合わせ）のノウハウが確立されていない。
- 里子の養育が里親にまかせきりの傾向で、子どもの生活費の支給も十分でない。
- 里親の資質・能力を向上させるための研修等がない。
- 里親が安心して相談できる人や機関がない。

里親制度の改革と推進——里親を〝社会的養育者〟に

2000（平成12）年、「児童虐待の防止等に関する法律（児童虐待防止法）」が施行された。「虐待を受けた子どものケアには、集団で養育する施設よりも一人ひとりに個別対応できる里親制度の充実が必要である」との観点から、里親制度の見直しが議論されるようになった。

2002（平成14）年は、里親制度の大改革が行われた年だ。児童福祉法の改正に伴い、里親制度にとって初めての省令となる「里親の認定等に関する省令」及び「里親が行う養育に関する最低基準」が施行された。「養育里親」のほかに「専門里親」と「親族里親」の類型ができ、里親の研修や養育相談を行う里親支援事業が始まった。里親が一時的に休息をするための

表3　里親の種類

養育里親	家族と暮らせない子ども（要保護児童）を一定期間、自分の家庭に迎え入れて養育する。
専門里親	養育里親のうち、虐待や非行、障害などの理由により専門的な援助を必要とする子どもを養育する。
養子縁組里親	養子縁組によって、子どもの養親となることを希望する。
親族里親	実親が死亡、行方不明などの理由により養育できない場合に、子どもの祖父母や兄姉など三親等内の親族が養育する。

援助（レスパイト・ケア）も導入された。それまで里親は「子どものいない夫婦がなるもの」というイメージが強かったが、この改正で里親の果たすべき社会的役割が明確になった。2年後の2004（平成16）年には、里親も児童福祉施設の施設長と同様、児童福祉法上の保護者として位置づけられた※4。

2009（平成21）年、里親制度は再び大きく変わる。まず、「養育里親」から「養子縁組を希望する里親（養子縁組里親）」が制度上分けられ（表3）、〝社会的養護の担い手〟となるべき養育里親には研修の受講が義務づけられた。里親手当が倍額に引き上げられ、里親支援の業務を総合的に行う里親支援機関事業の実施が始まった。一部の自治体で行われていた里親型グループホームを「小規模住居型児童養育事業（ファミリーホーム）」として法定化した。里親家庭やファミリーホーム、施設で暮らす子どもたちと、児童相談所の一時保護所にいる子どもたちを守るための「被措置児童等の虐待防止」の枠組みが定められた。

2011（平成23）年3月、厚生労働省は「里親委託ガイドライン」をまとめ、「社会的養護においては里親委託を優先して検討するべき」との方針（里親委託優先の原則）を打ち出す。7月には「社会的養護の課題と将来像」を発表し、里親及びファミリーホームへの委託を優先するだけでなく、「児童養護施設や乳児院等も、できる限り家庭的な養育環境（小規模グループケア、グループホーム）に変えていく必要がある」とした※5。また、同年9月には、3月11日に起きた東日本大震災で震災孤児となった子どもたち241人の引き受け先を確保するため、民法上、扶養義務のないおじ・おばを「養育里親」と認め、里親手当を支給できるようにした。

要保護児童における里親及びファミリーホームへの委託の割合を示す里親等委託率は、里親制度の実施主体である都道府県によって非常に大きな差がある。厚生労働省は、69自治体（47都道府県、20指定都市、2中核市）の里親等委託率をすべて公表し、最大と最小の自治体名を挙げている。2016（平成28）年3月末において、最大は静岡市の46・9%、最小は秋田県の7・5%だった（全国平均は17・5%）。静岡市、さいたま市、福岡市、大分県など「里親等委託率の過去10年間の増加幅の大きい自治体（上位10自治体）」も公表している。

※4　2004（平成16）年の児童福祉法改正では、「監護権」「教育権」「懲戒権」の三つが、児童福祉施設の施設長と同様に里親にも認められ、里親は児童福祉法における「保護者」となった。これに対応して、「里親が行う養育に関する最低基準」に「懲戒に係る権限の濫用禁止」が入った。

※5　「社会的養護の課題と将来像の実現に向けて」において、「将来像は、本体施設、グループホーム、里親等を各概ね3分の1。児童養護施設の本体施設は、全て小規模グループケアに」とした。その後、「平成31（2019）年度までに」と期限を区切った。

特定の養育者と結ぶ愛着関係が大事

国はなぜ、里親制度を推進するのだろう？　厚生労働省は「里親制度は、健やかな育ちを求める〝子どものための〟制度です」と強調したうえで、次のように説明している。

「里親制度は、さまざまな事情により家庭での養育が困難又は受けられなくなった子どもたちを、温かい愛情と正しい理解を持った家庭環境の下で養育する制度です。家庭での生活を通じて、子どもが成長する上で極めて重要な特定の大人との愛着関係の中で養育を行うことにより、子どもの健全な育成を図ります」

愛着関係とは、主に乳幼児期の子どもと、母親を代表とする特定の養育者との間にできる〝情緒的な結びつき〟のことだ。無力な乳幼児が空腹や不快感を訴えたとき、養育者がきちんと対応することで形成される。愛着の対象となった養育者は、子どもを不安や恐れから守り、安心感を与え、一生を通じて〝心のよりどころ〟となり続ける。愛着関係は対人関係の基盤をつくるため、何らかの理由で形成されないと、情緒面や対人関係において問題が起きてしまうと言われている。

高校3年生のMさんが里親のAさん夫妻の家で暮らし始めて、2年が過ぎた。両親は彼女が小学生のときに離婚。母親はすぐ再婚し、弟妹ができたが、その家にMさんの居場所はなかった。高校1年生の春、二度と戻らない覚悟で家を出た。児童相談所の一時保護所にいるとき、児童福祉司から紹介されたのが農業を営むAさん夫妻だ。夫妻はベテラン里親で、Mさんは彼らの10人目の里子になった。

Aさん家から高校に通い始めると、Mさんは人混みが怖くて電車やエレベーターに乗れなくなった。乗ると動悸が激しくなり、呼吸困難に陥る。病院へ行くと「パニック障害」と診断され、「対人関係の不安が原因」といわれた。里父《さとちち》は「焦らなくていい。医者のいうことを聞いて、薬をきちんと飲んでいれば治るから」と励ましてくれたが、幼いころから常に不安を感じてきたMさんは、どうしていいかわからず自分を責めた。そして、ある日学校で、医師に処方された薬を大量に飲んでしまう。意識が朦朧《もうろう》として保健室に運ばれた彼女を、里父が急いで迎えに来てくれた。

その晩、里母《さとはは》が「一緒に寝よう」と誘ってくれた。里母の布団に入ると、暖かくて落ち着く匂いがした。それからは、気持ちが一杯になって泣きたくなると、里母の布団にもぐり込み、話を聞いてもらった。朝まで一緒に寝ることもあった。温もりを感じながら、「もう、この人のほかにお母さんと呼べる人はいない」と思ったという。

その後、Mさんは、ときどき不安定になってAさん夫妻に心労をかけつつも、少しずつ落ち着いていく。A家に来たころは、「どっちでもいい」と「どうでもいい」が口癖だったが、2年生の秋には文化祭の準備に積極的に取り組み、3年生になってからは学級委員長を務めてい

表４　里親等の種類と委託されている子どもの数

区　分	登録里親数	委託里親数	委託率	委託児童数
	10,679 世帯	3,817 世帯	35.7%	4,973 人
養育里親	8,445 世帯	3,043 世帯	36.0%	3,824 人
専門里親	684 世帯	176 世帯	25.7%	215 人
養子縁組里親	3,450 世帯	233 世帯	6.8%	222 人
親族里親	505 世帯	495 世帯	98.0%	712 人

ファミリーホーム	
ホーム数	287 ヵ所
委託児童数	1,261 人

※里親数、ファミリーホーム数、委託児童数は福祉行政報告例による。
（平成28年3月末現在）

る。卒業したらA家を出る予定だが、里帰りする日がいまから楽しみだ。

行政の保護を必要とする子どもたちは、親との愛着関係が十分に形成されていないことが多い。それが、彼らの生きづらさにつながっている。しかし、たとえ血縁はなくても、普通の暮らしの中で、特定の養育者と愛着関係を結ぶことができれば、彼らの心と体は安定し、自分なりの道を歩んでいけるのだ。

２０１６（平成28）年３月末において、里親家庭で暮らしている子どもの数は４９７３人、ファミリーホームで１２６１人、計６２３４人となっている（表４）。それに対し、児童養護施設と乳児院にいる子どもの数は約３万人。自分の家庭を失った後、別な家庭で暮らせる子どもたちは、まだまだ少ない。

子どもの立場にたった「新たな社会的養育ビジョン」

２０１５（平成27）年9月、当時の塩崎恭久厚生労働大臣のもとで「新たな子ども家庭福祉のあり方に関する専門委員会」が発足した。児童虐待が増え続ける現状を踏まえ、限界が生じている既存の制度を改革し、新しい子ども家庭福祉の実現を目指すとした。

その「報告（提言）」を受け、２０１６（平成28）年5月、抜本的な改正を施した児童福祉法（以下、改正法）が成立する。日本が１９９４（平成6）年に批准した「国連子どもの権利条約（児童の権利に関する条約）」の精神に則《のっと》り、「大人から保護される対象」だった子どもは「権利を持つ者（権利の主体）」に変わった。改正法の第1条には「全ての子どもには、適切な養育を受け、健全に育つ権利があり、その自立が保障されるべき」という新しい理念が掲げられている。

改正法では、子どもたちが安全な家庭環境で心身ともに健やかに育つために、子どもの保護者（実親）は第一義的（最も重要な）責任を負う。国や地方公共団体は、保護者が子育ての責任を果たせるように支援する。保護者による養育が困難な場合は、里親等による養育（家庭養護）を推進するが、リクルート（新規里親募集）・研修・支援を含めた一貫した里親支援を都道府県（児童相談所）の責任で行う。また、生後すぐの遺棄など赤ちゃんの虐待死を防ぐ観点から、特別養子縁組に力を入れることとした※6・※7。

改正法の成立直後、塩崎大臣の主導で「新たな社会的養育の在り方に関する検討会」が設置される※8。2011（平成23）年に出された「社会的養護の課題と将来像」を全面的に見直すのが目的で、約1年後の2017（平成29）年8月、「新しい社会的養育ビジョン（以下、ビジョン）」を公表した。なお、その前の7月に厚生労働省で組織再編があり、子ども・子育て支援に特化した「子ども家庭局」が新設している。

ビジョンは、「子どもの権利を大切にし、子どもの最善の利益を守る」という改正法の理念を具現化するもので、子ども側の視点にたった「新たな社会的養育の構築」を目指している。「社会的養護」ではなく「社会的養育」になっているのは、次の3点が主な理由だろう。

1　保護者のない児童や保護者に監護させることが適当でない児童（要保護児童）に限らず、すべての子どもと家庭を支援の対象とする。

2　社会的養護のサービスは、多くの場合、子どもを保護者から引き離して保護すること（親子分離）から始まるが、社会的養育は親子を引き離さないようにするためのサービス（在宅支援）に力を入れる。

3　社会的養護の実施主体が、児童相談所の設置されている都道府県であるのに対し、在宅支援は、住民にとって最も身近な自治体である市区町村が中心となって行う。

ビジョンでは、実現に向けた工程を示すための数値目標も示している。要点を挙げてみよう。

●すべての子どもとその家庭を支援するために、市区町村におけるソーシャルワーク体制をつくり、支援メニューを充実させる。

●親子分離をさせないために、市区町村が行う在宅での支援体制をつくり上げる。

●生みの親の代わりに子どもを育てる代替《だいたい》養育は、里親等の家庭養護を原則とする。

●代替養育を受ける子どもには、その年齢に応じた十分な説明を行い、子どもの意向を尊重する（子どもの意見表明権の保障）。

●就学前の子どもは、原則として施設への措置を禁止する。愛着形成に最も重要な時期である3歳未満の子どもは概《おおむ》ね5年以内に、3〜6歳の就学前の子どもは概ね7年以内に里親等委託率75％以上を実現する。学童期以降は、概ね10年以内をめどに50％以上を実現する。

※**6**　養子縁組を希望する「養子縁組里親」を法定化した。研修を義務化し、児童相談所の養子縁組名簿に登録するとともに、児童相談所は養子縁組に関する相談に応じることとした。

※**7**　2016年12月には、「養子縁組児童保護法（民間あっせん機関による養子縁組のあっせんに係る児童の保護等に関する法律）」が成立している。民間あっせん機関（事業者）を従来の届出制から都道府県知事による許可制に変えることで、悪質業者の排除をはかる。無許可事業者には1年以下の懲役か100万円以下の罰金が科される一方、許可を得た事業者には国や自治体が財政支援を行う。また、事業者の質を向上させるため、責任者らへの研修を実施する。施行期日は2018年4月予定。

※**8**　同時に、「児童虐待対応における司法関与及び特別養子縁組制度の利用促進の在り方に関する検討会」「子ども家庭福祉人材の専門性確保ワーキンググループ」「市区町村の支援業務のあり方に関する検討ワーキンググループ」が設置された。それぞれの報告は「ビジョン」に活かされている。

●里親のなり手を確保し、里親が質の高い養育を提供できるように、児童相談所が行っている里親制度に関する一連の包括的業務（フォスタリング業務）を強化する。フォスタリング機関事業を創設し、民間団体も担えるようにする。

●ファミリーホームの事業者を里親登録者に限定し、2021（平成33）年までに「一時保護里親」「専従里親」などの新しい類型の創設を目指す。併せて、「里親」の名称変更を行う※9。

●児童相談所においては、保護した子どもの家庭復帰がかなわない場合は養子縁組を選択するなど、永続的な解決（パーマネンシーの保障）を目指すソーシャルワークが行われるよう徹底する。

●特別養子縁組は、児童相談所と民間機関が密に連携して、概ね5年以内に現状の約2倍である年間1000人の成立を目指す。その後も増加をはかっていく。

●施設は子どもに対して、「高度に専門的な治療的ケア」と、個別対応を基本にした「できる限り良好な家庭的養育環境」を提供する。入所期間は、原則として乳幼児は数ヵ月以内、学童期以降は1年以内。

●中核市・特別区における児童相談所の設置を進める。

●現在の一時保護所は閉鎖的で、入所した子どもたちは学校に通えず、滞在期間も長期化していることから、概ね5年以内に子どもの権利が保障された一時保護の体制を実現する。

これに対し、主に里親等委託率の低い自治体から「あまりにも高い目標に驚いた」「数年単位で体制を整えるのは困難だ」といった戸惑いの声が上がった。児童養護施設等を運営する側からも疑問の声が出ている。しかし、このビジョンは、児童福祉サービスを提供する側のために作成されたものではない。あくまでも、子どもが安心して大人になっていくための支援内容を示すものだ。これまでの考え方を捨てて、発想を転換する必要がある。

発想の転換とは何か？　それは、大人たちが「私がこの子だったら、どうしてほしいだろう？」という視点を持つことだ。子どもの立場に自分の身を置き、親身になって考えれば、「子どもの最善の利益」は見えてくる。

ある児童相談所長がこんな話をしてくれた。彼は母一人子一人の家庭で育ったため、少年時代は「お母さんが死んでしまったら、どうしよう」と不安でたまらなかった。幸い母親は長生きしてくれたのだが、大人になったいま、「もし自分が要保護児童になったら、どこで暮らしたいか？」を考えたとき、自然に出てくる答えがあった。1番目は、自分たち母子に親切にしてくれた近所のおばあさんの家。2番目は里親の家。3番目が児童養護施設。

サービスの語源は「自分がされたいように、相手にも行え」という聖訓からきているという。

※9　「里親」の名称変更は、2002年の里親制度大改革時から課題となっている。里親に代わる名称として「養護家庭」、または、東京都が1970年代から使用している「養育家庭」が候補に挙がったこともあるが、変更には至らなかった。

児童福祉サービスも、大人が一方的に与えるのではなく、サービスを受ける子どもたちの思いに応えるものでなければならない。

その意味では、困っている親子の身近にいる大人が里親になれる道筋が必要だろう。オーストラリアには「キンシップ（kinship、親族里親）」という類型がある。「キン（kin）」は「血縁、親類」という意味だが、オーストラリアでは、近所の人、子どもの学校の先生、親の友人なども「キン」に入るそうだ。子どもが通っている保育所の保育士など、子どもとの関係がすでにできている大人が里親になれば、子どもは安心できるし、何より環境を変えずにすむ。

子どもは地域で暮らしたい――まず親子支援を

里親制度に関して言えば、今後はすべての都道府県（児童相談所）に創設されるフォスタリング機関事業が重要な任務を担う。ただ、発足するまでに3年の準備期間を見込んでいるため、現時点では未知数の部分が大きい。予定どおり、2020（平成32）年度末までにすべての都道府県でフォスタリング機関事業が立ち上がったとしても、求められるソーシャルワークができるようになるまで数年はかかるだろう。里親等委託率に見られるように、大きな自治体間格差が生じる可能性もある。

里親は児童相談所に登録しているため、市区町村の子育て支援とのつながりは薄かった。しかし、2017（平成29）年3月31日付の厚生労働省雇用均等・児童家庭局長の通知「里親支援事業の実施について」（雇児発0331第44号）によって、里親やファミリーホームは「子育て短期支援事業（ショートステイやトワイライトステイ）」※10の受け皿になるだけでなく、ショートステイやトワイライトステイを利用できるようになった。今後は里親も地域の子育て支援とつながりながら、子どもを養育していったほうがいい。それによって、里親制度への理解も進むはずだ。

また、改正法によって、里親やファミリーホームの養育者も、委託された子どもと保護者（実親）との親子再統合を支援することになった。里親は、児童相談所と協力して子どもを支援するだけでなく、その保護者も支援する必要がある。そして、里親委託も代替養育である以上、できるだけ短い期間で子どもを保護者に返すことが望まれる。しかし、子どもと離れた保護者への支援はほとんどなされていないのが現状だ。そのため、親子再統合後に虐待が繰り返される恐れがある。それならば、親子を分離させずに虐待を防止する支援を地域でもっと充実させるべきだ。

現在、児童養護施設で暮らしている中学生の少年がいる。家庭で虐待を受けていた彼は、小学2年のとき、体育の授業中に突然先生に呼ばれ、そのまま児童相談所に保護された。そして、

※10 「子育て短期支援事業」とは、保護者の仕事や病気などが理由で、家庭において子どもの面倒をみることが困難になったとき、子どもを預かる事業。宿泊を伴う「ショートステイ」と、平日の夜間や休日に預かる「トワイライトステイ」がある。

遠くの児童養護施設に措置された。同級生に「さよなら」を言えなかったことが彼の心残りで、「施設を出たら、戻りたい」と話している。彼にとっては、そこがふるさとなのだろう。

子どもの安全確保は重要だが、慣れ親しんだ環境から急に引きはがすのは酷なことだ。子どもが生きる世界は家庭だけではない。友だち、先生、学校、近所のおじさんやおばさん、見慣れた風景……、地域での生活もまた、子どもの成長には欠かせない。

今回のビジョンにおいて最も重要なのは、在宅支援を市区町村に位置づけたことだろう。

栃木県日光市にある認定NPO法人「だいじょうぶ」は、児童虐待防止を目的として、2005（平成17）年に設立された。翌06年から市の子ども虐待防止等相談事業を受託し、24時間の電話相談に対応するとともに、地域で困っている親子の話を耳にすると、家庭訪問をして、ゴミ捨てを含む家事援助や病院への付き添いなど、必要とされる支援を寄り添うように行ってきた。理事長の畠山由美さんは「お母さんは、自分が責められないと知ると相談してきます。子どもも、『困った』と訴えたら良くなったという経験をすると、お母さんより先に相談してくれます」と話す。

それでも、支援の手を拒み続ける親がいる。そこで、「家に入れないのなら、子どもに来てもらおう」と考え、2010（平成22）年に市内の民家を借り、子どもの居場所事業「ひだまり」を始めた。利用する子どもの年齢層は、幼児から高校生までと幅広い。利用料は無料だ。

利用する子どもは、スタッフが学校や家まで迎えに行く。「ひだまり」に来たら、遊んだり宿題をしたりして、好きなように過ごす。スタッフは食事や入浴、衣類の洗濯などを提供し、家庭で欠けている養育を補う。午後7時になると、スタッフが子どもたちを家まで送り届ける。夏休みには子どもたちを連れて川遊びやプールに行き、みんなでバーベキューをする。必要な子にはランドセルをプレゼントし、学校用の手提げ袋や上履き入れを作って渡す。大人に見守られながら楽しく過ごす中で、子どもたちは基本的な生活習慣を身につけていく。親の状況や家庭環境が好転すると、自然に「ひだまり」を卒業していくそうだ。

このほかに、支援の必要な乳幼児を一時的に預かり、成長・発達を促す「キッズルーム（認可外保育施設）」、行き場のない母子がそれぞれの状況に合わせて1〜2カ月から半年くらい入居し、支援を受けながら自立に向けて準備する「ステップハウス」、虐待をしている親向けの回復プログラムや虐待を未然に防ぐための子育て応援セミナーなども行っている。

畠山さんは、「客観的に見たら問題のある親であっても、その親に子どもを思う気持ちがあるならば、親子分離をさせるべきではない」と考えている。

「子どもが児童養護施設に入ったことで、両親が離婚し、一家離散した例もあります。まさに〝子はかすがい〟だったのでしょう。子どもは18歳で施設を出ますが、そのときには帰れる家も、頼るべき親も失っているのです。だから、私たちはできるだけ、地域の中で親子が一緒に暮らしていける方法を考えていきたい」

畠山さんは「だいじょうぶ」の活動をしながら、夫の憲夫さんと共に里親として子どもたちを育ててきた。現在はファミリーホーム「虹の家」を運営し、5人の子どもを育てている。

大阪市西成区で活動するNPO法人「こどもの里」も、日雇い労働者の街・釜ヶ崎で親子支援を行っている。建物の一室で始まった子どもたちの遊び場（ミニ児童館）は、借金や家庭内暴力から逃げてきた子どもや親たちの緊急避難場所につながり、1980（昭和55）年、子どもたちが安心できる居場所を提供し、親から生活相談を受ける「こどもの里」ができた。

館長の荘保共子《しょうほともこ》さんは、2000（平成12）年12月に里親登録し、翌年には大阪市家庭養護寮の認定を受け、複数の子どもたちを育ててきた。2010（平成22）年3月からはファミリーホームに移行している。

「こどもの里」は3階建てだ。1階は子どもたちが思い切り体を動かせる広いホール、2階は料理や食事が一緒にできる食堂と勉強ができる図書室、緊急避難や一時宿泊ができる部屋もある。利用する子どもたちは、0歳から20歳くらいまで。障害の有無や国籍の区別なく、無料で受け入れている。子育てに悩む親のためのプログラムも実施している。その様子は、ドキュメンタリー映画『さとにきたらええやん』（監督・重江良樹／2016年）に詳しい。

そして、2016年度には男の子のための「自立援助ホーム」を、17年度からはファミリーホームを出た子どもたちのための「ステップハウス」も始めた。

児童虐待防止に必要なのは、親が気軽に相談できて、必要なときに安心して子どもを預けられる身近な場所だ。「だいじょうぶ」も「こどもの里」も、子どもの育つ環境を優先して現在の形になっている。そして、畠山さんも荘保さんも必要に応じて里親になり、ファミリーホームになった。ファミリーホームの中には「子ども食堂」を開き、地域の母子家庭とつながった例もある。

親への支援は、子どもへの支援に直接つながっている。周りの人たちに助けられながら育った子どもは、周りの人を助ける大人になるだろう。困っている親子を支援することは、未来への投資なのだ。

【参考】各国の要保護児童に占める里親委託児童の割合（2010年前後の状況）

高い順から、オーストラリア93・5%、香港79・8%、アメリカ77・0%、イギリス71・7%、フランス54・9%、ドイツ50・4%、イタリア49・5%、韓国43・6%となっている。それに比べ日本は12%（2010年度末）にすぎない。

厚生労働省は「制度が異なるため、単純な比較はできないが、欧米主要国では、概ね半数以上が里親委託であるのに対し、日本では、施設：里親の比率が9：1となっており、施設養護へ

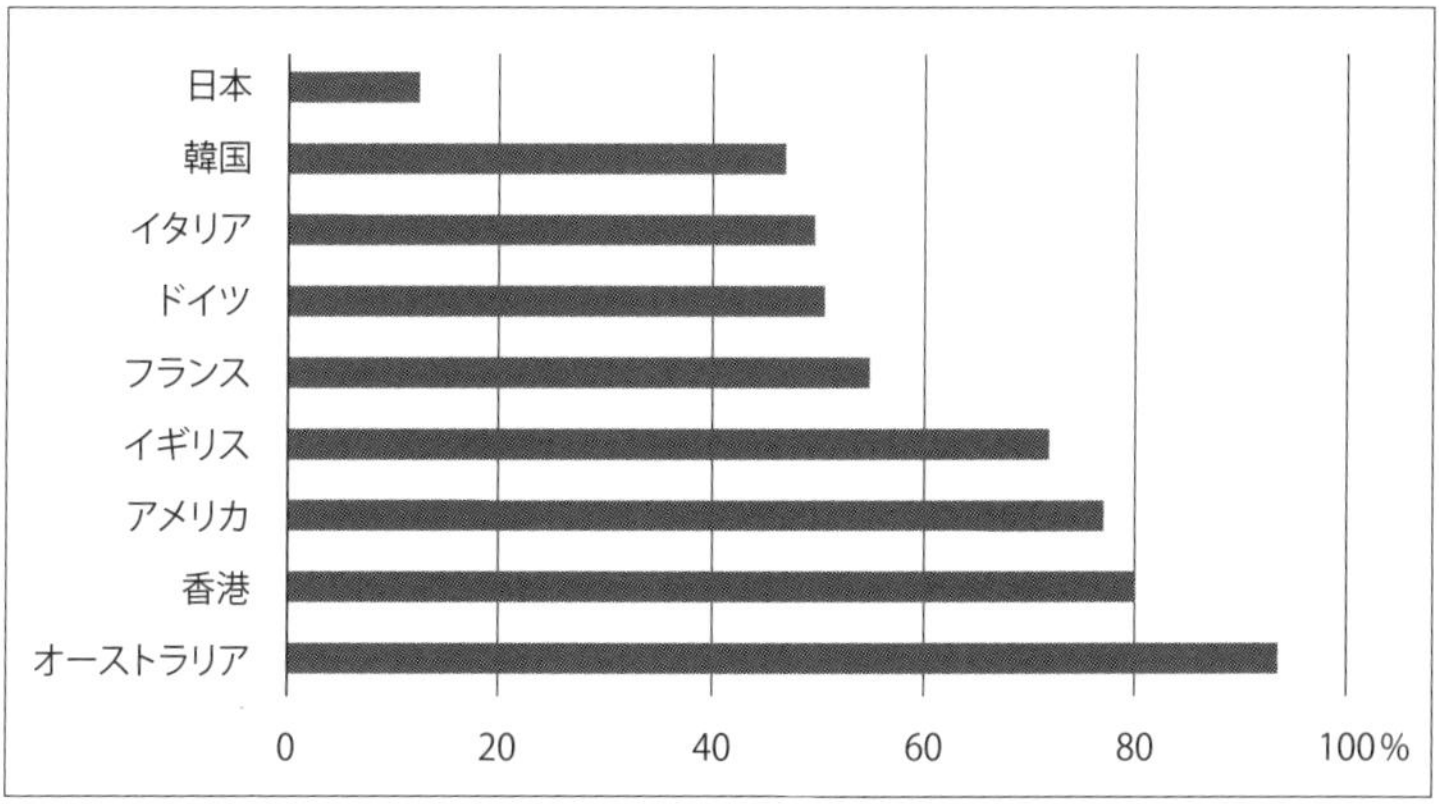

の依存が高い現状にある」と分析している。

第15章

LGBT

――多様な性を誰も教えてくれない

南和行
弁護士

はじめに

ＬＧＢＴは、けっして特別な存在ではない。たしかにＬＧＢＴは今の社会でマイノリティである。しかしそれは「社会の当たり前」と「普通の人」が存在することを前提として、そこから切り残された存在としてＬＧＢＴがマイノリティとして浮かび上がっているにすぎない。ＬＧＢＴに対する差別と偏見の解消は、それを踏まえた上で考えるべき社会の課題だ。

ＬＧＢＴを特別な存在として配慮し気遣いをするだけでは、差別も偏見もいつまでもなくならない。「社会の当たり前」や「普通の人」が存在するということが虚構であり、そこに存在するのはあらゆる人それぞれの「ありのまま」でしかないという真実を受け容れない限り差別や偏見の問題は解決しない。

LGBTという言葉から強調されるマイノリティ性

LGBTとは、レズビアン（女性同性愛）、ゲイ（男性同性愛）、バイセクシュアル（両性愛）、トランスジェンダー（性別の不一致）の頭文字からなる造語だ。LGBは性的関心や恋愛感情が向く相手の性別、つまり性的指向についての言葉であり、Tのトランスジェンダーは、割り当てられた性別と自覚する性別の不一致がある状態、性自認・性同一性についての言葉だ。

しかし、今やこのLGBTという言葉は、レズビアン・ゲイ・バイセクシュアル・トランスジェンダーに限らず、セクシュアル・マイノリティ全体の総称として用いられている。ここでいうセクシュアル・マイノリティとは、性自認・性同一性においてシスジェンダー（性別の一致）でありかつ性的指向においてヘテロセクシュアル（異性愛）である人以外の全部を指す。

シスジェンダーとは割り当てられた性別と自覚する性別が一致している状態、つまりトランスジェンダーではない状態を表す言葉だ。多数派に対する呼び名であるにもかかわらず、シスジェンダーという言葉やヘテロセクシュアルという言葉を知らない人も多い。呼び名を知る必要もないほどに、シスジェンダーでありかつヘテロセクシュアルであることは「社会の当たり前」であり「普通の人」となっている。LGBTという言葉は、「社会の当たり前」と「普通の人」との対立構造を前提とするマイノリティ性を強調する言葉だ。

昨今、LGBTという言葉に代えて、Sexual Orientation（性的指向）とGender Identity（性

自認・性同一性）の頭文字からなるＳＯＧＩという言葉を使おうという人もいる。ＳＯＧＩという言葉は、あらゆる人にそれぞれの性的指向と性自認・性同一性があることを前提とする、マジョリティとマイノリティの対立構造をとらない言葉だ。すべての一人ひとりに自分のＳＯＧＩがある。

とはいえ現実の社会ではＬＧＢＴはマイノリティだ。法律も制度も、そのほとんどがシスジェンダーでかつヘテロセクシュアルという「普通の人」だけの存在を前提として成り立っている。それは法律や制度の背景にある文化や価値観も同じだ。だからＬＧＢＴの多くが、社会との間で様々な葛藤を抱き、マイノリティとしての壁に直面する。自分のことを正直に話せず、そして自分のことを正直に話した途端、余計に嫌な思いをするという悪循環を肌身に感じている。配慮もしてほしい、手も差し伸べてもらいたい、自分たちを「蚊帳の外」に置いている法律や制度を改めてほしい、現実の不利益に対する支援もしてほしい。私自身も、同性愛者として社会の中でマイノリティである現実を日々実感する。それでも時代は良くなった。昔は「自分はＬＧＢＴです」と声を上げることすらできなかったのだから。

ＬＧＢＴがマイノリティである現実があるからこそ、マイノリティ性を強調するＬＧＢＴという言葉は、人々の心にストンと落ちる。特に大人にとってわかりやすい言葉だ。大人の社会を構成する制度や法律や共有された価値観の裏側に光を当て、ＬＧＢＴであるがゆえの困難を浮かび上がらせることは、心ある大人に「ＬＧＢＴの支援をしたい」「ＬＧＢＴのための配慮を教えて欲しい」と思わせる動機付けになる。

子どもの社会におけるLGBT

それでは子どもの社会ではどうだろうか。LGBTは子どもの社会でもマイノリティだ。必ずしも子どもの社会は、大人と同じ法律や制度によっては規律されていない。しかし子どもの日常の中にも、大人の社会と同じように、シスジェンダーでありかつヘテロセクシュアルであることを「社会の当たり前」であり「普通の人」とする価値観が映し出されている。

特にLGBTの子どもに対する学校でのいじめの問題は深刻だ。国際人権NGOヒューマン・ライツ・ウォッチが2016年5月に発表した「出る杭は打たれる」というリポートにもあるように、学校では性的指向や性別についての差別語が飛び交い、そして性的指向や性別を理由にした暴力や嫌がらせがある。さらには「被害を受けるのはあなたがLGBTだからだ」「LGBTなんだから被害に遭うのもしょうがない」と、被害者である本人に原因と責任があるかのような対応を学校側からされることも少なくない。その結果、LGBTの子どもにとって学校生活が「黙るも地獄」「バレるも地獄」「バラされるも地獄」「カミングアウトするも地獄」となってしまうこともある。

2015年4月に文部科学省は「性同一性障害に係る児童生徒に対するきめ細かな対応の実

施等について」という通知を出し、その1年後には教職員向けの周知資料として「性同一性障害や性的指向・性自認に係る、児童生徒に対するきめ細かな対応等の実施について（教職員向け）」というパンフレットを公表した。また厚生労働省も2017年8月には「児童養護施設等におけるいわゆる「性的マイノリティ」の子どもに対するきめ細かな対応の実施等について」という通知を発出し、先に文科省が公表した教職員向けの周知資料を参考にした児童養護施設等でのきめ細やかな対応を都道府県や政令市に求めた。

文科省や厚労省のこれらの取り組みは、LGBTの子どもたちがマイノリティであるが故に直面する現実の困難に対する積極的な保護であり特別な配慮である。

学校教育で蚊帳の外に置かれることになったLGBT

それではLGBTの子どもは、いつまでマイノリティであり続けるのだろうか。LGBTの子どもがマイノリティではなくなり、いじめや暴力といった困難から解放される日は、いつ訪れるのだろうか。LGBTがマイノリティであり続ける限り、LGBTの子どもへのいじめや暴力そして排除といった問題はなかなか解決しない。シスジェンダーでありかつヘテロセクシュアルであることだけが「社会の当たり前」で「普通の人」であるという価値観が子どもたちの日常に映し出されている限り、LGBTの子どもに対するいじめや排除や暴力は再生産される。積極的な保護や特別な配慮は、いじめや排除や暴力といたちごっこになる。だからこそ積極的な保護や特別な配慮を超えて、子どもの日常に映し出される価値観に対する意識的な働きかけにより、ＬＧＢＴの子どもをマイノリティとして切り残さない取り組みが必要となる。

大人の社会では、「社会の当たり前」と「普通の人」の価値観は法律や制度の形となって固定化されている。しかし子どもの社会は大人の社会に比べて柔軟だ。だから性的指向や性別が人それぞれに多様であることを子どもの日常に映し出すことは、やろうと思えばできる。ＬＧＢＴが特別な存在ではないこと、「社会の当たり前」や「普通の人」にもシスジェンダーやヘテロセクシュアルといった呼び名があること、そして一人ひとりに自分のＳＯＧＩがあることを学校教育の内容に取り入れることは今でもできる。

２０１７年、学校教育の大綱的基準である学習指導要領の改訂にあたり、多様な性などＬＧＢＴに関する項目を学習指導要領に盛り込むことを求める動きがあった。だが最終的に、学習指導要領にＬＧＢＴに関する項目は盛り込まれなかった。これについて民進党（当時）衆議院議員の西村智奈美氏が、「学習指導要領に『思春期になると異性への関心が芽生える』と記載してＬＧＢＴについて記載されなかったこと」に関する質問趣意書を政府に提出した。ところがこれに対する政府の答弁は「いわゆる『性的マイノリティ』について指導内容として扱うことは、個々の児童生徒の発達の段階に応じた指導、保護者や国民の理解、教員の適切な指導の確保などを考慮すると難しいと考えています」と、パブリックコメントへの回答と同じ内容だった。

しかしLGBTのことを学校教育で扱わず、シスジェンダーでありかつヘテロセクシュアルであることを「社会の当たり前」で「普通の人」と教えることは、そもそも性が多様であるという真実を子どもたちから隠すことだ。さらに政府の答弁には「保護者や国民の理解」という大人の事情を持ち出して、子どもの社会にまでLGBTがマイノリティであることを教育という制度の中に固定しようとする姿勢がうかがえる。子どもたちの日常に大人の社会の価値観を積極的に持ち込んで、LGBTの子どもたちを意識的に日常の蚊帳の外に切り残すことである。

LGBTのことを学校教育で取り扱わないことは、「社会の当たり前」で「普通の人」の枠内に収まる子どもたちから、自分以外の存在を知る機会を奪う。それだけではない。「社会の当たり前」や「普通の人」の枠に収まらない、LGBTの当事者となりうる子どもたちからも、自分のことを知る機会を奪う。誰からも教えられないから自分のことを知ることもできない。自分の居場所も見つけられない。自分はなぜ「社会の当たり前」ではないのだろう、自分はなぜ「普通の人」ではないのだろうという葛藤だけを背負わされることになる。

教えられない「性」と子どもについてのごく私的な物語

　時計の針を戻してみる。ここからしばらく私自身の物語を書く。私は学校でも家でも誰からも「多様な性」を教わることはなかった。教科書にもテレビにも「社会の当たり前」と「普通の人」だけが登場し、自分はいつになれば「社会の当たり前」と「普通の人」になれるのかという葛藤を大人になるまでずっと抱えていた。

　幼稚園の頃から女の子とばっかり遊んでいた。幼稚園の頃から、「どこか気になる子」「家に帰って思い出す子」は男の子だった。小学校に入っても、男子と一緒に遊ぶこと、校庭で野球をするとか、家に帰ってファミコンをするとかは、どうも馴染めなかった。学校の休み時間は女の子とゴム跳びをして、家に帰ったら女の子の家に行って少女漫画を読んだ。

　小学校3年生くらいから「内また」や「色白」をからかわれ、男子からは「オカマちゃん」と呼ばれるようになった。学校に行きたくないとかは思わなかったし、学校生活に支障を来すことはなかったけれど「オカマちゃんと呼ばれるのは嫌だな」「内またをからかわれたくないな」と思っていた。でも自分が嫌な思いをするのは、自分が女の子とばっかり遊んでいることや、自分がほかの多くの男子と同じ振る舞いをしないことが原因だ、自分が悪いんだと思った。

　小学校高学年になって、性教育の授業があり先生が思春期と第二次性徴について話をした。「思春期の頃になると、男の子は女の子を好きになり、女の子は男の子を好きになります」と配られた本には書いてあった。

「あ！　やっぱり男の子は女の子を好きになるのが当たり前なんだ」という心のざわつき。今でもそのときの心の感触が甦る。自分はそれまでも「女の子が好き」と思ったことは一度もなかった。「女の子を好き」になる日が自分にくるとはまったく感じられなかった。「きっと僕の思春期はまだ始まっていないんだ……」とざわつきの中で思い込むことにした。

その頃にはすでに「毎日、チラチラと視線を向けてしまう特定の男子」の存在があった。大人になった今になってその感情を振り返れば「恋をしていた」だけである。しかし、そのときの自分にとっての最大の関心事は、男子への好奇心ではなく、自分がいつ「女の子が好き」になれるのか、つまり自分はいつ「学校で教わるちゃんとした男子」になれるのかだった。

中学校になると、女子に混ざって遊んだり話をしたりしていると、「女たらし」とか「女の中で男がひとり」とからかわれるようになった。だからできる限り男子の輪の中で過ごすようにした。でも、男子の会話は、女子への好奇心や、女子を対象とする性の話題がほとんどだった。「どうやったら他の男子のように女子に興味があるように振る舞えるのだろう」と、ほかの男子の会話を研究し、「そうかこのタイミングで、こういう下ネタを言えば、自然と女子に興味があるように見えるんだ」と頭の中でマニュアルを作った。そうやっているうちに気付いたら自分にも思春期がきて、学校で教わるとおりの「女の子に興味がある男子」になれるんだと思った。

保健の教科書には思春期の始まりは、陰毛が生えたり性器が発育したりする第二次性徴の時期に重なるとも書いてあった。中学に入学した頃、自分の性器はまだ子どものようで陰毛もなかったから「僕はまだ第二次性徴もきてなくて、思春期にもなっていないから、女の子に興味がないんだ」と思い込むことができた。

ところが中学1年生の冬頃、風呂に入っていると自分の性器の周りに陰毛を発見した。「どうして！ 僕は、まだ女の子を好きになっていないのに。女の子に興味はないのに！」焦った。親のカミソリを使って（今から思うと母親の体毛処理のものだった）、生えかけた陰毛を剃った。しかしそんなことでは追いつかなかった。髭も少しずつ生えてきた。

二つ年上の兄から「オマエも髭、生えてきたやん。ひげ剃りの使い方を教えようか？」と言われたときは泣いて怒った。「まだ女の子に興味がないのに、第二次性徴がきて思春期になってしまった。僕は、まだちゃんとした男の子じゃないのに！」と、自分の身体の成長すら受け容れられなかった。

公立の中学校だったが、成績は常にクラスで一番だった。書道や美術や作文はいつも賞を取った。合唱大会ではピアノ伴奏をする優等生だった。地元の「出来杉くん」の自分に「ちゃんとした男の子じゃない」部分があってはいけない、欠陥があってはいけない……そう思った。

中学2年生頃からは自分が「女の子に興味がない」「女の子を好きになったことがない」ことをひた隠しに生きていくことにした。カモフラージュで「好きな女の子」を作ることにした。

学校では「学校外で所属している合唱団のひとつ年上の先輩に好きな女の子がいるが、その人は隣の区の中学校だ」という作り話をした。好きな女の子がいることを話すことが、男子同士の友情の証のようだった。

ところが「女の子に興味がない」ことを上手く誤魔化せるようになってくると、今度は「男子に対する興味」が、誤魔化せないほどに自分の中で大きくなってきた。体育の水泳の授業では、2クラスぶんの男子がひとつの教室で着替える。タオルで下半身を隠して水着に着替えるから、性器が見えることはない。でも「ほかの子のはどんな風だろう」と気持ちがソワソワして、緊張のあまり頬が紅潮し、なかなか着替えられなくなった。林間学校や修学旅行でも、同級生と一緒に裸になって大浴場に入ることに緊張した。

「男の子は自然と女の子に興味を持つようになる」という教科書の言葉はぬぐってもぬぐっても心にまとわりついた。「自然と女子に興味を持つようになる」どころか、どんどん「男子にしか興味が持てない」ようになっている。「男子にしか興味がない」ということは「自分は男子じゃなくて女子」なのだろうか？

その頃、テレビには「ミスターレディー」「ニューハーフ」と呼ばれる「男から女になった人たち」が次から次へと見世物のように登場した。食い入るように見入った。「世の中には、男から女になる人がいるんだ」「僕は普通じゃない男だから女になるしかないのかな」と考えるようになった。「男子を好きな男子」は「普通の人」ではなくて「おかしい存在」だった。「男子を好きになる」のは女子の役割だった。自分が男子であることには疑問はなかったが、「男子を好きになる」自分は普通の男子ではない。自分の悩みは、「女子になる」ことでしか解決できないのかと誤解した。性的指向と性自認・性同一性が、まったく違う次元の話だということすら知らなかった。

「教えてほしかった」という思い

私の子ども時代は、悩みだけで満たされていたのではない。むしろ全体としてはとても幸せだった。家族を含む多くの人から愛された。経済的にも恵まれ、学校生活もうまくいっていた。得られるものはすべて得られる子ども時代だった。私が、「性に悩んだ記憶」だけをとりわけ鮮明に思い出せるのは、「性」以外の悩みが全くないというほどに恵まれた子ども時代だったからだ。

ただ、もしも今、子ども時代に戻って、周りにいた大人たちに、一つだけ願いを言えるとしたら「同性愛について教えてあげて」と言いたい。小学校の性教育の授業で「思春期になると男の子は女の子を好きになる」という決定的な言葉を聞くよりも前から、テレビをつければ、のび太くんも、ジャイアンも、スネ夫も、出来杉くんまでもが、唯一の女性であるしずかちゃんのことが好きだった。しずかちゃんは全ての男子の恋愛対象で、しずかちゃんもそれを意識した女の子の振る舞いをしていた。

同性愛の男の子がみな私と同じような子ども時代だとは全く思わない。そんなことを言うつもりは一切ない。悩みがあるかないかも、悩みの現れ方も人それぞれだ。これはただの私の物語でしかない。私が私の物語で言いたいことは「誰も教えてくれなかった」ということだ。皆が同じ「性」であるはずがないという真実を誰も教えてくれなかった。シスジェンダーでありかつヘテロセクシュアルであることだけが唯一の「社会の当たり前」で「普通の人」だとしか教えられなかった。


生まれた時の身体の特徴や、その身体の特徴を基準にして決められている「男」あるいは「女」という性別について「その性別が違う」と感じる人もいれば、特には「違う」と感じない人もいます。「違う」と感じる状態をトランスジェンダーといい、特には「違う」と感じない状態をシスジェンダーといいます。

そもそも性別の自覚というのは、「なんていったって俺は男だ」「なんていったって私は女よ」と明確な意識がある人もいれば、「どっちかというと男かな」「どっちかというと女かな」「気づいたら自分は男だと思わせられていた」「気づいたら自分は女だと思わせせられていた」「そもそも男か女とか意識してない」「男でなければ女かとか、女でなければ男かとか、それが困る」とか、言い出せばきりがないくらい人それぞれです。性別の自覚を性自認といいますが、それが時間をかけて連続することを性同一性ということもあります。性自認も性同一性も「これが普通」「これが正しい」はありません。

そして、人それぞれなのは恋愛感情や性的関心のあり方でも同じです。「女子だから男子を好きになる」とか「男子だから女子を好きになる」のではありません。「気づいたら自分はこういう人を好きになった」「そういえば自分の好きになる相手の性別はこうだった」というように、まず、自分自身がどうであるかがスタートです。

自分以外の人に恋愛感情や性的関心を持つ人もいれば持つことがない人もいます。その相手の性別が、いつも男性、女性と定まっている人もいれば、定まっていない人もいます。自分とは違う性別の人を好きになることを異性愛といい、同じ性別の人を好きになることを同性愛といい、いずれの性別の人も好きになることを両性愛といいます。生まれた時の身体の組み合わせによっては、性交渉をすることで子どもを授かることもあります。

恋愛感情や性的関心の向く方向を性的指向といいますが、性的指向は異性愛、同性愛、両性愛だけでなく、ほかにもたくさんの形があります。大事なのはその種類分けを知ることでもなければ、何か名前のある分類に自分や誰かをあてはめることでもありません。「自分の性的指向はこういう形です」と人に説明するときに呼び方があると便利だという程度です。

私は教育の専門家ではなく弁護士だから、どうしてもくどい説明になる。それでも私が書いたくどい説明は、「思春期になると男の子は女の子を好きになる」という平坦な説明よりも、ずっと世の中の真実を伝えるものではないか。

おわりに

ＬＧＢＴがマイノリティであることは事実だ。マイノリティとしてのＬＧＢＴの困難を明らかにすることは、見過ごされていた社会の問題に光を当てることであり大きな意義がある。しかしそれだけでは、ＬＧＢＴはいつまでも「社会の当たり前」の「普通の人」の反対側にある「特別な存在」として固定されたままになる。「特別な存在」として気を遣わせるのがＬＧＢＴではない。ＬＧＢＴであろうとなかろうと、人はそれぞれに互いに気を遣い合うものだ。

平成29年1月に文科省の事務次官を退任した前川喜平氏が、退任にあたり全職員に送ったメールの内容が新聞等で報道された。報道によると前川氏はそのメールの最後で「ひとつお願いがあります。私たちの職場にも少なからずいるであろうＬＧＢＴの当事者、セクシュアル・マイノリティの人たちへの理解と支援です。無理解や偏見にさらされているＬＧＢＴ当事者の方々の息苦しさを、少しでも和らげられるよう願っています。そして、セクシュアル・マイノリティに限らず、様々なタイプの少数者の尊厳が重んじられ、多様性が尊重される社会を目指してほしいと思います」と語りかけたという（朝日新聞デジタル　2017年1月20日）。

多様性の尊重を目指すことは果てがない。しかし果てないからこそ夢がある。今、光があたらないことでも、いつかは光があたり、そして最後は誰もがいつも光があたり同じように大切にされる日が来る。子どもには自分のことを知り、そして社会のことを知り、世界の真実を知る権利がある。世の中が多様であることは真実だ。あらゆる人がそのまま大切にされるということを、子どもたちに伝えることこそが、全ての子どもたちへの人権保障だ。

第16章

世界の子ども
——身体の自由、教育への権利、性と生殖に関する健康

国際人権NGO ヒューマン・ライツ・ウォッチ 日本代表
土井香苗

世界中の子どもたちが今日も、実に様々な人権侵害にさらされている。そのすべてをここに記す紙面の余裕はないが、今日、世界の最前線でいかなる子どもの人権侵害が議論されているのかを紹介したい。ここでは特に、ヒューマン・ライツ・ウォッチが世界各地で行ってきた現地調査から見えてきた身体の自由、中等教育を受ける権利、学校の軍事利用、児童婚の問題に光を当てたいと思う。

身体の自由を奪われた子どもたち

身体の自由は人権の基本的な命題である。しかし日本を含む世界中で、実に多くの子どもたちが、時に長期にわたり身体の自由を奪われ、非人道的な環境におかれている。

記録の管理が不十分なため、世界で拘禁されている子どもの数ははっきりしていないが、国連児童基金（以下ユニセフ）は、その数を100万人超と推計してきた。多くの子どもが、人権

侵害的で品位が傷つけられる環境のもと、老朽化した施設などに拘禁され、教育を受ける機会や有意義な活動をする機会、そして外の世界と定期的な関わりをもつ機会を奪われている。

犯罪を理由にした拘禁の問題点

子どもの権利条約は「いかなる児童も、不法に又は恣意的にその自由を奪われないこと。児童の逮捕、抑留又は拘禁は、法律に従って行うものとし、最後の解決手段として最も短い適当な期間のみ用いること」（子どもの権利条約第37条b）と定めており（出典：外務省HP http://www.mofa.go.jp/mofaj/gaiko/jido/zenbun.html）、青少年訴訟や刑事訴訟に基づく児童の拘禁を、最終手段としてのみ用いるよう求めている。しかし、拘禁がまず最初の手段、もしくは唯一の手段として使われてしまっているケースが世界的にみると非常に多い。

犯罪への対応として子どもが拘禁されてしまうことには、どのような問題があるのだろうか。

一つ目は、学校を休む・家出・同意に基づく性行為・人工妊娠中絶のような、そもそも犯罪とされるべきでない行為を罪に問われて、拘禁されている子どもが多く存在すること。たとえばカンボジアやウガンダでは、ストリート・チルドレンたちがあいまいな容疑で逮捕されてしまうことが多々あると、国際人権NGOヒューマン・ライツ・ウォッチ（以下HRW）の調査も明らかにしている。

また多くの国々で、親への不服従や、成人の場合には犯罪とされない「地位に基づく犯罪」

により、子どもが拘禁されている。テキサス公共政策財団（Texas Public Policy Foundation）の調査によると、米国では2010年中に6000人超の子どもが、学校を休む・家出・未成年飲酒・門限破りなどを理由に拘禁された。そうして裁判もなしに、または成人と同じ扱いで裁判にかけられた末、有罪判決を受けて成人の刑務所に送られてしまうケースもある。

ペルーやメキシコ、米国の一部の州などでは、子どもたちが同意に基づく性行為を理由に刑事訴追される可能性がある。米国の場合、性行為の相手が同性であればその可能性はさらに高まる。売春を禁じる法律がある国では、子どもたちが食べものやシェルター、基本的なニーズを満たすための金銭などを得るために性行為を行った場合でも、逮捕・投獄・拘禁される可能性がある。また、チリ、エルサルバドル、エクアドル、ペルー、フィリピン他の国々では、妊娠がたとえレイプの結果であったとしても、人工妊娠中絶を求めたり、行ったりしたことで少女たちが刑事訴追されている。

二つ目は、国際法の下では認められていない刑罰が子どもに科される可能性があるということ。国際法は18歳未満による犯罪に対する死刑判決（および釈放の可能性がない終身刑判決）を明確に禁じている。

にもかかわらず、2015年2月の国連事務総長報告によると、たとえばイランでは18歳未満で犯した罪で死刑判決を受けた者が、当時少なくとも160人にのぼった。エジプト、モルジブ、パキスタン、サウジアラビア、スリランカ、スーダン、イエメンでも、犯行時に未成年だった者が2010年以降に死刑判決を受けたことがわかっている。

三つ目は、マイノリティの子どもが逮捕・拘禁されやすいこと。オーストラリアの少年司法制度におけるアボリジニの子どもの扱いについての研究や、米国のマイノリティに関する研究が、逮捕から保釈決定に至るまでの段階で、マイノリティとそれ以外の子どもの扱いの差が継続して拡大していく可能性を指摘している。

四つ目は、子どもを成人扱いした訴追が更なる問題を引き起こすこと。国際法が各国の国内法による少年司法制度の確立を求めているにもかかわらず、それがなされていない国が存在する。たとえばHRWがザンビアでの調査で明らかにしたように、少年司法制度が存在しないと、たとえ子どものケースであっても、審理の終了までに数ヵ月〜数年を要することがある。

治療または保護という名目の、障害を持つ子どもの拘禁

身体の自由を奪われているのは、罪を犯したとされる子どもだけではない。障害などを抱えた子どもが、「保護」の名目で拘禁される可能性があるのだ。

コミュニティベースのサービスや家族へのサポート不足を理由に、多くの国で障害を持つ子どもが「支援」という名目のもとで拘禁されている。たとえばロシアでは、障害を持つ子どもがしばしば、出生直後に施設に連れて行かれてベッドに縛りつけられ、ほとんど、あるいは全くケアや教育を受けられず、十分な栄養さえ与えられないでいる。HRWはクロアチアやギリ

シャ、インドを含む多くの国でも、同じような人権侵害について明らかにしてきた。

日本でも、家族から虐待を受けるなどした子どもが「保護」の名のもと、一時保護施設に収容されている。多くの場合、こうした子どもは施設の外に出る自由もなければ、学校に行くこともできない。

拘禁と投獄の影響

拘禁は子どもたちの身体的および精神的健康を大きく損なう。看守による虐待行為のみならず、他の被拘禁者から暴力を受ける可能性もあり、施設の職員はそれを黙認し、あおることすらある。また性暴力も少年や少女にとってとりわけ大きな脅威だが、子どもが成人と一緒に収容されることでそのリスクはさらに高まる。

子どもが拘禁されている施設は、設備やサービスが不十分で、環境として好ましいとはいえない場合が多い。非行で拘禁されていれば、国家安全保障上や入国管理上の理由で、教育を受けられないことも多々ある。非行に至った子どもを拘禁する施設の大半では、更生に必要不可欠な「アンガーマネジメント」プログラムや生活技能訓練、カウンセリングといった社会復帰支援を行うための職員およびインフラが不足している。

子どもの拘禁と施設収容——今後にむけて

子どもの拘禁、施設収容は人権侵害を伴っている場合が多く、不必要なばかりか逆効果でもある。このような自由のはく奪は、最終的な解決手段としてのみしか存在してはならない。今こそ各国はその事実を認め、子どもがコミュニティの中で生活する権利を享受できるようにするなど、収容に代わる方法を確立する時にきている。それでも拘禁されなければならない子どもに関しては、人道的環境や学校教育、医療保健サービス、レクリエーション、外界との接触といった機会を保障する必要があるだろう。

中等教育を受ける権利

身体の自由の問題は歴史的にも重視されてきたが、特に子どもの身体の自由に光を当てる動きは最近のものだ。同じく、新たに注目されつつある権利のひとつに中等教育へのアクセスがある。

2015年には世界各地で、1日に約1万7000人もの子どもが迫害と紛争により家を追われた。避難を余儀なくされた子どもたちは難民を含め、一切の差別なき、質の高い中等教育を受ける権利を有している。子どもを物理的に保護して癒しのために不可欠な「日常」をもたらし、安全な空間を提供し、問題解決能力を発達させ、よりよい経済状況への道を開き、希望を育むことができるという点で、教育機会は子どもにとってもっとも重要なものである。

しかし多くの子どもにとって、学校に通うことは実現不可能な夢のまた夢なのだ。世界中で発生している難民および国内避難民の数は史上最多となった。避難する子どもの就学を保障する必要性への関心は高まっているものの、こうした危機への人道的対応をめぐっては、初等教育のみが重視されがちな現実がある。

国連難民高等弁務官事務所（ＵＮＨＣＲ）によれば、世界には初等教育学齢期の難民の子どもが３５０万人おり、就学しているのはその半分だ。しかし１９５万人いる中等教育学齢期の難民の子どもでは、就学数は全体の４分の１に満たない。３００万近いシリア人を含め、世界最大数の難民を受け入れているトルコでは、中等教育学齢期の難民の子どもの13％しか就学していない。カメルーンでは６％、パキスタンおよびレバノンではわずか５％にとどまっている。

少女が置かれた状況は更に深刻だ。中学校に通えている難民の少年が10人いるのに対し、女子のそれは７人にすぎない。また、避難を余儀なくされた障害を持つ子どもも、明らかに大きな壁に直面しており、中等教育を受けられないでいることが多い。

質の高い中等教育の推進・保障は、避難せざるを得なかった子どもが安全を求めてたどり着いた社会に恩恵をもたらす。中等教育を受けた子どもは、ひとたび成人になると通常より多くの収入を得たり、より健康的で生産性が高く、かかる医療費も少なくなるという。職を得て貧困から脱出する可能性が高いのだ。より多くの少女が中等教育を修了すれば、男女間の賃金格差を縮めることもできる。

中等教育はこのように重要であるにもかかわらず、人道危機において教育機会の壁は、学年が上がるにつれて高まってしまう。学齢期の難民の子どもたちは、難民キャンプ外の中学校に入学する権利を否定されてしまう可能性のみならず、危険な労働や児童婚、性暴力、国の治安部隊による嫌がらせ、武装組織による攻撃や徴兵などといった壁にも直面している。将来母国に帰還した時に、社会や地域のコミュニティに貢献できる機会を奪われてしまっているのだ。

中等教育と武力紛争

教育は子どもたちに保護・支援・紛争を平和的に解決するツールを提供し、その生産性も向上させる。質の高い中等教育は寛容を育み、民主主義と市民参加への信念を強め、暴力的な過激主義からの誘惑に抵抗する力をもたらすことも証明されている。

中等教育の就学率が高いと内戦の可能性が低減する一方、危機下で青少年に教育を施さなければ、復興努力が損なわれて、不安定な状況が増大する可能性が指摘されてきた。２０１４年のユネスコ報告書によれば、青少年の中等教育修了率がもともと30％の国で、それを倍にした場合、武力紛争のリスクが半減する可能性が研究により明らかになった。

残念ながら一部の政府による対応は、避難民の子どもたちの状況を悪化させている。たとえばナイジェリアでは過激派組織ボコ・ハラム（「西洋の教育は罪」の意）が、中学校の男子生徒を標的にしたり、２０１４年４月14日にはボルノ州チボクの中・高一貫学校から２００人超の女生徒を拉致した悪名高い事件を起こしたが、政府はその後も学校を適切に保護することはなかった。その結果、国内避難民の子どもの就学者数が急落。ある教師は２０１５年にＨＲＷに対し、「うちの高校はボコ・ハラムが人殺しをする場所になってしまいました……誰かを捕まえてはここに連れてきて殺すのです」と話している。

襲撃を恐れて入学率や出席率も著しく減少してしまった。紛争下にあるナイジェリア北東部の州では、学齢期を迎えた避難中の子どもが59万人いるが、教育機会を得られているのは９万人未満だ。たとえ学校で授業が行われていても、恐れて我が子を学校に通わせず、他国で難民となるほうがましとばかりに、隣国ニジェールに送り出した親たちもいる。

ナイジェリア政府は２０１５年に、学校の軍事利用を根絶するという「学校保護宣言」に署名したものの、治安部隊が小学校や中高等学校を利用する事態を許してきた。

学校の軍事利用

ここでナイジェリアのある女生徒の話を紹介したい。２０１４年４月にボコ・ハラムが、ジョイ・ビシャラさんが通っていたチボクの学校に放火した。彼女はこの攻撃で誘拐された２７６名の女生徒のひとりだ。大きいトラックの荷台に押し込まれ、学校から連れ去られてしまったのだ。

「教育を攻撃から守る世界連合（ＧＣＰＥＡ）」によれば、２０１３年以降に武力紛争が発生した少なくとも28の国々において、学校が意図的に破壊されたり、教師や生徒が殺害や拉致の被害に遭っている。また少なくとも15ヵ国で、学校が軍事目的に利用されている。

政府軍や反政府組織が学校を軍事利用するのを防ぐ方法のひとつは、「学校保護宣言」を支持して実行することだ。当該宣言は諸国の自発的なコミットメントであり、紛争下において教育を保護するための実質的な方法を提案している。２０１５年の宣言発表以来、これまでに70ヵ国以上（２０１７年12月時点）が署名しており、紛争下の教育をよりよいかたちで保護するため、実践方法も適宜変化している。

ジョイさんは移動中のトラックから飛び降りて逃げ出し、茂みの中を数時間走り続けた。ボコ・ハラムと一緒にいるリスクより、両親が彼女の「亡骸をどぶの中」で見つけることの方がましだったと語る。そうして彼女は今、大学で学ぶことができているが、１００人超の同級生たちは逃げ出せず、いまだに救出もされないままでいる。今後は「学校保護宣言」の署名国を増やすと同時に、ナイジェリアのように署名した国でも真に教育が守られ、ジョイさんと仲間が安全に学ぶことのできる環境が確保されるよう、国際社会が力を合わせていかなければならない。日本も署名をしていない国のひとつだけに、ＯＤＡなどを通じて世界の子どもたちの教育を支援してきた国として、一刻も早い署名が求められている。

女子教育への壁

ジョイさんのような少女たちは中学校に通う場合、制約的な社会規範、性およびジェンダーに基づく暴力、若年の妊娠や結婚といった様々な困難と向き合っている。しかし、危機的状況では事態がさらに悪化することもある。

アフガニスタンではタリバンが２００１年に権力の座から追われた後、女子教育への攻撃を始めた。２００４年に中学校に通っていた同国の少女は５％しかおらず、教育への攻撃が２００５～06年に激化した。タリバンが思春期を迎えた少女に通学を止めよと命ずる脅迫状「ナイト・レター」を学校に送り続けたり、生徒や教師を殺害したり、若い女生徒の顔に酸をかけたり、女子校をロケット弾などで攻撃したのだ。

避難を余儀なくされる事態では、親が貧困や安全への懸念から娘を結婚させるということが起こり、そうなるとほとんどの女生徒が学校をやめてしまう。学校に通っていない少女は児童婚の可能性が高く、レバノン、トルコ、ヨルダンのシリア難民の少女の間でもその確率が４倍に跳ね上がった。

逆に中等教育により、少女たちの人生を変えられる可能性もあるということだ。中等教育は諸権利や関連サービスをめぐる情報へのアクセスを促進したり、意思決定への参加を可能にするなど、難民受け入れ国の発展にもつながる。少女が中等教育を継続できれば、児童婚もおのずと減少するだろう。より高い教育を受けた少女たちは、より健康的な食事をとり、医療情報を求めるため、若年結婚をする可能性が低くなるからである。

児童婚の根絶に向けて

タンザニア人の少女シャロンは14歳で結婚させられ、将来への希望を断たれた。「私の夢はジャーナリストになるために勉強することでした。だから、ジャーナリストがラジオでニュースを読んでいるのを聞くと、自分もそうなりたかったと、とても心が痛みます」と話す。

結婚は愛・幸福・安定の象徴として理想化されることが多い。しかしシャロンのような少女たちにとっては、起こりうる最悪の事態のひとつなのだ。発展途上国では少女の約3分の1が18歳未満、9人に1人が15歳未満で結婚している。

幼いうちの結婚は、女性たちに対して深刻な悪影響を生涯にわたって及ぼす。多くの場合、人権を享受する力をそいでしまったり、完全に奪ってしまうことが世界各国での調査から明らかになっている。たとえば早期に学業をやめてしまうことは、児童婚の一因であると同時にその結果でもある。その他の悪影響としては、夫婦間レイプや家庭内暴力のリスク、ディーセント・ワーク（働き甲斐のある人間らしい仕事）に就く機会の縮小、無給労働という搾取やHIV感染リスク、若年出産が原因の様々な健康問題などがある。

児童婚に対し、世界からこれまでにないほどの関心が集まっている。バングラデシュのシェイク・ハシナ首相やジョイス・バンダ元マラウイ大統領といったリーダーたちが、自国の児童婚問題と闘うと誓った。

しかし変化は多くの場合漸進的であり、約束が実効ある行動に繋がるとは限らない。バングラデシュでは２０４１年までに児童婚を根絶する目標を設定したが、一方でシェイク・ハシナ首相は、少女が結婚できる年齢（婚姻適齢）を現行の18歳から16歳に下げる法案を提出した。マラウイは２０１５年４月に、婚姻適齢を18歳とする法律を成立させたが、それは15歳未満の児童婚を明確に禁じていない憲法を超越するものではなく、保護者の同意があれば15〜18歳の結婚が認められている。

「少女を花嫁にしない（Girls Not Brides）」という世界５００以上の団体の連合体をはじめ、国際ドナーや国連諸機関、市民社会団体が児童婚根絶に向けて団結しているのは、前向きな動きといえる。そして、２０１５年９月に採択された「国連の持続可能な開発目標（ＳＤＧｓ）」は、ジェンダーの平等を推進するために、２０３０年までの主な目標として、児童婚の根絶を盛り込んだ。これが世界の関心を集め続ける一翼となるかもしれない。

この目標の達成のためには、長年にわたる政治的意思とリソースへのコミットメント、思春期の少女のセクシャリティの認識、情報および選択の自由によるエンパワメント、そして教育・保健・司法・経済上の発展を含む様々な分野にまたがった真の協調など、他の女性の権利問題における取り組みでも行われている様々なアプローチの調整が必要だ。

児童婚の根本原因に取り組む

児童婚の主な原因は地域やコミュニティによって様々だが、多くの場合、その中心には少女のセクシャリティをめぐるコントロール問題がある。

タンザニアのようないくつかの国々では、妊娠したから結婚しなくてはならないと感じた、と多くの少女たちが語った。またバングラデシュなどの国々では、セクハラを受けることや、恋愛すること、恋愛中と思われることを親がリスクと考え、それを避けるために娘の結婚を急ぐ。共通するのは、経済的に自立していない少女の大半が、社会規範の圧力を受け、親の希望に従うしか選択肢はないと感じていることだ。少女は夫の家族と生活し、少年は親と暮らしながら家庭を経済的に支えるなど、多くの国に存在する差別的なジェンダー規範が、娘は経済的負担で息子は長期的投資であるといった認識に繋がっている。

質の高い教育を受ける機会が乏しいことも、児童婚の要因のひとつだ。学校が遠すぎたり、費用がかかりすぎたり、または通学が危険すぎると、家族が少女たちを学校に行かせなかったり、途中退学させたりするため、その後結婚させられる可能性も高まってしまう。たとえ学校に行けても、教師が常習的に休んだり、教育の質がよくないために、少女自身や親が教育を受けることに時間や財産を費やす価値がないという思いを抱くこともある。少女は年少時から、家庭内外で働くことを期待されているために、学校に行かないという場合もある。

既婚の少女はこうした問題や、学校側または夫や義理の家族からの支援不足に直面し、教育を受け続けるのが難しい状態に陥ってしまう。

さらに、貧困と持参金の問題も積み重なる。「もう一つの口を養う」ストレスが、娘を早く嫁がせようと、親を急き立てるのだ。少女の親が花婿に持参金を支払うバングラデシュでは、娘が年少なほど持参金が少なくてすむため、特に貧しい家庭の場合、親が一刻も早く嫁がせなければと考える。

妊娠の仕組みや、信頼できる人工中絶方法、性感染症の予防、出産前のサービス、緊急産科医療の受け方など、性と生殖に関する保健（リプロダクティブヘルス）情報やサービスについて、ほとんど知らない少女たちが驚くほど多い。

結果として児童婚は極めて危険な出産につながり、死に至ることがある。妊娠と出産から生じる合併症は、15～19歳までの少女の死亡原因として世界第2位である。出産時の圧迫により膣と直腸の間の部位が裂け、尿と便が垂れ流し状態なる「産科ろう孔（フィスチュラ）」を引き起こすこともある。これに苦しむ少女はしばしば、家族やコミュニティからも疎まれ孤立する。

夫や義理の家族による精神的・身体的暴力や、夫婦間レイプのような性暴力といった家庭内暴力も、児童婚におけるリスクだ。すべての児童婚で家庭内暴力があるわけではないが、少女とその夫の年齢差が大きい場合、リスクもそれだけ高くなる。

多くの国々が夫婦間レイプを犯罪としておらず、たとえそれが犯罪とされる場合でも、まだ子どもである花嫁は助けを求めるすべをほとんど持っていない。女性の権利についての限定的な情報、特に法的支援と緊急避難先といったサービスへのアクセスの欠如、男女差別的な離婚・相続・親権法、家族の受け入れ拒否などによって、多くの少女が逃げ道のない人権侵害的な結婚に縛られ、放置される。

言うまでもなく武力紛争もまた、児童婚などの人権侵害リスクを高める。少女の強制結婚は、ISISやボコ・ハラムのような過激派組織が用いる非人道的な戦術だ。ヤジディ教徒の少女がISIS戦闘員に捕らえられ、性奴隷として売買された恐ろしい体験について語っている。脱出に成功したある女性は、少女を含む女性60人とともに「結婚式場」に連行され、そこでISIS戦闘員に「家族のことは忘れろ。今からお前たちは我々と結婚して子を産むのだ」と言われたという。

また気候変動などの環境要因も、児童婚に影響を及ぼしている。バングラデシュのような自然災害に遭うリスクの高い地域で暮らす家族は、環境がもたらす不安定さを娘の早い結婚を希望する理由として挙げる。たとえば洪水で農作物や土地を失えば、一家の貧困はたちまち深刻化してしまう。自然災害の結果として、またはその結果を予想し、年若い娘の結婚に対してプレッシャーを感じると親たちは語るのである。

少女たちの明るい未来に向けて

このように、児童婚が少女にもたらす影響は悲惨なものだが、根絶されればその恩恵は計り知れない。医療保健、教育、労働、暴力からの解放、家庭外の生活への参加まで、女性の権利とエンパワメントを促進する、ひとつの戦略的方法であることは間違いないだろう。

２０３０年までに児童婚の根絶を目指す「持続可能な開発目標」の達成を誓った各国政府は、多様な地域事情を考慮し、各コミュニティに合わせた包括的なアプローチを取る必要があるだろう。12歳の少女は結婚するのではなく学校に通うべきだ、という考えのもとに、日本政府を含む各国政府と国際ドナーは結集できるはずだ。

＊本原稿は、ヒューマン・ライツ・ウォッチの調査に基づいた以下の原稿を参照し作成されたものである。

"Children Behind Bars: The Global Overuse of Detention of Children"
著者：Michael Garcia Bochenek（ヒューマン・ライツ・ウォッチ　子どもの権利局　上級顧問）
https://www.hrw.org/world-report/2016/children-behind-bars

"The Lost Years: Secondary Education for Children in Emergencies"
著者：Bassam Khawaja（ヒューマン・ライツ・ウォッチ　中東・北アフリカ局　レバノン&クウェート担当調査員）
Elin Martínez（ヒューマン・ライツ・ウォッチ　子どもの権利局　調査員）
Bill Van Esveld（ヒューマン・ライツ・ウォッチ　子どもの権利局　中東・北アフリカ担当　上級調査員）
https://www.hrw.org/world-report/2017/country-chapters/global-0

"Ending Child Marriage: Meeting the Global Development Goals' Promise to Girls"
著者：Nisha Varia（ヒューマン・ライツ・ウォッチ　女性の権利局　アドボカシーディレクター）
https://www.hrw.org/world-report/2016/ending-child-marriage

終章

子どもの権利を考える

——現場の声と法制度をつなぐために

木村草太

序章に述べたように、本書の執筆者は、それぞれ「現場」を持ち、子どもと向き合ってきた方々だ。原稿を読んで感じたのは、子どもの権利を巡る状況は想像以上に厳しい、ということだった。その一方で、そうした問題に真剣に取り組み、解決への道筋が示されていることに、少なからぬ希望も感じた。

社会を変えるためには、状況をよく理解することが大切だ。その問題に関心を持つ人を一人でも増やさねばならない。もっとも、よき理解者を増やすだけでは、たまたま良い人に出会えたか否かで、救われる人と救われない人が出てきてしまう。よき理解者を獲得した後には、問題解決の方法を、「個人の才能」頼みにすることなく、「制度」にしていく必要があるだろう。それには、案外、現場を離れた法律論が役立つこともある。

以下、各氏の原稿を振り返りながら、子どもの権利を実現するために、何が必要なのかを考えてみたい。

一　家庭の枠を超えた保護

1　国家の枠を超えた支援

日本では「人権」や「権利」と言われても、縁遠いもののように感じられるかもしれない。「権利、権利と言ってばかりでは、人間関係がぎくしゃくする」と思う人だっているだろう。

しかし、「街を歩いていて理由もなく身体を拘束されない」「女子でも学校に行ける」「性的パートナーを自分で選べる」といった私たちの当たり前の生活は、実は、当たり前ではない。「身体の自由」「教育を受ける権利」「性・生殖・婚姻の自由」といった様々な権利が、権利として自覚され、国家によって保障されることによって成り立っている。

土井香苗「世界の子ども――身体の自由、教育への権利、性と生殖に関する健康」は、世界には、これらの権利が保障されていない子どもたちが数多くいることを教えてくれる。

一般論として、子どもの権利は、まず保護者により実現される。保護者だけでは不十分であれば、地域社会やNPO、国家の力によって実現される。特に、国家は、その支配領域での正統な権力を独占する存在だ。大きな力をもつ者は、権利実現の最後の拠り所としての重たい責任を負っている。

ところが、土井氏が紹介した地域では、国家が責任を果たせないことも多い。政府の人権意識が低かったり、権利実現に使える力が弱すぎたりするからだ。これを、「そういう国に生まれたのだから、不幸な子どもがいても仕方ない」と見過ごすことは、正義に反するだろう。だからこそ、土井氏は、日本政府を含む各国政府や、NPOなど、その国家の外からの支援が必要であることを指摘する。

2 虐待

土井氏が言及した「身体の自由」「教育を受ける権利」「性・生殖・婚姻の自由」の保障は、日本で生活をしていると、あまり意識しないだろう。しかし、宮田雄吾『虐待――乗り越えるべき四つの困難』は、日本でも、こうした最低限の人権が享受できない子どもたちがいることを示している。宮田氏は、両親による監禁と暴行、ネグレクト、性虐待が「児童福祉の領域で仕事をしていると」「珍しい話ではない」という。

虐待は、家庭の中で行われる上に、巧妙に隠蔽されるから、まずそれを発見することが難しい。それから逃れても心身には深い傷が残る。粘り強い支援、子どもへの期待、大人が自身の無力さに絶望しないことが必要だし、虐待を受けた子どもたちの社会参加には高いハードルが立ちふさがる。

土井氏と同様、宮田氏も、最後には制度的な提案をする。すなわち、「心を寄せるだけでは不十分」だ。端的に言えば「金が要る」。「児童虐待の防止等に関する法律」には、「児童虐待が児童の人権を著しく侵害し、その心身の成長及び人格の形成に重大な影響を与える」とはっきり書かれている。それを防止するために必要な施策も書かれている。しかしそれを十分に実践するだけの、専門的な人材も、お金も足りない。

予算のない法律は、絵に描いた餅にすぎない。ここに国家が十分に投資するかは、国民の意識にかかっている。

3 貧困

宮田氏は、虐待から子どもを救う制度的提案として、「貧困対策はそのまま虐待を受けた子どもへの支援となる事を肝に銘じて欲しい」という。続く山野良一「貧困——子どもの権利から問う、子どもの貧困」は、貧困の中で、十分な医療を受けられない子どもがいるという衝撃的な事実を適示するところから始まる。

当然のことながら、子どもには、成人と同様に人権があり、憲法・条約上の権利の保障を受ける。したがって、子どもにも「健康で文化的な最低限度の生活を営む権利」(憲法25条1項)が保障される。また、児童の権利条約24条は「締約国は、到達可能な最高水準の健康を享受すること並びに病気の治療及び健康の回復のための便宜を与えられることについての児童の権利を認める」と定める。

健康への権利は、憲法・条約上の基本的権利だ。そして、貧困は、健康面だけでなく、教育を受けること、自由に社会に意見を表明すること、職業選択のための訓練をすることなど、様々な権利の享受に悪影響を与える。

成人であれば、自らこの権利に依拠して裁判を起こしたり、この権利を実現するために設けられた生活保護の制度の利用を申請したりできるだろう。他方、子どもの場合、権利実現のために、まずは親や家庭に頼らなくてはならない。

しかし、山野氏は、親に責任を負わせるだけでは解決し難い事態が生じているという。確かに、「子どもの貧困」という概念は、「貧困家庭」から「家庭」を除くことで強いインパクトを獲得し、社会の関心を高めることに成功した。しかし、もとをただせば、「社会全体の『貧困』や制度の不備が子どもたちの世界に立ち現れているのにすぎない」という。

子どもの貧困を解決するには、「子育てや生活に困った苦しい境遇にある人たちすべてに応答的である社会、大人を含めた障害や貧困、虐待などの社会的弱者が陥りがちな問題に敏感な社会を作ること」だと言う。

4 保育

山野氏は、子どもの権利は、子どもを保護するだけでなく、養育者らを支援しないと実現できないと言う。このことがよく表れるのが、駒崎弘樹「保育——待機児童問題は大きな人権侵害」で扱われた保育の場面である。

憲法27条は、国民の「勤労の権利」を保障する。保育の不足は、養育者から就業機会を失わせるもので、親の勤労の権利を侵害している。

では、子どもにとって、保育とは何なのか。駒崎氏は、保育の概念を「養護（保護）」と「教育」の二つの視点から定義する。保育に、養育の側面があることは容易に理解できるだろう。さらに、近年の研究では、乳幼児教育が、集中力や自制心、共感能力といった非認知スキル（読み書き、計算などの認知能力と対比してこう呼ばれる）の形成に寄与することが分かってきた。認知能力の向上は、大人になってからの安定した収入、低い犯罪率・貧困率等につながる。

つまり、保育の不足は、養育者の「勤労の権利」を侵害するだけでなく、子どもの「教育を受ける権利」の制限でもある。養育者と子どもの権利を実現するには、保育は、全ての人がアクセス可能なものにならなくてはならない（保育のユニバーサル化）。

さらに、駒崎氏は、保育の充実が、シングルマザーへの支援など、親や家族の課題を解決する機能を伴わせることができるはずだと指摘する（保育ソーシャルワーク）。

5　10代の居場所

土井氏の原稿では、難民たちの子どもの権利として初等教育のみが重視され、中等教育を受ける権利が盲点になっていることが指摘されていた。私たちも、子どもの権利と聞くと、まず乳幼児のことを思い浮かべがちだ。ただ、思春期以降の子どもだって、「思春期なりの保護と教育」が十分になされなければならない。仁藤夢乃「10代の居場所――『困っている子ども』

が安心できる場を」は、この問題を扱う。

10代の子どもは、乳幼児と違ってある程度、自律的に行動できる。虐待などで家庭が頼りにならないときには、夜の街を徘徊したりすることになる。そうなれば、未熟さに乗じた違法なビジネスの被害に遭うこともある。仁藤氏は、少女売春やいわゆるＪＫビジネスについて、「やっちゃダメ」ではなく、「買っちゃダメ」と性的搾取をする大人の側の問題であることを論じる。

そして、10代の子どもたちを支援する体制は、大きく不足している。児童相談所の開所時間は、平日の日中のみで、深夜や土日・休日の対応窓口がない。警察は24時間、３６５日対応するが、児童を保護する機関ではないため、しばしば対応が不適切であったり、児童の状況とミスマッチだったりする。

児童の権利条約20条は「一時的若しくは恒久的にその家庭環境を奪われた児童又は児童自身の最善の利益にかんがみその家庭環境にとどまることが認められない児童は、国が与える特別の保護及び援助を受ける権利を有する」と規定する。この権利を実現するためには、仁藤氏が主張するように、子どもの保護のための窓口を広げていくしかない。

二　保護者・保護施設のありよう

6　離婚・再婚

子どもを保護する第一次的な責任は実の両親にある。民法877条1項は、「直系血族及び兄弟姉妹は、互いに扶養をする義務がある」と定めており、親には子を扶養する義務がある。また、児童の権利条約27条2項も、「父母又は児童について責任を有する他の者は、自己の能力及び資力の範囲内で、児童の発達に必要な生活条件を確保することについての第一義的な責任を有する」と規定する。こうした法令などなくとも、多くの親は、子どもの幸せを願い、その最善の利益のために行動しようとするだろう。

しかし、両親が子どもの都合を最優先して行動できないこともある。その一例が大塚玲子「離婚・再婚――子どもの権利を保障するために親が考えるべきこと」で扱われた離婚・再婚の場面だ。大塚氏は、こうした局面で、両親が「子どもの権利」への意識を高める必要を強調する。

親が意識することで、子どもの権利を十分に尊重できるならばそれでよい。しかし、それがうまく機能しないときには、国家が直接に子どもを後見するため、裁判所の関与を増やしたり、子ども自身の代理人を立てたりする必要もあろう。

子どもの権利を考えたときに、親との精神的な結びつきは大切だ。ただ、「子どもに愛情を注ぎなさい」と親に説くことはできても、愛情のある接し方を強制することは不可能だ。

法律が得意なのは、精神面ではなくやはり金銭面だ。子どもが成長するのに望ましい環境を作るには、現実的に考えて、どうしてもある程度のお金が必要だ。児童の権利条約27条4項前段は「締約国は、父母又は児童について金銭上の責任を有する他の者から、児童の扶養料を自国内で及び外国から、回収することを確保するためのすべての適当な措置をとる」としている。

7 里親

また、両親によるケアができない子どもには、里親という選択肢がある。村田和木「里親制度――子どもの最善の利益を考えた運用を」の指摘によれば、日本では、何らかの事情で社会が養育しなければならなくなった子どもを、乳児院や児童養護施設などの「施設」に収用することが多い。他方、他の先進国では、里親に養育を委託することが多いようだ。

日本では、情報不足や里親制度を運用するノウハウが未発達だったことなどが原因で、里親制度の利用は低迷していた。しかし、里親制度は、うまく運用できれば、子どもが家庭の中での継続的な愛着関係を形成できるメリットがある。施設と連携しながら運用する道もある。

熊谷氏は、障害を持つ子どもが限定された支援者との関係に閉じ込められることが暴力の原因になると論じていた。家庭を失った子どもが保護と教育を回復するには、施設だけではない多様な選択肢を広げることが有意義だろう。

8　児童相談所・代理人制度

家庭を失った子どもを施設と制度の面から議論した山下敏雄「児童相談所・子どもの代理人——子どもの意見表明権を保障する」も、里親・施設・代理人が協力し、子どもに多様な選択肢を設けることの重要さを指摘する。

児童相談所は、もちろん子どもを保護する機関でもあるが、子どもの話を聴くと同時に、家庭が機能を回復できるよう、親にも相当な配慮を払う機関でもある。また、児童相談所の業務は膨れ上がっているのに、予算や人員は限られている。こうした状況では、特定の子どもの意思や利益を十分に尊重できない事案が生じることもある。

そうした時、弁護士が、子どもの代理人となり、児童相談所などとの交渉や調整を担うことができれば、子どもの権利がより実現されやすくなる。山下氏は、父の虐待から逃れる決断をした17歳のAさん、伯父の下での生活から、実父との生活を選んだBさん・Cさん姉妹の事案を紹介し、担当弁護士が子どもの意見表明権（児童の権利条約12条）を実現するためにいかに重要であるかを説明している。

三　マイノリティ

9　障害者

成人の人権についても、差別の禁止やマイノリティの尊重は重要な課題だ。そして、それは、子どもの権利の場面でも変わらない。熊谷晋一郎「障害——障害を持つ子どもへの暴力を防ぐために」は、暴力という観点から、障害の問題にアプローチする。熊谷氏の整理によれば、障害のある子どもに対する暴力が発生する原因は三つある。第一に、障害者自身の移動・コミュニケーションの困難、それにより限定された支援者との密室的状況に置かれやすいこと。第二に、社会の援助不足による支援者の孤立。第三に、専門家に囲い込まれた支援環境が、地域コミュニティから隔離されること。これらの原因により、支援者が一定範囲に限定され、暴力があったときに、被害者が逃れられない状況が作られる。

そこで熊谷氏は、支援の脱施設化や地域移行、地域を超えた国家レベルでの支援の枠組みの構築など、開放的・重層的なシステムを作ることで、支援者を分散すべきだという。

熊谷氏の指摘が、実は、傷害を持たない子どもについても、ほぼそのまま当てはまることにハッとさせられた。家庭や学校といった閉じられた空間の中で、追い詰められていく子どもは少なくない。

憲法13条は、個人の自己決定権を保障する。また、児童の権利条約23条1項は「精神的又は身体的な障害を有する児童が、その尊厳を確保し、自立を促進し及び社会への積極的な参加を容易にする条件の下で十分かつ相応な生活を享受すべきであることを認める」と規定する。誰の支援を受けるか。どの施設や制度を利用するか。こうした事柄について、子どもの自己決定が認められれば、被害者が暴力から逃れることも容易になるだろう。

10 ＬＧＢＴ

マイノリティが権利を実現するには、支援を求める多様な選択肢を認めるだけでなく、マイノリティ自身が自分の状況を適切に理解できなくてはならない。南和行「ＬＧＢＴ――多様な性を誰も教えてくれない」は、こうした観点から性的少数者の子どもの問題を扱う。

現在の性教育では、「思春期以降、人は異性を好きになるものだ」と教える。自分の割り当てられた性別と自認する性別に不一致があったり、異性との性愛に興味が持てなかったり、同性を愛することがあったりすることは、教えられないことが多い。

しかし、子どもの中には、同性愛を自覚したり、性自認と割り当てられた性別のギャップに悩んだりする子もいる。南氏は、自身の体験を交えながら、ＬＧＢＴの概念を知らされないことが、そうした子どもたちを追い詰めることを論じる。

もちろん、教育の仕方を誤れば、ＬＧＢＴへの偏見を固定化してしまう。しかし、ＬＧＢＴの子どもを個人として尊重するためには、多様性を尊重する教育が必要だ。日本国憲法13条は、個人が自己の生に有意義な情報を知る権利を保障していると解されており、同14条1項は「性別」による差別を禁止する。

南氏は、多様性の尊重には果てがなく、それゆえに夢があると結論する。

四　学校と安全

11　学校内の安全

学校をめぐるパートで、まず問題になるのが「安全と健康」だ。

内田良「体育・部活動——リスクとしての教育」は、「教育」あるいは「学校」という概念が出てくると、誰にとっても重要であるはずの安全と健康への権利の保障のレベルが大きく切り下がる状況を紹介する。

例えば、市民社会では「傷害」（刑法２０４条）や「暴行」（刑法２０８条）になる行為が、「体罰」として正当化される。普段は禁止される「廊下を走る」行為が、部活動ではトレーニングとして奨励される。巨大組み体操の非常識さは、目を覆わんばかりだ。

こうした事態に対し、内田氏が書く処方箋はいたってシンプルだ。つまり、「子どもには安全に生きる権利がある」という視点から、制度や教育内容を組み立て直せばよい。そのためには、まず、教師ら教育関係者にも、子どもたち自身にも、子どもの権利を教育し、子どもたち安全と健康を保持する権利があることを認識させることだ。

内田氏の議論は、憲法や条約で権利を保障しても、関係者がそれを知らなければどうしようもないことを示している。子どもたちにも、子どもとかかわる成人たちにも、子どもが権利を持っていることを伝えなくてはならない。児童の権利条約42条にも、「締約国は、適当かつ積極的な方法でこの条約の原則及び規定を成人及び児童のいずれにも広く知らせることを約束する」と書かれている。

ただ、これが案外難しい。「子どもの権利は大事ですか」と言われて否定する人はそうそういないが、現実には、子どものためを思う大人が、子どもを危険にさらしている。一つひとつの行動をとらえて、「これは危険です」と具体的に指摘していくしかないだろう。

12　指導死

熊谷氏は、閉鎖的な関係の中では、しばしば深刻な虐待や暴力が起きることを指摘していた。学校も、社会から隔離されがちで閉鎖空間になりがちで、虐待や暴力が生じやすい。ところが、教師から子どもに対する虐待は、意外にも、法的に取り扱う仕組みがあまりない。虐待防止法は家庭内の虐待を対象としており、いじめ防止対策推進法は子ども同士のいじめを対象としている。教師による虐待は、公務員法関連の服務規程違反として扱われるのみだ。

そんな中、大貫隆志「指導死——学校における最大の人権侵害」で論じられたように、大貫氏たちは、「指導死」の概念を立てた。これは問題を可視化するために、画期的なことだった。教師による虐待・暴力が「傷害」のレベルに達すれば、犯罪として警察や司法が動く。しかし、人格を否定する暴言などのレベルでは、なかなか警察は動いてくれない。子どもたちが受ける傷は、かなり深刻であるにもかかわらずだ。

生徒指導で子どもが自殺に追いやられる事態は決して珍しいものではない。教師は、子どもにとってとても影響力が大きく、子どもたちはその期待に応えたいと思っている。その教師から、長時間の身体拘束、集団脅迫、暴言、えん罪的対応、強要、いやがらせ、過去の蒸し返し、見せしめ的罰則、安全配慮義務違反、拒絶的対応などが繰り返されれば、子どもは自殺に追い込まれていく。

これを防ぐためには、まず、指導の記録を残し、学校内のプロセスを可視化することが必要である。また、えん罪的な指導を防ぐ配慮をする。さらに、場当たり的な指導を改め、指導の計画を立てさせる。これにより、感情任せの指導から子どもを追い込むことを防ぐことができる。

この提案は、一言で言えば、学校の指導における「適正手続き」の確保だ。適正手続きとは、刑罰などの不利益処分をする場合、処分を受ける側に、理由を告知し、弁明の機会を与え、証拠の提出や処分根拠の精査など防御の手段を認める手続きを言う。

憲法31条は、刑罰を科す場合の適正手続きを保障するが、これは、行政処分など他の場面でも、必要に応じ準用されると解釈されている。適正手続きは、処分を受ける者を個人として尊重するために必須の手続きだ。子どもを個人として尊重するのなら、学校での処分や指導にもその考え方を及ぼすべきだ。

13　保健室

教師による虐待がなくても、学校は、子どもにとって必ずしも居心地のいい場所ではない。そこからのシェルターはないのか。この点、白濱洋子「保健室――学校で唯一評価と無縁の避難所」が、学校からの子どもの避難所の提案となっている。

白濱氏は、保健室を「学校で唯一」の「人権」のある場所だと表現する。なぜなら、保健室以外の学校空間では、子どもたちはいつも評価にさらされているからだ。学力が低ければ肩身は狭い。内申点などで生活態度まで評価される。そんな空間にいれば、自尊感情や自己肯定感を失う子どもが出てくるのも当然だろう。

これを放置すれば、個人として尊重される権利（憲法13条）を奪うことになる。「いつでも誰でも、学校からの評価とは無関係に利用できる保健室」がなければならない。

14　不登校とメンタルフレンド

さらに、保健室にも立ち寄れない不登校の子どももいる。２０１６年度は、小中学校合わせて13万人以上の児童生徒が不登校になっていた。多くの人は、「どうすれば子どもたちが再登校できるか」と考えるだろう。しかし、大原榮子「不登校——再登校よりも自立の支援を」は、「メンタルフレンド」活動を通じ、再登校ではなく、子どもの自立を支援することを優先すべきだとする。

もちろん、子どもたちが学校に戻りたいという気持ちを持って再登校するなら、それも素晴らしい選択肢である。ただ、メンタルフレンドは、それを強制したり、願ったりはしない。適切な研修を受けた大学生のボランティアが、週に数回派遣され、不登校の子どもと一緒に遊ぶ。そこから、人間関係づくりの回復、創出、育成をねらう。

一見すると、素人の大学生のお兄さん、お姉さんが遊びに来てくれるだけだ。しかし、この活動によって、集団場面が不得手だった子どもが、主体的に社会的な行動をとれるようになる。これは、自己効力感の向上をもたらし、次の集団場面への参加の意欲となる。大原氏は、この活動が「人権を掲げずとも、子どもの人権を守る活動の一環である」と述べる。

私は、憲法の研究者として、「人権教育と、専門家の支援、それを支える資金の充実」に目が行きがちだ。しかし、ことさらに人権を掲げず、非専門家がボランティアとしてかかわるからこそ実現できることがある。真に成功した人権教育は、人権教育の形をとらないのではないかと思う。

五　学校と全体主義

15　道徳教育

学校での人権教育は、おそらく、道徳教育の中で行われている。前川喜平「道徳教育――『道徳の教科化』がはらむ問題と可能性」は、いわゆる道徳の教科化を扱う。

道徳科の教科書は、2014年に文科省が作成した「私たちの道徳」という書物を参考にして、素材が選ばれたり、構成が決められたりしている。しかし、「私たちの道徳」が良い教材かは疑わしい。

大原氏は、集団場面での主体的な行動力を成長させること、子どもの自立を実現することが大切だと指摘した。これは、子どもの自由を尊重するということだ。しかし、「私たちの道徳」では、自由の概念が「自分勝手やわがまま」と混同されている。「法を守る」という価値についても、「自分たちで法を作る」という視点、主体的に法形成にかかわるという視点が抜け落ちている。「郷土や国を愛する心」は、個人以前に国家を設定し、国家のための使命を負わせる構造の中で語られている。こうした教材や、教育勅語復活の動きなどを見ると、日本国憲法の自由主義や個人尊重の原理ではなく、国体思想の亡霊によって道徳教育が主導される危険を強く感じるだろう。

道徳教育は憲法的価値に一致する形で行わなくてはならない。そして、前川氏によれば、文部科学省は、道徳教育が国体思想や全体主義に侵されないよう幾つも工夫をしている。

そもそも、道徳は、国語や社会などの「教科」ではなく、「特別の教科」だ。「教科」には、数値評価や専門の教員免許状があるのに対し、「特別の教科」にはそれらがない。このため、現場ではさまざまな工夫ができる。道徳の学習指導要領解説では、子どもたちが自ら考え、議論することが強調される。また、多様なメディアや書籍、身近な出来事、各地域に根差した地域教材、古典・随想・写真・劇・漫画など、多様な形式の教材を利用することも奨励されており、「検定教科書の使用にこだわるな」と言わんばかりである。現場で、憲法的価値に忠実なプログラムを組み立てるのは極めて容易である。さらに前川氏は、教育課程特例校制度を使えば、道徳科に代えて「市民科」など、独自の教科等を設けることまで指摘する。

もし、国家の側が、道徳の名の下に国体思想や全体主義的な価値観を押し付けようとしても、現場では、様々な面従腹背が可能なのである。

16　学校の価値観

前川氏が指摘するように、学校が全体主義を押し付ける場であってはならない。内藤朝雄「学校の全体主義——比較社会学の方法から」は、学校という空間全体を考察し、この問題をさらに掘り下げる。

学校は、一つの部屋に集めて移動を禁じ、強制収容することで、子どものあらゆる生活を囲い込み学校のものにしようとする。個人の学習進度は無視され、一斉学習が奨励される。集団一斉摂食で、ストーカー的なしつこさで給食完食を強いる。内田氏が問題としたように、自主的な活動であるはずの部活動までが強制される。学級会での連帯責任、掃除などの雑用割り当て、生徒の心の評価に踏み込む内申評価。こうしたコスモロジー（感情とストーリーと実践の体系）により、学校は市民社会と隔絶した空間になる。

そこでは、市民社会では許されない名誉棄損、侮辱、暴行、傷害、脅迫などが、「教育」の名のもとに正当化される。そして、それが「あたりまえのこと」になってしまう。いわゆる「いじめ」も、学校のコスモロジーの帰結の一つだ。

そして、問題は、学校という小さい空間に止まらない。義務教育の過程で全体主義が当たり前になってしまい、「他の先進諸国であればナチスまがいの発言をしたとして絶対に国会議員になれないような人物に、何も感じずに投票する大衆」や「ブラック企業と呼ばれる職場を、あたりまえに感じる大衆」が生み出されてしまう。

内藤氏の議論は、学校という閉鎖空間での子どもの権利の抑圧が、市民社会や民主的な国家の脅威につながる構造を示している。いま必要なのは、学校が市民的自由を禁止することを禁止する法律であり、自己決定する生徒に嫌がらせを行う学校と交渉し、法に訴える弁護士中心の人権団体だという。

子どもの権利は、実は、立憲主義や民主主義、法の支配、自由主義など、私たちの社会や国家の基本原理を実現するためにも重要な概念なのだ。

おわりに

各氏の論稿を読むと、様々な現場で深刻な事態が生じているのが分かる。その中で、各氏は、それぞれ説得的な解決策を提示してくれた。

家庭内での虐待や貧困、家庭の喪失、保育の不足などの問題を扱った各氏は、異口同音に、家庭の外からの支援が重要で、そのためには、公的援助、時には国境すら超えた援助のためのお金と資源が必要だということを強調した。

また、お金や資源があるだけでは、子どもの権利は実現できない。権利を実現するには、障害者や性的少数者らが何に困っているのかを適切に理解する必要がある。また、支援者と被支援者が閉鎖的な関係になってしまうと、そこで虐待が起きても対処しにくい。重層的で開放的な支援の仕組みを作り、多くの選択肢を作ることが必要だ。

ただ、選択肢があるだけでは、実際に、子どもが自らの希望や決定を実現することはできない。離婚後の親による保護、里親や児童相談所を扱った各氏は、いずれも、子どもの意見表明権を尊重し、子どもの希望に沿う形で保護を実現すべきことを強調した。

序章でも強調したように、子どもには、「成人と同様の人権や権利」「子どもならではの保護への権利」と並び「教育を受ける権利」が必要だ。そして、学校は、子どもの教育にとって不可欠の制度だ。しかし、学校内では、子どもが安全で健康に生きる権利が侵害される事案が多い。こうした事案に対し、各氏が描く処方箋は、安全配慮義務に沿った授業や指導の計画、シェルターの確保など、無理がなく、意識を変えれば明日からでも実現できるものだ。

学校が、自由や適正手続き、法の支配、民主的政治決定への主体的参加といった私たちの市民社会で当たり前となるべき原理をないがしろにすれば、そこで育った子どもたちは、全体主義への警戒意識を持たない、主体性のない成人になってゆく。これは、学校のみならず、市民社会と民主的な国家への脅威だ。この問題を扱った各氏は、学校は、市民社会の原理を適切に学べる場でなくてはならないとした。

最後になるが、本書を編集してみて、改めて憲法上の権利規定と児童の権利条約の重要性を認識した。特に、条約の理解については反省しなければいけない点が多い。

国内の人権関係の裁判では国際条約が適用されることは少なく、人権論の教科書でも国際人権条約が重視されることは少ない。私自身も、児童の権利条約の意義を疑っているところがあった。子どもの自己決定権の尊重は、個人の尊重を定める憲法13条から明らかだし、思想・良心の自由（19条）や教育を受ける権利（26条）も、憲法に定められている。わざわざ、条約を引用せずとも、当然のことと考えていたのだ。

しかし、各氏の論稿では、たびたびこの条約に言及があるし、しばしば、提起された問題について、「まさにその条文が必要だ」という的確な条文があったりする。抽象的には理解できている法原理でも、個々の具体的場面でどうすべきは曖昧になることもしばしばある。抽象的な原理原則だけでなく、具体的で細々としたことを一つひとつ条文に書いていくことが、現場にはとても重要なのだ。

この条約は、今後の子どもの権利の実現に活用されねばならない。条約の意義を適切に理解できていなかったことを深く恥じるとともに、子どもの権利の大切さを改めて教えてくれた各氏に心より感謝申し上げる。

編者プロフィール

木村草太（きむら・そうた）
1980年生まれ。東京大学法学部卒業、同助手を経て、現在、首都大学東京法学系教授。専攻は憲法学。著書に『キヨミズ准教授の法学入門』『憲法の創造力』『テレビが伝えない憲法の話』『集団的自衛権はなぜ違憲なのか』『憲法という希望』『憲法の急所 第2版』『木村草太の憲法の新手』などがある。

執筆者プロフィール

宮田雄吾（みやた・ゆうご）
1968年生まれ。精神科医。長崎大学医学部卒業。現在、医療法人カメリア大村共立病院副院長と大村椿の森学園主任医師を兼務。主に児童思春期の子どもたちの治療に携わる。著書に『やっかいな子どもや大人との接し方マニュアル』『「生存者」と呼ばれる子どもたち』などがある。

山野良一（やまの・りょういち）
1960年生まれ。専門社会調査士。北海道大学経済学部卒業後、児童相談所勤務（児童福祉司）、千葉明徳短期大学、名寄市立大学を経て、2018年度より沖縄大学福祉文化学科。「なくそう！子どもの貧困」全国ネットワーク世話人。著書に『子どもの最貧国・日本』『子どもに貧困を押しつける国・日本』などがある。

駒崎弘樹（こまざき・ひろき）
1979年生まれ。認定NPO法人フローレンス代表理事。慶應義塾大学総合政策学部卒業。2005年日本初の「共済型・訪問型」病児保育を開始。10年から待機児童問題解決のため「おうち保育園」開始。後に小規模認可保育所として政策化。14年、障害児保育事業をスタート。著書に『「社会を変える」を仕事にする』『働き方革命』などがある。

仁藤夢乃（にとう・ゆめの）
1989年生まれ。女子高生サポートセンターColabo代表理事。自身も中高時代に街をさまよう生活を送った経験から、虐待や貧困などを背景に孤立・困窮し、搾取や性暴力被害を経験した少女たちの自立支援活動を行っている。著書に『難民高校生』、『女子高生の裏社会』などがある。

熊谷晋一郎（くまがや・しんいちろう）
1977年生まれ。新生児仮死の後遺症で脳性まひに。以後、車いす生活となる。東京大学医学部卒業。小児科医、東京大学先端科学技術研究センター准教授。著書に『リハビリの夜』、共著に『発達障害当事者研究』『つながりの作法』『ひとりで苦しまないための「痛みの哲学」』などがある。

大塚玲子（おおつか・れいこ）
1971年生まれ。編集者&ライター。おもなテーマは「PTA」（保護者組織）と「いろんなかたちの家族」。ウェブ媒体や雑誌にPTA関連記事を多数執筆。著書に『PTAをけっこうラクにたのしくする本』『PTAがやっぱりコワい人のための本』『オトナ婚です、わたしたち』などがある。

内田良（うちだ・りょう）
1976年生まれ。名古屋大学大学院教育発達科学研究科准教授。博士(教育学)。専門は教育社会学。ウェブサイト「学校リスク研究所」主宰。ヤフーオーサーアワード2015受賞。著書に『ブラック部活動』『教育という病』『柔道事故』などがある。

大貫隆志（おおぬき・たかし）
1957年生まれ。一般社団法人ここから未来 代表理事、「指導死」親の会共同代表。2000年に中学2年の次男を指導死で亡くして以来、小・中・高校生、教職員、保護者などを対象とした講演など、いじめや体罰を含む生徒指導の改善を求める活動を展開している。共著に『「指導死」』がある。

大原榮子（おおはら・えいこ）
1953年生まれ。名古屋学芸大学ヒューマンケア学部教授。不登校の子どもを支援する、民間ボランティア団体「メンタルフレンド東海」世話人代表。専門は、養護教諭養成教育、養護教諭が行う健康相談、不登校児童生徒への支援。編著に『不登校児を支えるメンタルフレンド活動』『養護教諭の行う健康相談』がある。

前川喜平（まえかわ・きへい）
1955年生まれ。東京大学法学部卒業。79年、文部省(現文部科学省）へ入省後、宮城県教育委員会行政課長、大臣秘書官、大臣官房長、初等中等教育局長などを経て、2016年文部科学事務次官に。17年、退官。現在、自主夜間中学のスタッフとして活動。共著に『これからの日本、これからの教育』がある。

白濱洋子（しらはま・ようこ）
１９５７年生まれ。養護教諭として、小中学校で保健学習及び保健指導を長年受け持ち、保健室を通じて多くの悩める生徒に寄り添う。市民活動と連携して、「生と死を考えるいのちの授業」を学校全体で総合的な学習や道徳の授業で実践。多久市立中央中学校（佐賀）を経て、現在、佐賀女子短期大学地域みらい学科准教授。

内藤朝雄（ないとう・あさお）
１９６２年生まれ。東京大学大学院総合文化研究科博士課程を経て、現在、明治大学文学部准教授。専門は社会学。著書に『いじめの社会理論』『いじめの構造』、論文「学校の秩序分析から社会の原理論へ：暴力の進化理論・いじめというモデル現象・理論的ブレークスルー」（『岩波講座現代　第８巻　学習する社会の明日』）などがある。

山下敏雅（やました・としまさ）
１９７８年生まれ。弁護士。子どもの事件（児童虐待、少年事件、学校問題など）のほか、過労死・労災事件、ＬＧＢＴ支援、ＨＩＶ陽性者支援、脱北者支援などに取り組む。子どもの法律ブログを開設。著書に『どうなってるんだろう？ 子どもの法律』がある。

村田和木（むらた・かずき）
１９５６年生まれ。宇都宮大学農学部農芸化学科卒業。『暮しの手帖』『東京人』の編集者を経て、１９９８年よりフリーランスのライター。社会福祉士の資格も持つ。里親家庭をはじめ、社会的養護を必要とする子どもたちに関わる現場の人たちや社会的養護のもとで育った人たちの声を届けている。著書に『「家族」をつくる』がある。

南和行（みなみ・かずゆき）
１９７６年生まれ。京都大学農学部・同大学院から民間企業での勤務を経て大阪市立大学法科大学院。２００８年に司法試験に合格し、２０１１年に同性パートナーの弁護士吉田昌史と結婚式を挙げ、２０１３年「なんもり法律事務所」を開設。一橋大学アウティング事件などＬＧＢＴの人権に関する裁判のほか戸籍や家族に関する案件も多数手がける。講演やテレビ出演の活動もしており、著書に『同性婚　私たち弁護士夫夫です』『僕たちのカラフルな毎日』がある。

土井香苗（どい・かなえ）
１９７５年生まれ。国際人権ＮＧＯヒューマン・ライツ・ウォッチ日本代表。東京大学法学部卒業。アメリカ・ニューヨーク大学ロースクール修士課程修了（国際法）。ヒューマン・ライツ・ウォッチのニューヨーク本部のフェローを経て、２００８年東京ディレクター（日本代表）となる。著書に『巻き込む力』『〝ようこそ〟と言える日本へ』などがある。

犀の教室
Liberal Arts Lab

子《こ》どもの人権《じんけん》をまもるために

2018年2月10日　初版
2022年4月20日　6刷

編　者　木村草太
著　者　内田良、大塚玲子、大貫隆志、大原榮子、熊谷晋一郎、駒崎弘樹、白濵洋子、土井香苗、内藤朝雄、仁藤夢乃、前川喜平、南和行、宮田雄吾、村田和木、山下敏雅、山野良一

発行者　株式会社晶文社
東京都千代田区神田神保町1-11 〒101-0051
電　話　03-3518-4940（代表）・4942（編集）
URL　http://www.shobunsha.co.jp

印刷・製本　中央精版印刷株式会社

ISBN978-4-7949-7034-3 Printed in Japan